하이데거와 신

신상희 지음

하이데거와 신

신상희 지음

철학과현실사

세상을 위하는 길이 자기를 위하는 길이요,
이 사이에 한 치의 틈도 없다면,
그는 이미 모든 것을 이룬 것입니다.
이것이 곧 진리의 길이요,
이 길에는 언제나 존재의 빛이 충만합니다.
단순하면서도 소박한 이 빛 한가운데 머물 때,
우리에게는 무한한 자유가 주어집니다.
세상 온 누리에
존재의 빛을 선사해 주시는
하느님의 은총이
사랑하는 아내 혜원과
예철 그리고 예현에게
늘 함께하기를 기원합니다.

차 례

들어가는 말

신을 기다리는 철학자, 마르틴 하이데거

오늘날 인간은 다원화된 지구촌 문화와 첨단 기술공학적인 사이버 문화로 특징지어지는 현란한 시대에 살아가면서, 인류역사상 그 어느 때보다도 과학이 제공하는 수많은 정보의 혜택과 물질적 풍요로움을 한없이 누리고 있다. 과학기술시대의 인간은 과학적으로 검증되지 않은 사실에 대한 지식은 비합리적이며 무용한 것으로 간주하여 단호히 배격하거나 외면하는 경향이 있다. 특히 배금주의와 실증적 사고방식에 물든 수많은 현대인들은 신에 대한 믿음과 사유를 거부하고 오히려 과학이 인류의 미래를 구원할 것이라는 낙관적인 희망을 가지고서 과학을 맹목적으로 신뢰하는 가운데, 이러한 과학적 신앙을 종교적 신앙의 자리에 대체하기도 한다.

그러나 현대인의 이러한 태도는 근원적으로 인간존재의 존엄성이 어디에 놓여 있는지를 철저히 망각하고 있는 삶의 태도로서, 그것은 인간존재의 상실을 재촉하고 심화시킬 뿐만 아니라 한층 더 소외된 삶의 문화를 잉태해 갈 것이다. 필자의 견해에 따르면 인간존재의 고유한 존엄성은 언제나 늘 한결같이 스스로를 내비치는 존재의 진리의 빛에 따라 살아가면서 그 빛 가운데 머무는 한에서만 참답게 드러나는 것이라고 보인다. 달리 말하자면 인간이 죽을 운명의 존재라는 점을 늘 자각하면서 자신의 내면 깊은 곳에서, 즉 무욕적인 청정한 마음에서 양심의 부름으로 혹은 진리의 빛으로 말 걸어오는 존재의 신성한 목소리에 귀 기울이고 이에 응답해 나가는 데에 있다고 생각한다. 필자가 이러한 부름이 일어나는 신성한 차원에 대해 관심을 갖는 것은 단순히 죽음의 피안으로 도피하려 함이 아니요, 오히려 이 땅 위에 하나의 고귀한 생명으로서 인간답게 거주하기 위한 시원적인 삶의 가능성을 모색하며 마련해 보려는 데에 있다. 특히 가까운 미래에 인간복제를 실현함으로써 신의 자리를 넘보려는 오늘날의 과학기술적인 세계문명은 이미 자연의 질서를 철저히 파괴하여 지배하고 있을 뿐만 아니라 인간생명의 존엄성 및 인간의 가장 고유한 본질마저 여지없이 파괴하는 극단적인 위험의 상태로 나날이 치닫고 있다. 그렇기 때문에 무사유(無思惟)에 빠진 기술문명의 망각된 눈을 근본적으로 일깨우는 일이야말로 대지 위에 인간이 인간으로서 참답게 살아가며 본연적인 삶의 터전을 보존하기 위한 이 시대의 가장 절박한 요구이자 과제일 것이다.

따라서 필자의 시각에 따르면, 지구촌을 완전히 장악하여 그 위세를 떨치고 있는 과학기술적인 시대의 요구는 좀더 근원적인 존재의 부름과 요구에 의해 새롭게 치유되지 않으면 안 된다는 것이며, 또한 과학기술적인 대상화와 기능화에 의해 상실된 인간 본연의 순수한 삶의 세계를 되찾으려는 다각적인 노력이 이루어져야 한다는 것이다.

이러한 견지에서 필자는, 20세기의 빈곤한 정신적 상황 속에서 한 시대를 살아가면서 이 시대의 궁핍함을 메워보고자 존재사유의 기나긴 노정을 묵묵히 걸어갔던 위대한 사상가로서 하이데거를 주목해 보고자 한다. 왜냐하면 그는 한평생 존재물음의 길을 걸어가면서 서양의 전승된 정신문화의 한계와 그 본질을 숙고하는 가운데 오늘날 기술문명의 허상을 날카롭게 비판하면서 새로운 방식의 문명사적 전환을 마련하기 위해 자신의 삶을 아낌없이 내맡겼던 사상가이기 때문이다. 아울러 현사실적 삶의 경험에서 출발하여 그러한 경험 속에 암묵적으로 뿌리내리고 있는 시원적인 삶 혹은 종교적인 삶의 차원에 대한 하이데거의 숙고는 우리들 자신의 현금의 역사, 즉 나날이 인간상실의 아득한 위기로 치달아 가는 기술문명사를 되돌아보게 하는 반성의 거울과도 같은 역할을 하고 있기 때문이다.

이에 필자는 앞으로 펼쳐질 글을 통해 하이데거의 작품세계 속에 감추어져 있는, 하지만 그의 존재사유의 밑바탕에서 언제나 비밀스러운 방식으로 현성하고 있는 종교적 물음 및 이러한 물음의 차원을 드러내 보이고자 시도할 것이다. 하이데거는 일찍이 칼 뢰비츠에게 보낸 서신(1921년)에서 자신은 철학자라기보다는 차라리 "그리스도교 신학자(ein christlicher Theologe)"[1]라고 표명한 적이 있었고, 그 이후 20-30년이라는 장구한 세월이 흐른

---

1) Hans-Georg Gadamer, *Heideggers Wege*, Tübingen, 1983, 142쪽 참조.

다음에도 그는 이와 유사한 발언을 하였다. 즉 "나의 철학은 신을 기다리는 것"(*Partisan Review*, 511, 1948년 4월)이라는 이야기가 그것이다. 그는 또한 말년에 『언어로의 도상에서』 다음과 같이 고백하고 있다. "신학적인 유래가 없었다면 아마도 나는 결코 존재사유의 길에 도달할 수 없었을 것이다. 그러나 유래한다는 것은 언제나 [그 근원으로] 다가간다는 것이다."2)

  이미 잘 알려져 있듯이, 젊은 시절 하이데거는 프라이부르크 대학에서 철학을 본격적으로 탐구하기 이전에 비록 짧은 기간이나마 예수회 교단의 수도원에서 수도생활을 하기도 하였고, 또 그 이후엔 곧바로 프라이부르크 대학의 신학부에 입학하여 칼 브라이크 교수 밑에서 신부가 되기 위한 학업과정을 2년 간 거치기도 하였다. 제1차 세계대전이 끝나갈 무렵, 그는 자기에게 전승된 그리스도교의 신앙에 대해 철저히 논의하면서 비판적인 담론을 벌이기 시작한다. 그 무렵 하이데거의 시각에 따르면, 생동하는 역사적 체험을 갖고 있던 초대 그리스도교 신앙은 그 이후의 신학적 논의와 적합하지 못한 형이상학적 개념들을 통해 체계화되는 가운데 초기 그리스도교인들이 경험하였던 현사실적인 삶의 원초적인 생명력을 상실해 버리고 말았다는 것이다. 따라서 그는 수천 년의 세월이 흘러 허무주의로 물든 20세기 초의 역사적 운명을 조금이라도 뒤바꾸기 위해서는 그리스도교의 신앙을 전적으로 새롭게 그 근원성에서부터 역동적으로 경험할 수 있는 사유의 발판을 마련하는 것이 중요하다는 확신에 이른다. 하이데거의 전통 형이상학에 대한 비판은 이러한 확신과 더불어

---

2) 하이데거, 『언어로의 도상에서(*Unterwegs zur Sprache*)』, Pfullingen, 1986, 96쪽 참조.

움트기 시작하였으며, 그 자신의 고유한 존재물음 그리스도교의 종교성에 대한 반성을 통해서 커다란 자극을 받으면서 성장하게 된다.

초기 하이데거에 대한 필자의 이러한 견해는 1995년에 출간된 그의 『종교적 삶의 현상학』을 통해 얻어졌다. 이 책은 앞에서 지적한 말년의 하이데거의 고백을 심층적으로 이해하기 위한 매우 중요한 단초를 제공하고 있다. 당시 젊은 하이데거는 마이스터 에크하르트를 중심으로 한 중세 신비주의의 철학적인 근본토대를 파헤치면서(1918-19) 「종교현상학 입문」(1920-21)이라는 제목으로 강의하였고, 또 곧바로 그해(1921) 학기에는 신플라톤주의에 영향을 받은 아우구스티누스의 사상과 그의 신앙적 경험을 비판적으로 숙고하는 가운데, 종교적인 삶의 구조를 현상학적으로 드러내기 위한 중요한 핵심개념들을 형성하게 된다. 이러한 그의 개념 형성은 아리스토텔레스의 존재론에 대한 비판적인 성찰과정을 거치면서 『존재와 시간』(1927)을 중심으로 한 그의 기초존재론적인 존재물음의 길로 이어지는 매우 지대한 역할을 하게 된다.

이렇듯 신학과의 밀접한 관계 속에서 진리 탐구의 길로 들어선 초기 하이데거의 사상적 기투에 대한 이해는 최근에 이르러서야 주목받기 시작하였다. 오랫동안 하이데거 연구에 매진해 오고 있는 필자로서는 매우 매력적인 부분으로 다가왔으며, 그에 상응하는 심층적인 학술적 탐구가 꼭 이루어져야 한다고 생각했다. 물론 하이데거의 작품세계 속에 깃들어 있는 종교적 물음의 성격을 규명해 보려는 시도는 그가 생존하던 당시부터 수많은 학자들에 의해 꾸준히 다양한 방식으로 논의되어 왔다. 그러나 현재까지 발표된 글들은 그 나름의 학술적 가치를 지닌 채 학문적으로 기여하는 바가 크다고 하더라도, 필자가 주목하는 학술적인 연구 방향에서의 충족적인 의미를 갖고 있다고 보기에는 상당히 미흡한 형편이다. 왜냐하면 그러한 일련의 연구논문들은 하이데거의 존재물음의 길이 시원적인 삶 혹은 종교적인 삶(신앙)의 차원에 이르려는 주된 동기에 의해 시종일관 점철되었다는 필자의 시각을 충분히 드러내지 못하고 있을 뿐만 아니라, 더욱이 이미 위험의 극에 도달한 기술문명의 낡은 패러다임을 근원적으로 극복하기 위한 대안적 사유로서 인간존재의 본연적인 삶의 터전 속에 뿌리내리고 있는 시원적인 삶의 차원에 다가가려는 필자의 연구의도를 충족시켜 주지 못하고 있기 때문이다.

현사실적인 삶의 경험을 중심으로 한 하이데거의 초기 종교적 관심사가 그의 주된 존재물음의 길로 이어졌다는 것, 그리고 이러한 사유의 기나긴 노정에서 알레테이아(비은폐성)로서의 존재의 진리의 시원적 생동성을 경험하면서 그것을 사유의 언어로 담아내기 위해 플라톤-아리스토텔레스 이후의 전승된 형이상학의 역사를 비판적으로 해체하는 동시에, 서양의 전통 형이상학이 잉태한 기술문명의 한계와 그 위험성을 지적하면서 기술세계의 문화적 패러다임을 극복하고 그것을 대체할 수 있는 사유의 다른 가능성을 시원적인 삶의 차원 혹은 존재의 진리의 성스러운 차원에서 마련해 보려는 것, 그리고 이러한 차원에 대한 심층적인 사색을 동양사상과의 내적 연관성을 통해 숙고해 봄으로써 두 문화 사이의 교류의 가능성을 열어 나가는 데 기여하려는 것, 바로 이러한 과제들을 밝혀보려는 것이 필자가 이 글을 쓰고자 결심한 동기가 되었다.

16

필자는 앞으로 펼쳐질 이 글을 통해 하이데거의 존재사유의 심층 속에 깃들어 있는 종교적인 삶 혹은 시원적인 삶의 차원을 그의 초기작품에서부터 중기작품을 거쳐 말기작품에 이르기까지 그의 존재물음의 길을 뒤따라 사유하면서 폭넓게 추적하는 가운데, 그러한 차원을 현상학적-해석학적인 방법으로 드러내고 서술함으로써 이 시대의 문명적 위기를 극복하기 위한 하나의 방안을 모색하고 마련하는 데 기여하고자 한다.

　필자는 먼저 하이데거로 하여금 존재사유의 길로 인도하였던 그의 신학적 유래에 관해서 엄밀하게 논의해 보고자 한다. 일찍이 아리스토텔레스의 존재론을 비판적으로 숙고하는 가운데 자신의 사유를 현사실적인 삶의 역사적인 자기이해에서부터 시작한 초기 하이데거에 따르면, 전승된 형이상학은 삶의 현사실성과 역사성을 올바로 주시하지 못하고 오히려 생동하는 삶의 의미연관들을 객관화시킴으로써 원초적인 삶의 생생한 의미를 상실해버린 채 탈생명화(entleben)되었다는 것이다. 그는 사태 자체를 주시해 들어가는 후설의 현상학적인 방법을 사용하여 형이상학적으로 올바로 파악할 수 없는 현사실적인 삶의 경험을 그 자체로 드러내고자 시도한다. 그 당시 그에게 현상학은 삶을 객관화하고 탈체험화하는 종래의 학문적 경향에서 벗어나 삶 자체로 접근해 들어감으로써, 그 안에서 삶의 전체성이 드러나는 근본상황들과 근본경험들을 열어 밝혀주는 삶의 근원학문으로 여겨졌다. 그는 현상학적 접근방식을 통해, 초대 그리스도교의 신앙이 보여주었던 현사실적인 삶의 경험을 사유의 차원에서 생산적으로 자라나게 함으로써 거의 2천 년에 달하는 역사의 흐름 속에서 변조된 그리스도교의 신앙을 새롭게 일깨워보고자 열정적인 노력을 기울인다. 그 시절 그에게 절박한 사유의 과제는, 신앙이 인도하는 시원적인 삶의 깊이에 어떻게 사유가 도달할 수 있느냐 하는 물음이었다. 현사실적이면서도 역사적인 삶의 순수한 경험을 생동적으로 드러내기 위해서는 무엇보다도 먼저 이러한 경험을 경직화시키고 탈생명화·탈체험화시키는 전승된 존재론의 형이상학적 개념들 및 신학적 개념들을 과감히 해체시켜 나가야 할 뿐 아니라 전승된 형이상학의 사유태도를 그 근본적인 밑바탕에서부터 극복해야 했다.

초대 그리스도교의 신앙 및 종교적 삶의 차원에 대해 현상학적으로 접근해 들어가는 그의 이러한 적극적 태도는 분명히 그동안 존재사유가로만 알려져 왔던 그에 대한 일반적인 통념과 해석과는 상당히 낯설고도 거리가 있는 부분이다. 하지만 종말론적인 관점에서 그리스도의 재림을 기다리는 초대교인들의 현사실적인 삶을 시간지평에서 해석해 들어가는 그의 『종교적 삶의 현상학』(GA Bd.60)에서부터 『존재론: 현사실성의 해석학』(GA Bd.63)에 이르는 논의구조들 및 『이정표』(GA Bd.9)에 실려 있는 「현상학과 신학」(1927)의 소논문을 주의 깊게 살펴본다면, 그의 현사실성 및 실존범주에 대한 논의, 그리고 불안과 죽음, 양심과 결단, 연대기적인 통속적 시간과 카이로스적인 본래적 시간 등으로 이어지는 하이데거의 기초존재론적인 존재물음의 결정적인 구성요소들이 이미 그 당시에 일찍이 마련되고 있었음을 알 수 있다. 이러한 초기 하이데거의 종교적 삶의 차원에 대한 이해는 그가 그의 존재물음을 본격적으로 개진하기 시작하면서 표면적으로는 사라지는 듯 보이지만 실은 늘 그의 존재물음의 배후에 남아 있으면서 그의 물음을 자라나게 하는 원동력이 되고 있다. 그러기에 여기서 성장한 그의 존재물음은 그가 『존재와 시간』에서 거인들과의 투쟁이라고 불렀듯이 플라톤과 아리스토텔레스 이래로 전승된 형이상학 및 형이상학적 신학과 치열한 논의 대결을 펼쳐 나가는 가운데 망각된 삶(존재)의 생동적인 시원적 지반을 드러내기 위한 한결같은 방향으로 이어져 나가게 되는 것이라고 필자는 보고 있다.

이러한 하이데거의 견해에 따르면, 플라톤 이래 니체에 이르기까지 서구의 형이상학은 그 자신의 가장 오래된 고유한 물음, 즉 존재물음을 올바로 견지하지 못함으로써 자신의 참다운 근본바탕에 이르지 못했다는 것이다. 참답게 존재하는 것을 경험하기 위해 그것의 본질존재를 향하여 기투하며 초월하는 형이상학적 사유의 구조 속에는, 이러한 본질존재를 모든 것을 포괄하는 가장 보편적인 존재자나 혹은 최고의 존재자이자 최초의 존재자인 신에 의해 궁극적으로 근거지으면서 해석하려는 경향이 있다. 그러나 이러한 해석과 설명의 방식을 통해 사유가가 존재에 접근할 경우, 존재 자체는 그 자신의 고유한 진리에서 빠져 나가 망각의 어둠 속에 묻히게 된다. 그래서 하이데거는 전승된 형이상학적 신학, 즉 존재-신-론을 비판하며 거부한다.

그러나 비록 그가 이러한 비판적인 논의과정에서 신학과 일정한 간격을 취한다고는 하더라도, 이것은 곧 그가 형이상학적 신학과 거리를 두고 비판을 가했다는 뜻이지 결코 신의 존재를 부인하거나 또는 성스러운 것이 드러나는 시원적인 삶의 차원 및 신실한 신앙의 차원에 대해 마음의 문을 닫아 놓았다는 뜻은 아니다. 오히려 그는 존재의 진리에 대한 사유를 통해서 신적인 신을 기다리고 영접하는 순수한 신앙의 심연으로 다가가고자 했다.

하이데거가 보기에, 이러한 심연에 다가가는 데 방해가 되는 것은 존재의 진리에 대한 사유가 아니라, 오히려 신적인 신을 망각한 서양의 전승된 신학이라는 것이다. 왜냐하면 신학이 이성의 논리를 사용하거나 혹은 신비스러운 초월적 언어를 사용하여 신을 초-자연적인 형이상학적(meta-physisch) 방식으로 규정하고자 시도할 때, 신적인 신은 이러한 논리와 언어의 세계로부터 스스로 물러나 어둠 속으로 사라져 가기 때문이다. 이러한 신의 사라짐은 인간이 인간답게 거주하는 삶의 시원적 처소를 어둡게 하고, 그 결과 인간의 존재상실을 초래한다.

신은 인간에 의해서는 도저히 규정될 수 없는 존재다. 도저히 규정될 수 없는 존재를 규정하고자 시도한다는 것 자체가 이미 신적인 신에 대한 모독이요 왜곡이라고 하이데거는 생각한다. 신을 최상의 가치로서 추앙할 경우, 이러한 태도는 세인들에게는 마치 신을 극진히 섬기는 것처럼 보이겠지만, 실은 이러한 태도야말로 신에 대한 가장 심한 모욕이며 신을 살해하는 최후의 일격이라고 그는 본다.3) 신이 최상의 가치로서 평가되든 아니면 아무것도 아닌 하찮은 가치로서 평가되든, 신이 죽을 자인 유한한 인간에 의해서 가치 평가된다는 것 자체가 신의 존재를 가치 평가하는 인간의 좁은 눈의 수준으로 끌어내려 신을 추락시키는 행위가 되기 때문이다. 더 나아가 그는 신 이외에도 근세 철학사에서 보이듯 정신이나 물질을 궁극적 존재로 간주하는 모든 철학적 입장들도 넓게는 존재를 망각하고 신을 망각한 존재-신-론적 구조 속에서 이해될 수 있다고 본다. 이렇게 형이상학적 사유

---

3) 하이데거, 「"신은 죽었다"는 니체의 말」, 『숲길(Holzwege)』, Vittorio Klostermann Verlag, 1950(초판), 239-240쪽 참조.

의 필연적인 귀결에 따라 최고의 존재자가 충분한 근거도 없이 신으로 지칭되면서 이러한 신이 철학의 영역으로 들어오게 되었다는 사실은 그에겐 유럽 정신문화의 지평을 변화시킨 아주 기이한 사건으로 보였으며, 이러한 사건과 더불어 신적인 것 혹은 성스러운 것의 차원이 점차적으로 퇴색되어 사라지게 되었다고 그는 생각한다.

이러한 그의 해석은 초기 그리스 문화의 다신론적인 종교들이 몰락하면서 초기 그리스 사상가들에게서 생동하던 퓌시스(φυσις, 自然) 경험과 알레테이아(Ἀλήθεια, 비은폐성으로서의 진리)의 시원적인 경험이 소크라테스 이후 점차 그 생동성을 잃어버리게 되었다는 현상과 무관하지 않으며, 또한 그리스도교의 신개념이 플라톤과 아리스토텔레스의 사상에 의해서 채색되면서 초대 그리스도교인들의 현사실적인 삶의 경험으로서의 순수한 신앙이 그 빛을 상실하게 되었다는 사실과도 무관하지 않다. 그리하여 형이상학의 종말과 긴밀하게 관련된 '신의 죽음'은 어쩌면 2천년 넘게 이어져 온 서구 정신문화의 몰락을 예고하는 종소리일지도 모른다. 하이데거는 이러한 니체의 비판을 적극적으로 재비판하여 자기 것으로 수용하면서, 전승된 서양문화의 역사 즉 제1시원의 역사를 넘어 사유의 다른 시원의 가능성과 그러한 역사의 태동을 예비하고 마련하고자 시도한다. 그래서 그는 존재 스스로가 그 자신의 고유한 진리 속에서 생기하여(ereignet) 도처에 주재할(walten) 수 있는 그런 열린 문화의 가능성을 찾아 나선다.

사유가로 하여금 존재의 진리를 추구하도록 어둠 속으로 자신의 존재를 선사하는 진리의 시원적인 빛은 그 자체가 이미 성스러운 것으로서 세계의 밤을 밝혀주는 하나의 별과도 같을 것이다. 이러한 진리의 성스러운 빛은 언제나 인간존재의 때 묻지 않은 단순 소박한 삶의 심연 혹은 청정한 마음속에 뿌리내리고 있기 때문에, 그것을 밝히려는 열린 문화의 가능성 속에는 세계의 밤에 부재하던 신이 새롭게 도래할 가능성이 간직되어 있을지도 모른다.

그러므로 오늘을 살아가는 우리들에게 가장 중요한 것은, 그 안에서 인간존재를 포함한 존재자 전체의 시원적인 삶의 개방적인 존재연관이 드러나는 **참다운 밑바탕**[4])을 다시 새롭게 찾아 나서는 일이며, 이와 아울러 서양의 전승된 형이상학의 오랜 지배로 말미암아 알려지지 않은 채 남아 있어야 했던 존재의 성스러운 차원을 예견하고 마련하여 이 땅 위에 새롭게 뿌리내리는 일일 것이다. 그러기 위해서는 하이데거가 지적하듯 서양의 사유가 전승된 철학과 형이상학적 신학 그리고 과학과 기술의 끊임없는 혁신을 통해서도 아직 미처 충분히 경험하지 못했을 뿐 아니라 사유하지도 못한 시원적인 삶의 밑바탕으로 되돌아가 보아야 할 것이다.

그래서 필자는 1930-40년대 하이데거의 존재사유를 숙고하는 가운데 시원적인 삶의 차원으로 다가가고자 시도한다. 횔덜린이 그의 시 「빵과 포도주」에서 시적으로 경험한 '궁핍한 시대'는 단지 19세기 독일을 중심으로 한 유럽의 정신문화적 빈곤함을 보여줄 뿐만 아니라 바로 우리들 자신이 처해 있는 오늘날 첨단 기술과학시대의 황량한 운명을 일찌감치 예견한 통찰이기도 하다.

---

4) 이러한 참바탕이야말로 천지동근(天地同根), 물아일체(物我一體)가 이루어지는 바탕 없는 심연적 바탕으로, 거기에 이름 없는 하느님의 존재가 거하는 존재의 근원적 바탕일 것이다.

왜냐하면 인간의 삶의 역사를 이루는 어느 한 시대의 궁핍함 혹은 빈곤함은 무엇보다도 시원적인 삶의 성스러운 차원의 부재 혹은 신의 부재에 의해 각인되기 때문이다. 이러한 신의 부재는 특히 "cogito ergo sum(나는 생각한다. 그러므로 나는 존재한다)"이라는 데카르트의 명제와 더불어 존재자 전체의 영역이 'res cogitans(사유물)'와 'res extensa(연장물)'로 분열되면서 앎의 영역이 정신과학과 자연과학으로 이분화되기 시작한 근대 이후의 현상이다. 다시 말해 방법적 회의 속에서 자기의식의 자기확실성을 정초한 데카르트 이후 정신과학은 인간의 주관이성을 중심으로 자연세계를 대상화시키고 체계화시키려 하였으며, 자연과학은 존재자 전체에 관한 물음의 지반을 상실한 채 존재자의 특정 영역에 관한 실증적 탐구에 자신을 내맡김으로써 자연세계를 인간의 기술적인 지배의지로서 장악하고자 하였다. 이러한 역사의 흐름은 근대의 휴머니즘을 발판으로 한 시민사회의 출현과 물질문명의 급속한 성장을 인류에게 선사하였으나, 한편 그 보이지 않는 이면에서는 결국 인간의 철저한 존재망각과 존재자의 존재이탈로 특징지어지는 허무주의(Nihilism)의 시대상을 출현시켰다. 이러한 과정에서 오늘날 자연으로부터 소외되었을 뿐 아니라 그 자신의 고유한 본질로부터 소외된 현대인은 니힐리즘을 그 근본에서 극복해 보려는 진지한 노력에 자신을 내맡기기보다는, 오히려 광기어린 힘에의 의지에 철저히 구속된 채 니힐리즘의 음산한 그림자에서 도피하려는 태도로 항상 '새로운 것'에 시선을 돌리면서 이를 '기술의 끊임없는 자기 혁신'이라는 미명하에 스스로 위장해 가며 살아가고 있다. 하이데거는 이러한 기술문명시대의 위기를 "몰아세움(Ge-stell)"이라는 그 자신의 용어에 붙잡아 존재사적으로 비판하는 동시에 극복하고자 하였다.

하이데거는 기술의 본질을 단순히 자연과학의 실천적 이용의 관점에서 바라보지 않으며, 오히려 존재사적인 관점 속에서 서양의 전승된 형이상학이 잉태한 서구 철학의 필연적인 귀결로 해석한다. 즉 기술의 본질적 특성은 존재 자체의 고유한 진리가 그 자신의 고유한 본질영역으로부터 벗어나 탈-생기된 채 일어나는 비본래적인 탈은폐의 한 방식이라는 것이다. 현대 기술문명을 근본적으로 지배하며 이끌어 나가고 있는 탈은폐의 역사적 운명은 최근의 유전자 조작과 복제기술에서 극명하게 나타나듯이 자연의 질서와 생명의 질서를 철저히 파괴하면서까지 지상에 존재하는 모든 것을 언제든지 이용 가능한 상품과 부품으로 주문하고 변조하여 마련하도록 인간을 도처에서 정신없이 재촉하는 총체적인 닦달함이다. 하이데거는 이렇게 총체적으로 닦달하는 기술의 본질을 몰아세움이라고 부른다. 실용성과 유용성 그리고 신속성과 무한경쟁을 앞세우는 현대인의 기술적인 삶이 자연의 보이지 않는 조화로운 순리(道)에서 벗어나 이러한 몰아세움의 지배 아래 놓여 있는 한, 단지 자연적인 존재자와 사물적인 존재자만이 아니라 인간들마저도 현대사회의 도발적인 요청에 따라 언제든지 신속히 탈은폐되어 공급되고 소비되며 소모될 수 있는 상품의 상태로 존립할 수밖에 없다.

몰아세움이라는 존재의 역사적 운명이 이 시대의 세계역사 및 이 시대에 처해 있는 인간의 삶의 장소를 아직까지도 규정하며 장악하고 있는 한, 인간은 이러한 탈은폐의 역사적 운명으로 말미암아 세계시장의 다양한 주문 요청 속에서 요구되는 것만을 추구하고 탐구하며 활용하려는 기능적인 삶의 언저리를 헤매면서 자신의 안락과 편안함을 추구할 뿐, 자기 자신의 참다운 존재와 대면할 가능성을 아예 상실하게 되며, 더 나아가 근본적으로는 진리의 시원적인 빛에 따라 존재의 참다운 진리와 시원적으로 관계 맺으며 살아갈 수 있는 그런 시원적인 삶의 가능성은 까마득히 멀어지게 된다. 그러므로 오늘날 현대사회를 지배하고 있는 기술적인 탈은폐의 역사적 운명은 그 자체가 이미 위험한 것이며, 위험 자체다. 더욱이 현대 기술문명의 전 세계적 지배는 현대인으로 하여금 도처에서 주문 요청하는 도발적인 시장의 요구에 가능한 한 신속하게 응답하도록 닦달함으로써, 그가 기술시대의 위험 자체를 주시할 수 있는 숙고의 시간과 극복의 기회마저도 모조리 앗아가 버린다.

이러한 극단적인 위험 앞에서 기술화된 인간이 인간 자신으로서 참답게 거주하기 위한 그의 시원적인 삶의 자리를 되찾고자 한다면, 오늘을 살아가는 우리는 과연 무엇을 시급히 준비해야 하는가? 필자는 이러한 물음에 주어질 수 있는 대답의 가능성을 하이데거의 1940-50년대 후기 작품 속에 나타난 사방세계(Welt-Gevierte)와 사물에 대한 논의 그리고 기술시대의 자연에 대한 숙고 및 존재의 비밀로서 드러나는 시원적인 삶의 심연에 이르는 초연한 내맡김(Gelassenheit)의 태도를 통해 현상학적-해석학적인 방식으로 접근해 들어가 찾고자 한다.

몰아세움이라는 존재의 역사적 운명이 이 시대를 지배하고 있는 한, 현대인은 삶의 왜곡된 관계망 속으로 자신도 모르게 이끌려 들어갈 수밖에 없으며, 따라서 존재 자체가 그 자신의 고유한 본령에서 환히 밝혀지지 못하고 오히려 철저히 숨겨져 거칠고 간교하게 위장될 뿐이다. 존재 자체의 시원적인 진리가 은닉된 삶의 터전은 인간이 인간답게 서로 사랑하고 교제하며 참답게 이해할 수 있는 만남의 개방적인 열린 장이 아니라, 그 자체가 이미 원초적인 생명력을 잃어버린 허무의 늪이요 서로가 서로를 지배하려는 욕망의 정글이자 끝없는 경쟁의 광장에 불과하다. 여기서 필자가 사유하는 만남의 시원적인 열린 장이란 존재와 인간이 있는 그대로 존재하는 만물과 어우러져 공속하는 진리의 열린 장이자 땅과 하늘 그리고 인간이 자연스럽게 공속하여 펼쳐지는 자유자재(自由自在)의 열린 장이다. 이러한 진리의 참다운 본령 속에는 신의 도래가 이루어지는 신성한 것 혹은 성스러운 것의 차원이 늘 현묘하게 드리워져 있다고 필자는 바라본다. 그러므로 인간이 이러한 존재의 진리의 열린 장 속에 시원적으로 살지 못할 때, 인간은 신으로부터 소외되며, 자연으로부터 소외되고, 나아가 인간 자신으로부터 소외된 채 삶의 어두운 나락 속으로 필연적으로 떨어지지 않을 수 없을 것이다. 횔덜린이 "세계의 밤"이라고 지칭한 이러한 허무의 늪에 아직도 현대인이 잠들어 있는 한, 신이 나타날 수 있는 성스러운 터전은 부재할 수밖에 없다. 그러나 이러한 신의 부재는 신이 성스러움이라는 존재의 찬란한 빛을 다시는 이 땅에 증여하지 않을 것이라는 완전한 죽음 또는 처절한 절망으로 머무는 것이 아니라, 몰아세움이라는 이 시대의 역사적 운명 속에서 스스로 물러나는 신의 자취로서 경험되고 이해될 수 있다. 그래서 하이데거는 말년에 『슈피겔』과의 인터뷰(1966년 9월)에서 "오직 하나의 신만이 우리를 구원할 수 있다"고 말하면서, 존재의 몰아세움이 동반하는 위험 속에서조차 '구원'의 가능성을 주목하면서 그런 구원자로서의 신적인 신이 오늘날의 세계를 지배하는 기술문명시대의 칠흑 같은 어둠 속에서도 자기에게 도래할 자들을 기다리며 눈짓하고 있다고 보았던 것이다. 이렇게 부재하는 신의 자취에 주목하여 다가올 신의 도래를 예비하는 것은 종래의 소외된 삶의 방식을 근본적으로 극복하여 신적인 것과 자연적인 것 그리고 인간적인 것이 서로 조화롭게 어우러진 시원적인 삶의 한마당5)을 찾고자 하는 것이며, 이는 또한 사유와 신앙 속에서 서로 사랑하고 헌신하며 더불어 살아가는 인류공영적인 삶의 차원을 마련하려는 시도이자, 아울러 존재망각의 어둠 속에 상실된 인간존재의 참다운 본질을 회복하기 위한 하나의 진지한 숙고의 길이 되리라고 필자는 믿는다.

2007년
수유리 서재에서
신 상 희

---

5) 필자는 이러한 '한마당'을 시원적인 삶이 열어 밝혀지는 **종교적 차원**이
   라고 본다.

덧없는 것을 의미 있는 것으로 여겨,
그것에 집착하는 것이야말로
덧없는 인생의 허망한 굴레요,
덧없는 것을 덧없는 것으로 여겨,
그것으로부터 해방되는 것이야말로
의미 있는 인생의 새로운 출발이다.

제 1 장

하이데거의 존재물음의 신학적 유래에 대하여 :
초대 그리스도교의 현사실적 삶의 경험을 중심으로

1889년 9월 26일 독일 슈바르츠발트(Schwarzwald)의 작은 마을인 메스키르히(Meßkirch)에서 성당 종치기이자 술 창고지기인 아버지 프리드리히 하이데거와 어머니 요한나 켐프 사이에서 태어난 마르틴 하이데거는 어려서부터 신실한 가톨릭 신앙의 세계 안에서 성장하였다. 그는 유년시절에 성당의 미사를 돕는 복사로 오랫동안 헌신하면서 장차 신부가 되어 신앙의 길을 걸어가고자 희망하였다. 젊은 시절 하이데거는 프라이부르크 대학에서 철학을 본격적으로 탐구하기 이전에 비록 짧은 기간이나마 예수회 교단의 수도원에서 수도생활을 하기도 하였고, 또 그 이후엔 곧바로 프라이부르크 대학의 신학부에 입학하여 칼 브라이크 교수 밑에서 신부가 되기 위한 학업과정을 2년 간 거치기도 하였다. 그러나 그는 1911년 신부가 되기 위한 수도의 길을 포기하고, 아리스토텔레스의 존재문제와 후설의 현상학에 대한 탐구를 통해 사유의 길을 걷고자 철학부로 옮긴다. 1913년 리케르트 교수 밑에서 그는 『심리주의에서의 판단론(*Die Lehre vom Urteil im Psychologismus*)』이라는 논문주제로 철학박사학위를 받고, 2년 뒤에는 『둔스 스코투스의 범주론과 의미론(*Die Kategorien- und Bedeutungslehre des Duns Scotus*)』이라는 논문을 발표하여 교수자격을 획득한다. 1915년에서 1918년 사이에는 군복무로 인해 연구생활을 잠시 중단하게 된다.

제1차 세계대전이 끝나갈 무렵, 대학으로 복귀한 그는 자기에게 전승된 그리스도교의 신앙에 대해 철저히 논의하면서 비판적인 담론을 벌이기 시작한다. 그 무렵 하이데거의 시각에 따르면, 생동하는 역사적 체험을 갖고 있던 초대 그리스도교 신앙은 그 이후의 신학적 논의와 적합하지 못한 형이상학적 개념들을 통해 체계화되는 가운데 초기 그리스도교인들이 경험하였던 현사실적 삶의 원초적인 생명력을 잃어버리고 탈-생명화되고(ent-leben) 말았다는 것이다. 따라서 그는 수천 년의 세월이 흘러 허무주의 (Nihilism)로 물든 20세기 초의 역사적 운명을 조금이라도 뒤바꾸기 위해서는 그 시대의 그리스도교 신앙을 전적으로 새롭게 그 근원성에서부터 역동적으로 경험할 수 있는 사유의 기초적인 (fundamental) 발판을 마련하는 것이 중요하다는 확신에 이른다. 하이데거의 전통 형이상학에 대한 비판은 이러한 확신과 더불어 움트기 시작하였으며, 그 자신의 고유한 기초존재론적(fundamentalontologisch) 존재물음 역시 현사실적 삶의 전형적인 경험양식으로 비추어졌던 초대 그리스도교의 종교성에 대한 반성을 통해서 커다란 자극을 받으면서 성장하게 된다.

이러한 견지에서 필자는 이 글에서 무엇보다 먼저 하이데거를 존재사유의 길로 인도하였던 그의 신학적 유래에 관해서 엄밀하게 논의해 보고자 한다. 하이데거가 1923년 마르부르크 대학의 교수로 초빙되어 그의 독창적인 존재물음의 길을 본격적으로 개진해 나가기 이전, 특히 그가 제1차 세계대전을 전후로 하여 개설하였던 초기 프라이부르크 대학에서의 일련의 강의록들을 살펴본다면, 그의 주된 관심은 크게 두 가지로 나누어질 수 있다. 그 하나는 딜타이의 역사적 삶에 대한 연구를 자기 것으로 심화시켜 나가는 노력의 과정이며, 다른 하나는 사도 바오로, 아우구스티누스, 루터, 파스칼, 키에르케고르와 같은 철저한 믿음의 증언자들을 통해 그의 사유가 커다란 자극을 받으면서 현사실적 삶의 개념적 구조들(즉 실존범주, *Existenzialien*)1)을 발전시켜 나가는 과정이다. 필자는 여기서 두 번째 사유의 동인에 주목하는데, 그것은 특히 하이데거의 사유에 결정적인 물음을 제시해 준 것은 초대 그리스도교의 신앙이었다는 사실이 확연히 드러나기 때문이다.

1. 종교적 삶의 현상학과 현사실적 삶의 경험

하이데거의 『종교적 삶의 현상학』은 그 당시의 종교철학적 문제상황2)을 고려해 볼 때 매우 혁신적인 견해를 표명하고 있다.

---

1) 하이데거, 『종교적 삶의 현상학(*Phänomenologie des religiösen Lebens*)』(1918-21), GA Bd.60, Frankfurt a. M., 1995, 54쪽 및 232쪽 참조.
2) 그 시대는 주로 『인간성의 한계 내에서의 종교(*Religion innerhalb der Grenzen der Humanität*)』(1908)를 저술한 파울 나토르프(Paul Natorp)

그는 이 강의록에서 종교적 경험을 재구성하여 그리스도교 신앙의 의미를 철학적으로 풍성하게 만들고자 하였던 딜타이의 관심사를 자기 것으로 수용하는 가운데, 전승된 서양철학에서 철저히 평가 절하되어 왔을 뿐만 아니라 그 고유한 의미가 간과되고 망각되어 왔던 현사실적 삶의 경험을 현상학적으로 접근하여 주제화하고자 했으며, 이런 맥락에서 초대 그리스도교 신앙의 근원성 및 그 안에서 전개되는 시원적인 삶의 역사적인 수행연관성을 논의의 주제로 삼고 있다. 단적으로 말해서 그 당시 그의 주된 학문적 관심사는 철학의 한 분과로서의 종교철학의 이론적 체계를 구성하거나 혹은 종교현상 일반의 선험적 구조를 해명해 보려는 데에 있는 것이 아니라, 초대 그리스도교의 종교적 삶의 경험을 범례적인 근간으로 삼아 접근될 수 있는 현사실성의 본질적 구조를 해명하는 데 있었다.

하이데거의 견해에 따르면, 현사실적 삶의 경험은 우선 정신이나 지성의 이론적인 인지적 활동에서부터 일차적으로 이해될 수 있는 것이 아니라, 오히려 그에 앞서 "생활세계(Lebenswelt)" 속에서 구체적으로 살아가는 개별 인간들의 역사적 삶의 "수행연관성(Vollzugszusammenhang)"에서부터 비로소 시원적으로 이해될 수 있다. '생활세계'는 주변세계(Umwelt)와 공동세계(Mitwelt,

의 신칸트학파적 종교철학과 모든 종교의 불변적인 근본구조로서 '성스러움'의 의미를 논의하여 제시한 루돌프 오토(Rudolf Otto, *Das Heilige*, Breslau, 1917), 그리고 오토의 입장과 유사하게 모든 종교의 선험적 핵심본질을 제시하면서 철학과 신학을 연결하고자 시도한 에른스트 트뢸치(Ernst Troeltsch, *Psychologie und Erkenntnistheorie in der Relionswissenschaft*, Tübingen, 1905)의 지배적인 영향 아래 종교철학적인 논의가 주도되고 있었다.

이웃세계) 그리고 자기세계(Selbstwelt)의 세 가지 구성요소로 구분될 수 있는 삶의 다양한 세계연관들(Weltbezüge)의 긴밀한 통일성이며, 이러한 통일적 성격을 그는 이미 이 강의록에서 "유의미성(Bedeutsamkeit)"이라고 부르고 있다.3) 이러한 생활세계로서의 유의미성은 구체적 인간의 저마다의 "염려(Bekümmerung)" 방식 속에서 생동적으로 살아 숨쉬며 펼쳐지는데, 여기서의 염려 개념은 『존재와 시간』에서의 "마음씀(Sorge)"의 개념을 선취하고 있는 것이다.4) 인간이 각자 그때그때마다 생활세계의 유의미성을 염려하며 살아감에 있어서 이러한 현사실적 삶을 객관화하여 이론적으로 정립해 가려는 태도는 결코 원본적인 것이 아니라 이차적인 것에 불과할 따름이다. 현사실적 삶에서 일차적으로 중요한 것은 무엇보다도 이러한 삶 자체의 근원적이면서도 시원적인 현상에 대한 이해이며, 그것은 언제나 이미 각자가 그 안에 처해 있으면서 그때그때마다 살아가고 있는 생활세계의 유의미성에 대한 각자의 염려 방식에서부터 — 즉 개별적인 인간의 실존적 삶의 역사적인 수행연관성으로부터 — 비로소 접근되고 이해되어야 하는 것이다.

이런 점에서 현사실적 삶은 모든 철학함의 근본바탕이라고 하이데거는 일찍이 강조하면서 다음과 같이 말하고 있다. "사람들이 [철학함의] 문제를 철저하게 파악한다면, 그는 철학이 현사실

---

3) 하이데거, 『종교적 삶의 현상학』, 11-14쪽 참조. 하이데거가 '생활세계'라는 그의 주도적인 개념을 『존재와 시간』(1927)이 출간되기 훨씬 전인 7-8년 전에 이미 사용하고 있다는 점은 주목해 볼 필요가 있다. GA Bd.56/57(1919), 5쪽; GA Bd.60(1920/21), 11쪽; GA Bd.61(1921/22), 94-97쪽 참조.

4) 하이데거, 『종교적 삶의 현상학』, 16쪽 참조.

적 삶의 경험에서 발원되어 나온다는 사실을 발견한다. 그리고
그 다음에 철학은 현사실적 삶의 경험 안에서 이러한 경험 자체
속으로 되돌아간다. 현사실적 삶의 경험이 기초적(fundamental)
이다."5) 이와 관련하여 그는 또 다른 곳에서 이렇게 말한다. "철
학에 이르는 길의 출발점은 현사실적 삶의 경험이다."6) "현사실
적 삶의 경험은 아주 독특한 것이다. 이미 거기에서 철학으로의
길이 가능해지며, 거기에서 또한 철학으로 인도하는 방향전환이
수행된다."7) "철학함이 현사실적 삶의 경험으로부터 발원되어
나오고, 어떤 하나의 — 물론 아주 본질적인 — 전향 속에서 다시
금 현사실적 삶의 경험으로 되돌아감에도 불구하고, 지금까지 철
학자들은 바로 이러한 현사실적 삶의 경험을 자명한 부차적인
사태로 치부해 버리려고 노력하였다. […] 철학의 출발점이자 철
학의 목적은 현사실적 삶의 경험이다."8)

　앞에서 인용한 다양한 글들에서 명확히 나타나고 있듯이, 철학
의 본질적 과제란 터-있음(Da-sein)으로서의 구체적인 인간존재
의 현사실적 삶의 경험을 해석하고 이해하면서 이러한 경험의
시원적 차원 속으로 소급해 들어감에 있다고 통찰한 초기 하이
데거의 이러한 현상학적 봄의 태도는 장차 그의 고유한 사유의
길을 마련해 나감에 있어서 결정적으로 중요한 의미를 지니게
되며, 그것은 『존재와 시간』의 서문에서 철학에 대한 다음과 같
은 그의 근본입장의 표명으로 이어진다. "철학은 터-있음의 해석

---

5) 하이데거, 『종교적 삶의 현상학』, 8쪽.
6) 하이데거, 『종교적 삶의 현상학』, 10쪽.
7) 하이데거, 『종교적 삶의 현상학』, 11쪽.
8) 하이데거, 『종교적 삶의 현상학』, 15쪽.

학으로부터 출발하는 보편적인 현상학적 존재론인데, 이 해석학은 실존에 대한 분석론으로서 모든 철학적 물음의 실마리의 끝을, 거기에서부터 그것이 발원되어 나와 거기로 그것이 되돌아가는 바로 거기에 고정해 놓았다."9) 모든 철학적 물음의 실마리의 끝이 고정되어 있는 바로 그곳은 현사실적 삶의 영역이며, 그곳은 또한 존재의 진리가 드러나는 근원적인 장소로서의 터-있음의 터(Da des Da-sein)다. 그러므로 현상학적 탐구의 우선적이고도 일차적인 탐구대상은 현사실적 삶이자 터-있음이지만, 이러한 탐구를 통해 현사실적인 삶의 연관성 속에서 도달되어야 할 본래적인 사태는 삶 자체 혹은 삶의 시원적 의미이자 터-있음의 탈자적인 있음의 의미이고, 이는 더 나아가 있음 자체 즉 존재 자체의 의미다.10)

여기서 보이듯이, 현사실적 삶의 경험이라는 주도적인 표현 속에는 — 이미 일찍이 그가 어린 시절부터 종교적 인간으로서 그리스도교 신앙 속에서 추구하였던 — 시원적인 삶의 근원적인 진리영역11)에 대한 현실적인 삶의 구체적인 존재사건의 관계가 놓여 있으며, 이것은 차후에 존재론적인 것에 대한 존재적인 것의

---

9) 하이데거, 『존재와 시간(*Sein und Zeit*)』, 38쪽 참조; 『존재와 시간』, 이기상 옮김, 62쪽 참조.

10) 하이데거, 『아리스토텔레스에 대한 현상학적 해석』(1921/22), GA Bd.61, 85쪽 및 189쪽 참조. "Leben = Dasein, in und durch Leben 'Sein'." "Das Zunächst: Leben. Anzeige eines Seinscharakters: Leben als Sein."

11) 여기서 "시원적인 삶의 근원적인 진리영역"이란, 그리스도교적 의미에서 말하자면, 참다운 그리스도교인으로서의 하느님에 대한 참사랑과 이웃에 대한 탈자적-헌신적-자기개방적 사랑의 실현을 통해 이 땅에 도래할 하느님의 나라를 가리킨다.

관계로 발전되어 나가는 그 자신의 고유한 존재사유의 맹아가 된다. 이와 관련하여 그가 1918/19년 겨울학기에 '중세 신비학의 철학적 기초'에 관해 강의하려던 강의초안을 보면 다음과 같은 구절이 눈에 띈다. "우리는 시원에 서 있다. 또는 좀더 정확히 말해서 우리는 진정한 시원으로 되돌아가야 한다. 그때 세계는 조용히 기다릴 수 있다. 왜냐하면 나는 **종교적 인간**으로서 어떤 종교철학의 흔적을 필요로 하지 않기 때문이다."[12] 여기서 언급된 진정한 시원이란, 그가 예수 그리스도의 재림을 기다리는 신실한 종교인의 한 사람으로서 그 자신의 고유한 생활세계 속에 살아가면서, 이 구체적이고도 유동적인 생활세계의 통일적 의미를 종래의 전통적인 종교철학적 논의의 궤도 속에서 해석하고 이해하는 것이 아니라 오히려 전승된 형이상학적 신학에 의해 물들지 않은 초대 그리스도교 신앙(Urchristentum)의 근원적인 삶의 진리에 합당하게 살아가면서 그리스도 안에서 그리스도를 통해 그리스도와 함께 경험할 수 있는 삶 자체의 근원이자 그 안에서 참나로서의 자기존재가 개방되어 열어 밝혀지는 현사실적 삶의 근원적 처소를 가리킨다고 필자는 생각한다.

초대 그리스도교 신앙의 현사실적-역사적 삶의 경험에 대한 초기 하이데거의 관심은 물론 그가 종교적 인간으로서 어린 시절부터 깊게 영향을 받은 신앙생활에 의해 실존적으로 동기유발된

---

12) 하이데거, 『종교적 삶의 현상학』, 309쪽. 이와 아울러 GA Bd.61(186쪽)에서의 "시원으로 다가가는 것(auf den Anfang zugehen)" 그것만이 확실할 뿐이라는 초기 하이데거의 고백을, 그의 후기 작품인 『사유의 경험으로부터(*Aus der Erfahrung des Denkens*)』(7쪽)에서 나오는 "하나의 별을 향해 다가가는 것, 오직 이것뿐(Auf einen Stern zugehen, nur dieses.)"이라는 시구와 관련지어 사유해 볼 것.

것은 분명한 사실이지만, 그는 이러한 자신의 관심사를 논의하고 해명해 나감에 있어서 종교적으로 처신하지 않고 철학적으로— 다시 말해 현상학적으로— 접근하고자 했다.13) 그는 이러한 자신의 학문적 태도를 1922년경 "탈-신론적인(a-theistisch)" 태도라고 표명하는데, 그에 따르면 철학은 오직 자기 자신에게 의지하여 스스로 제기하는 극단적인 물음의 과정에 원칙적으로 충실해야 하며, 외람되게 신을 소유하거나 규정하려는 부질없는 태도에서 벗어나야 한다는 것이다.14) 그래서 철학이 극단적으로 나가면 나갈수록 신을 규정하려는 온갖 사변적인 태도로부터 떠나(weg) 있어야 하는데, 이러한 떠나 있음의 극단적인 수행과정에서 신 가까이에(bei) 머물러 있는 수고스러움을 떠맡아야 한다는 것이다.15) 이러한 하이데거의 탈-신론적인 태도는 그 후 35년이란 긴 세월이 지나 1957년 토트나우-베르크에서 발표된 『형이상학의 존재-신론적 구성틀』에서의 다음의 진술과 상통한다. "그러므로 철학의 신, 다시 말해 자기 원인으로서의 신을 포기해야 하는 신-없는(gott-los, 신을-떠난) 사유가 어쩌면 신적인 신[즉 성스러운 신]에게 더 가까이 있을지도 모른다."16) 그의 이러한 겸손한 자

---

13) GA Bd.61, 197쪽 참조. "내가 비록 철학자로서 종교적 인간으로 존재할 수 있다고 하더라도, 나는 철학함에 있어 종교적으로 처신하지 않는다."

14) GA Bd.61, 197쪽 참조. 하이데거에게서 신은 "아직 규정될 수 없었고 아직 규정되지 않은 것"이 아니라 "본질적으로 전혀 무규정적인 것 그 자체(das wesentlich überhaupt Bestimmungslose als solches)"이다(GA Bd.60, 316쪽 참조).

15) GA Bd.61, 197쪽 참조.

16) 하이데거, 『동일성과 차이(Identität und Differenz)』, 신상희 옮김, 민음사, 2000, 65쪽 참조.

기고백 속에 스며 있듯이, 그의 탈-신론적 태도는 그를 무신론적 실존주의자로 규정한 사르트르의 무신론적 태도와는 전혀 무관하며, 오히려 신에 대한 경건한 신앙심의 발로라고 보는 것이 옳을 것이다.

이런 점에서 하이데거가 초대 그리스도교 신앙 속에서 현상학적으로 주시하였던 초대 교인들의 현사실적-역사적 삶의 경험에 대한 이해와 해명은 그의 독자적인 기초존재론을 발전시켜 나가기 위한 범례적인 성격만을 갖는 것은 아니며,17) 그것은 내용적인 측면에서도 그의 존재사유의 과정에 풍성한 결실을 가져다주었다. 그가 1922년경을 전후로 하여 신앙과 사유 혹은 사변적 신학과 철학 사이에 가로놓인 긴장관계에 주목하면서 표면적으로는 신앙과 거리를 둔 채 그 자신의 고유한 존재사유의 길을 걸어갔지만, 그가 이러한 자신의 길을 에움길(Umweg)이라고 즐겨 표현했다는 사실을 상기해 본다면, 하이데거의 존재물음의 길은 초대 그리스도교 신앙의 현사실적 삶의 근원적 진리에 다가가기 위한 겸손하고도 경건한 사유의 에움길이 아니었을까 생각해 본다. 철학적 물음은 종교적인 것은 아니지만 "전적으로 비로소 종교적 결단의 상황 속으로 인도할 수 있어야"18) 한다는 철학에 대한 초기 하이데거의 단호한 입장이, 『존재와 시간』에서 철학적 개념들은 전적으로 "자기중심적인 자기를 포기하고"19) 죽음 앞

---

17) 김재철, 「하이데거의 종교현상학」, 『인간의 초월과 실존』(철학과 현상학 연구 제17집), 철학과현실사, 2001, 38-75쪽, 특히 43쪽 참조.
18) GA Bd.61, 197쪽 참조.
19) 하이데거, 『존재와 시간』, 264쪽 참조; 『존재와 시간』, 이기상 옮김, 352-353쪽 참조.

에서의 실존적 삶의 결단을 도모하는 형식적인 구조들을 알려주어야 한다는 우회적 입장으로 발전되어 나가는 것도 에움길의 한 특징을 보여주는 것이라고 필자는 생각한다.

2. 초대 그리스도교의 종교성에 대한 현상학적 해명

그러면 이제 우리는 「종교현상학 입문」 제2부에서[20] 사도 바오로의 서신을 중심으로 구체적인 종교적 현상들에 대해 현상학적으로 해명해 들어가는 하이데거의 견해에 관해 살펴보기로 한다. 그는 먼저 사도 바오로의 「데살로니카 전서」를 초대 그리스도교의 종교성에 대한 해석의 중심에 놓고 이차적으로는 「데살로니카 후서」와 「갈라디아서」 그리고 「고린토 후서」를 인용한다. 「데살로니카 전서」는 특히 초대 그리스도교 교인들의 현사실적 삶의 경험에 대한 분석에 집중되는데, 그 까닭은 이 서신이 『신약성서』 가운데 가장 일찍 씌어진 문헌(50-51년경)이기 때문이다. 이 서신에서 사도 바오로는 아테네에서 박해를 받으며 살아가고 있는 데살로니카 공동체에게, 참다운 그리스도인의 생활이란 그리스도에 대한 믿음 속에 복음을 전적으로 받아들여 회개하고 그리스도인이 됨으로써 역사의 종말에 도래할 그리스도의 재림을 기다리며 살아가는 생활임을 기억시키면서, 하느님의 나라는 지금의 역사 속에서 주님과 하나 되는 사랑과 믿음과 희망의 공동체이기에 이 땅의 현실에도 충실히 수고하며 다른 사람들과 화목하게 더불어 살아갈 것을 강조한다.

---

20) 하이데거, 『종교적 삶의 현상학』, 67-156쪽 참조

하이데거는 이 서신의 1장에서 γένεσθαι(되어가다), μνάομαι (기억하다), ειδέναι(알다) 등의 낱말들이 자주 사용되고 있다는 점에 주목하면서, 이 낱말들의 빈번한 사용은 그 당시 사도 바오로와 그의 교회 공동체가 처해 있는 삶의 상황에 대한 이해를 열어준다고 생각한다. 즉 그리스도의 복음을 받아들여 참다운 그리스도인으로 되어간다는 것은 교인의 현재적 존재를 드러내 보이는데, 이러한 현재는 과거의 사건(그리스도의 죽음과 부활)으로부터 그에게 다가오는 미래의 사건(그리스도의 재림)에 의해서 규정되고 있다는 것이다. 다시 말해 '되어감'에 대한 강조 속에는 실존수행의 시간적 성격이 들어 있다고 하이데거는 주목하면서, 사도 바오로의 신앙의 지평은 그리스도의 재림(παρουσία, 파루시아)에 대한 희망과 기다림을 중심으로 형성되어 있다고 해석한다. 즉 그리스도인의 삶과 그의 실존은 예수 그리스도의 육화와 그의 생애 그리고 부활이라는 성스러운 사건에 의해 철저히 각인되고 있으며, 더욱이 이렇게 지나간 과거의 사건은 앞으로 도래할 그리스도의 재림에 시간의 닻을 내려놓은 채 그때그때마다 그리스도인의 현재적 삶을 철저히 규정하고 있다는 것이다. 그리스도의 재림을 기다리며 살아가는 종말론적인 전망 속에서 하이데거는 초대 그리스도교 신앙 속에 깃들어 있는 현사실적 삶의 경험의 핵심적인 현상을 주시하는데, 그에 따르면 초대 그리스도교 신앙의 근본적인 본질구조는 근원적 시간성의 통일적인 경험 속으로 삶의 다양한 방식들과 양상들이 통합되고 있다는 점에 놓여 있다는 것이다. 이런 의미에서 그는 초대 그리스도교의 종교성에 대한 다음 같은 두 가지 결정적인 명제를 제시하고 있다.

(1) 초대 그리스도교의 종교성은 초대 그리스도교적 삶의 경험에 있으며, 이러한 삶의 경험 그 자체다.

(2) 현사실적 삶의 경험은 역사적이다. 그리스도교적 종교성은 시간성 그 자체를 살아간다.21)

이와 관련하여 하이데거는 「데살로니카 전서」 5장 1절 이하에서 나오는 사도 바오로의 이야기22)에 주목하면서 그리스도교 신앙의 중심을 차지하는 파루시아의 의미에 관해 설명해 나간다. 주님의 날은 밤중의 도둑같이 '갑자기(jäh)' 닥쳐오는 것이기에, 그리스도 재림의 미래적 사건은 계산될 수 있는 통속적 시간과 관련된 것이 아니라 전혀 예고도 없이 다가오는 무규정적인 시간의 성격을 갖는다. 그러므로 이러한 재림을 맞이하는 성도의 올바른 삶의 태도는 '늘 깨어 있는 냉철한 기다림의 태도'로서, 그것은 재림의 계산될 수 없는 본질적인 **미래**로부터 출원하여 그리스도의 죽음과 부활에 대한 믿음 속에 회개하고 살아왔던 그의 본래적 **과거**와의 탈자적 통일성 속에서 펼쳐지는 그때그때의 본래적 **현재**를 살아가는 것이다. 다시 말해서 재림을 기다리

---

21) 하이데거, 『종교적 삶의 현상학』, 80쪽. 그는 이와 같은 맥락에서 이렇게 말하기도 한다. "(1) 초대 그리스도교의 종교성은 현사실적 삶의 경험 속에 있다. 부가문: 그것은 본래 이러한 삶의 경험 그 자체. (2) 현사실적 삶의 경험은 역사적이다. 부가문: 그리스도교적 경험은 시간 자체를 살아간다."(82쪽 참조)

22) 「데살로니카 전서」, 5:1-3. "교우 여러분, 그 때와 시기에 대해서는 여러분에게 더 쓸 필요가 없습니다. 주님의 날이 마치 밤중의 도둑같이 온다는 것을 여러분이 잘 알고 있기 때문입니다. 사람들이 태평세월을 노래하고 있을 때에 갑자기 멸망이 그들에게 들이닥칠 것입니다. 그것은 마치 해산할 여자에게 닥치는 진통과 같아서 결코 피할 도리가 없습니다."

는 종말론적인(eschatologisch) 삶의 태도는[23] 흔히 염세적 해석가나 혹은 왜곡된 신앙인들에게서 보이듯이 고통스러운 삶의 현실로부터 등을 돌리고 피안의 세계로 도피하는 부정적인 삶의 태도가 아니라, 매 순간마다 죽음의 위험 속에 처해 있는 자신의 현사실적인 삶의 상황 속으로 귀환해 들어가서 이 땅에서의 하느님의 나라의 구현을 위해 고단하고도 불안한 삶의 현실을 적극적으로 자기 것으로 떠맡을 것을 결단적으로 요구하는 긍정적인 삶의 태도라는 것이다. 그러므로 그리스도인의 참된 신앙은 늘 깨어나 재림을 기다리는 종말론적 희망 속에 뿌리내리고 있으며, 그것은 현사실적 삶의 수행적 태도를 통해 현실화되고 굳건해지는 것이다. 파루시아의 희망과 기다림은 신앙인으로 하여금 그 안에서 하느님이 시간성의 방식으로 역사하시는 현사실적 삶의 실존적인 수행연관성 속으로 적극적으로 매진해 나가도록 이끌어주며 촉구한다. 하느님을 향한 수직적인 사랑관계에 있는 신앙인은 박해와 고난에 직면한 현사실적 삶의 불안하고도 위급한 상황 속에서도 "서로 사랑하고 화목하며 인내하고 선을 추구하고 범사에 감사하고 기뻐하는 가운데"[24] 이웃과의 수평적인 더불어-있음의 사랑관계를 도모하고 열어 밝혀 나가는 생활세계의 수행적 주체가 되어야 하며, 이러한 주체로서 매 순간을 살아가는 것이다.

이런 맥락에서 사도 바오로의 신앙의 지평인 파루시아의 희망과 기다림에 대한 하이데거의 독특한 현상학적 해석의 시각은『존

---

23) 하이데거,『종교적 삶의 현상학』, 104쪽 참조. 여기에서 하이데거는 그리스도교적 삶의 핵심은 종말론적 문제에 있다고 강조한다.
24)「데살로니카 전서」, 5:12-28 참조.

재와 시간』에서 구체화된 근원적 시간성의 형식적인 통일구조25)
속으로 일찍이 향하고 있다. 사도 바오로의 서신을 해석하는 가
운데 등장하는 파루시아라는 낱말은 물론 그리스 철학에서의 '지
속적 현존(beständige Anwesenheit)으로서의 존재'를 뜻하는 파
루시아와는 분명히 구분된다. 그러나 파루시아는 그리스도교의
종교성 및 그 안에 깃든 현사실적 삶의 본래적 시간성을 가능하
게 하는 핵심어로서, 이 낱말에는 '존재'와 '시간'의 공속적 관계
에 대한 하이데거의 기초존재론적인 근본물음의 방향성을 암시
하는 결정적인 요소가 내재해 있다고 필자는 생각한다.『종교적
삶의 현상학』에서 하이데거는 객관적으로 측정될 수 있는 연대
기적(chronologisch) 시간성격과는 구분되는 카이로스적(kairolo-
gisch) 시간성격을 강조하는데, 이것은 통속적 시간으로서의 시
간내재적인 비본래적 시간에 대한 탈자적 시간성으로서의 본래
적 시간을 강조하는 기초존재론에서의 논의구조에 상응한다. 카
이로스적인 시간성격에 대한 강조는 예수 그리스도가 재림하는
"순간(καιρός)"26)은 어느 누구도 지배할 수 없고 계산될 수도
없는 갑작스러운 도래의 사건이라는 점으로부터 귀결된다. 그러
므로 카이로스적인 시간성격은 결코 객관화될 수 없는 현사실적
삶의 역사적인 "수행연관성(Vollzugszusammenhang)"27) 속에 속

---

25) 이에 대한 자세한 논의는 필자의 다음 글을 참조할 것. 신상희,『시간과
  존재의 빛』, 한길사, 2000, 제1부 제4장 및 제5장("하이데거의 실존론적
  시간이해"), 91-143쪽 참조.
26) 하이데거,『종교적 삶의 현상학』, 150쪽 참조. 또한 GA Bd.63, 101쪽
  참조.
27) 하이데거,『종교적 삶의 현상학』, 92쪽, 108쪽, 153쪽 참조. GA Bd.61,
  137쪽 참조.

해 있으며, 이러한 역사적 삶을 살아가는 실존 속에서만 본래적으로 생성된다. 이러한 논의의 맥락에서 하이데거는 초대 그리스도교의 현사실적 삶의 경험의 형식적인 시간구조 성격에 대해 주목하면서, 초대 그리스도교의 신앙에서 신앙적 실존의 수행의미는 신앙의 구체적인 내용의미에 앞서 좀더 중요한 일차적 의미를 갖는다고 말한다.

그는 초대 그리스도교 신앙에서의 실존적 수행의미의 중요성에 대한 강조는 『신약성서』 안에서 자주 발견될 수 있다고 언급하면서, 그 논거로서 사도 바오로의 「고린토 후서」 12장(1-10절)을 제시하고 있다. 여기서 사도 바오로는 자신이 몸소 경험하였던 신비하고도 영적인 현상들과 계시에 대해 보고하면서, 그 자신은 하느님의 신비한 역사에 참여한 엄청난 복을 받았지만 그러한 기쁨을 자랑하려고 하지 않는다. 오히려 그는 자신의 육체적 나약함("살 속의 가시")을 드러내놓고 강조하는데, 여기에는 그가 스스로 자신을 높이지 않고 겸손의 미덕을 갖추게 하려는 하느님의 뜻이 담겨 있다고 고백하면서 자신이 떠맡아야 할 사도적 권능과 책임에 관해 언급하고 있다.28) 하이데거는 바오로의 이 고백을 다음과 같이 이해한다. 즉 그는 객관적으로 자기에게 주어진 계시의 신비한 내용에 의해 신앙을 규정하려는 태도를 깨끗이 포기하고 오히려 자신의 육체[현사실적 삶] 속에 박힌 가

---

28) 「고린토 후서」, 12:9-10 참조. "그래서 나는 그리스도의 권능이 내게 머무르도록 하려고 더없이 기쁜 마음으로 나의 약점을 자랑하려고 합니다. 나는 그리스도를 위해서 약해지는 것을 만족하게 여기며, 모욕과 빈곤과 박해와 곤궁을 달게 받습니다. 그것은 내가 약해졌을 때 오히려 나는 강하기 때문입니다."

시를 기쁘게 받아들임으로써 핍박과 고난 속에 처해 있는 불안한 삶의 현사실로 나아가고 있다는 것이다. 하이데거는 이렇게 현사실적 삶의 시간적 경험세계 자체를 역사적으로 살아가면서 종말론적인 전망 속에 초대 그리스도교의 신앙 공동체를 정립하였던 바오로의 신학에서 매우 커다란 감동과 매력을 얻었다. 그런데 그에 따르면, "이미 1세기 말엽에는 이러한 종말론적인 것이 그리스도교에서 은폐되었고", "사람들은 그 이후 모든 근원적인 그리스도교적 개념들을 오인하게" 되었다는 것이며, 플라톤-아리스토텔레스의 그리스 존재론의 영향 아래 신에 대한 사변적 논의를 전개하던 중세철학 이래로 초대 그리스도교의 현사실적 삶의 근원적 시간성에 대한 근본의미가 '은닉되고' 망각되면서, 시간 속에 살아가는 차안의 삶의 불안정보다는 피안의 삶의 초월적 가치와 안정을 추구하는 형이상학적 신학의 지배가 보편화되었다는 것이다.29) 그러나 하이데거의 시각에 따르면, 그리스도교의 근원적 종교성에 있어서 원래 안정이란 없으며, 오히려 현사실적 삶의 지속적인 불안정이 근본적인 것이기 때문에,30) 사람들은 이러한 삶의 불안을 회피하지 말고 궁핍하고도 절박한 삶(Not)을 향해 나가는(-wendig) 저마다의 고유한 실존수행을 '필연적으로(notwendig)' 떠맡아야 한다는 것이다. 그런데 이와는 달리 소위 '태평과 안정'을 강조하는 사람들은 삶이 그에게 가져다 준 만족거리에 붙잡혀(auffangen) 소일하면서 자신의 욕구를 충족시켜 줄 삶의 유혹적인 과제에 몰두하는 가운데 세상적인

---

29) 하이데거, 『종교적 삶의 현상학』, 104쪽 참조.
30) 하이데거, 『종교적 삶의 현상학』, 105쪽 참조.

것에 빠져 있기에, 그들은 어둠 속에 머물러 있는 자들이라고 비판하면서, 참다운 그리스도인은 하느님 앞에 선 본래적 실존의 자기해방적인 삶을 현사실적 삶의 상황 속에서 매 순간 의연히 결의하며 살아가야 한다고 강조한다.[31]

3. 아우구스티누스의 사상에 대한 하이데거의 비판적 수용

앞에서 살펴보았듯이, 초대 그리스도교의 종교성은 그리스도의 재림에 대한 희망에 그 뿌리를 내리고 있는 현사실적 삶의 역사적 수행경험이기 때문에 이 종교성을 순수하게 드러내는 일이 무엇보다 중요하다고 하이데거는 생각한다. 그런데 이미 아우구스티누스에게 이르게 되면 초대 그리스도교의 종교성에 합당하지 못한 형이상학적 개념들이 현사실적 삶의 경험 속으로 침투해 들어오기 시작함으로써 수행역사적 맥락에서 경험되고 이해되어야 할 그리스도교의 순수한 종교성이 채색되기에 이른다. 다시 말해 현사실적 삶의 시간성을 살았던 초대 그리스도교의 종교성은 아우구스티누스에 의해 적극적으로 수용되기 시작한 그리스적-형이상학적 사유의 영향 아래 그 근원적인 경험이 서서히 허물어지기 시작하기 때문에, 이러한 은폐의 역사적 흐름을 비판

---

31) 하이데거, 『종교적 삶의 현상학』, 105쪽 및 205-237쪽 참조. 여기서의 논의시각은 『존재와 시간』(§38)에서의 실존범주의 한 구성요소인 '빠져-있음(Verfallenheit)'의 구조로 구체화되는데, 잘 알려져 있듯이 그에 따르면 세계-안에-있음으로서의 터-있음이 자기중심적인 자기에 붙잡힘으로써 그의 시원적-본래적인 존재 가능성으로부터 멀어진 채 유혹적-안정적-소외적인 존재방식으로 살아가면서 비본래적인 일상성의 무지반성으로 추락하고 만다는 것이다.

적으로 탐구하여 현상학적으로 '해체'해야 할 사유의 필요성이 부각되어 나온다.32) 그러므로 고대 존재론과의 비판적인 대결은 하이데거가 초대 그리스도교의 삶의 경험 속에서 발전시켜 나갔던 현사실적 실존의 개념적 토대를 마련함에 있어서 매우 중요한 과제가 되었고, 이것은 1921년 여름학기 강의인 「아우구스티누스와 신플라톤주의」33)에서 밀도 있게 다루어졌으며, 이러한 시도는 1921/22년 겨울학기 강의인 「아리스토텔레스에 대한 현상학적 해석」을 거쳐 1923년 초기 프라이부르크 대학에서의 마지막 여름학기 강의인 「현사실성의 해석학」으로 이어져 구체화되기 시작하였다.

아우구스티누스의 사상적 태도는 하이데거에게는 긍정적인 측면과 부정적인 측면으로 제시되는데, 전자는 그가 그리스도교 신앙의 현사실적 삶을 실존적으로 경험하며 살아간 위대한 신앙의 증인 가운데 한 사람이라는 점에 있으며, 후자는 그가 자신의 신앙적 진리의 경험을 사유의 형식으로 담음에 있어 초대 그리스도교의 순수한 종교성과는 본질적으로 구분되는 신플라톤주의의 사상적 견해를 다분히 수용하며 따랐던 철학자라는 점에 있다. 이러한 양립적인 모습으로 비추어진 아우구스티누스에 대해 하이데거가 가진 주된 관심사는 그리스도교 신앙의 현사실적 삶과 그리스적-형이상학적 사유 사이에 가로놓인 긴장관계에 집중되었다.

하이데거는 우선 『고백록』 제10권에서의 지복적인 삶(vita

---

32) 하이데거, 『종교적 삶의 현상학』, 78쪽 및 135쪽 참조.
33) 하이데거, 『종교적 삶의 현상학』, 157-299쪽 참조.

beata)에 대한 아우구스티누스의 물음에 대해 살펴보면서, 그가 지복의 삶을 현재 주어진 삶의 실제적인 내용에서가 아니라 현사실적인 삶의 구체적인 수행과정에서부터 파악하고 있다는 점에 주목한다.34) 지복의 삶은 오직 신을 향해 나아가려는 선한 의지의 올바른 사용을 통해서만 실현될 수 있는데, 이것은 바오로의 신학에서 이미 제시되었듯이 그리스도의 재림에 대한 희망과 고대 속에서 고난을 딛고 살아가는 초대 교인들의 현사실적 삶의 구조와 같은 것이다. 아우구스티누스가 파악하는 지복의 삶이란 육체의 쾌락에 빠져 자기만족을 희구하는 현세적 삶이 아니라 하느님의 진리에 대한 사랑 속에서 기쁨을 누리는 자기해방의 삶이다. 그러나 이러한 자기해방의 삶이란 현사실적 삶의 고난과 불안 그리고 동요를 외면하는 가운데 성취되는 것이 아니라, 불안한 삶의 현상을 적극적으로 받아들이고 그것에 실존적으로 대처하는 삶의 구체적인 수행을 요구한다. 그런데 한편 아우구스티누스는 신을 향해 나아가며 오직 신 안에서만 발견될 수 있는 지복의 삶을 개념적으로 규정함에 있어서 "신의 향유(fruitio Dei)"라는 신플라톤적 개념을 끌어들인다. 그는 신플라톤주의의 영향 아래 참된 존재에는 선함과 아름다움이 함께 속하기에 신의 존재는 "최고선(summum bonum)"으로 향유될 수 있다고 생각한다. 중세 신학의 형성에 결정적인 영향을 끼쳤던 '신의 향유'에 대한 그의 이러한 생각에는 볼 수 있는 감성적인 세계와 볼 수 없는 초감성적인 세계 사이의 존재론적인 구별이 자리 잡고 있으며, 지각 가능한 사물과 같이 볼 수 있는 것은 오직 다른 목

---

34) 하이데거, 『종교적 삶의 현상학』, 192-201쪽, 특히 198쪽 참조.

적을 위해 "사용(uti)"되어야 하는 반면에, 초감성적 가치와 같이 볼 수 없는 것은 오직 그 자체에 있어서 "향유(frui)"되어야 한다는 견해가 깃들어 있다.[35] 인간이 단지 수단으로만 사용해야 할 것을 목적으로 향유하거나 혹은 거꾸로 목적으로 향유해야 할 것을 수단으로 사용할 때, 두 세계 사이에 가치의 전복이 일어나 삶은 왜곡된다는 것이다.

그런데 바로 이러한 그의 신앙의 경험에 대한 이원론적 해석 속에는 현사실적 삶의 경험을 파괴하는 요소가 깃들어 있다고 하이데거는 비판한다. 다시 말해 신이 최고선으로서 평가되어 향유될 때 이러한 신에게로 향해 나가는 태도는 곧 현세적인 사물적 존재자의 세계와 현사실적 삶의 세계로부터 등을 지고 떠나버리는 것을 의미할 수도 있기 때문이다. 이와 아울러 이러한 삶의 태도 속에는 "당신 안에서 쉬기까지 우리 마음은 평안할 날이 없나이다"라고 고백하며 신을 향유하는 마음의 절대적 고요 속으로 침잠해 들어가는 일종의 '정적주의(Quietismus)'가 놓여 있는데,[36] 이러한 정적주의 속에서 신은 현사실적 삶의 부단한 동요로부터 멀어지게 되고 신앙인은 초대 그리스도교의 근원적 신앙을 그 자체로 경험하지 못할 위험 앞에 처하게 된다는 것이다. 아우구스티누스가 신을 최고선으로 간주하는 형이상학적 사유의 전승된 존재질서와 가치체계 속에서 현사실적 삶의 세계를 이해

---

35) 하이데거, 『종교적 삶의 현상학』, 271-273쪽 참조.

36) 아우구스티누스, 『고백록(Confessiones)』, 제1권 1장 참조. 아우구스티누스에게서 삶의 궁극적 목적은 주님의 품 안에서 이루어지는 마음의 평안(quies, 평정)을 구하는 데 있다(하이데거, 『종교적 삶의 현상학』, 272쪽 참조). 이러한 마음의 평안을 추구하는 것이 '정적주의'다.

하고자 했을 때, 여기에는 초대 그리스도교의 근원적 신앙과는 분명히 낯선 사유의 형식이 들어오기 시작한 것이라고 하이데거는 생각한다. 그렇다면 왜 고대 존재론의 전승된 형이상학적 개념의 수용을 통해서는 현사실적 삶의 경험이 제대로 파악될 수 없는 것일까? 그것은 현사실적 삶에 있어서는 근본적으로 객관화될 수 없는 개별적 인간실존의 역사적인 삶의 수행이 문제가 되는데, 바로 이러한 실존수행의 시간성과 역사성을 형이상학적 개념파악은 은폐하고 있기 때문이다. "참된 존재는 순수직관 안에 있다"고 사유한 파르메니데스 이래로 형이상학적 사유는 '봄(Sehen)'의 행위에 입각하여 전개되어 왔으며, 이에 상응하여 존재는 '지속적인 현존성(Anwesenheit)'으로 이해되었다. 즉 존재는 '현재'의 지평에서 파악되어 '지속적인 현존'으로 이해되었고, 이에 따라 신의 존재도 '지속적인 현존'으로부터 사유되어 '영원한 현재'로 파악되었다.

 지속적으로 지금 눈앞에 존재하는 최고선으로서의 신을 인식하며 향유하는 지복적인 삶에 있어서 봄의 행위를 담당하는 눈의 역할은 아우구스티누스에게서도 매우 중대한 우위를 차지하게 된다.37) 물론 이때의 눈은 개별 사물들을 지각하거나 욕망을 일으키는 감성적인 눈이 아니라 영원한 현재로서의 신의 존재를 가슴 깊이 받아들이며 향유하는 마음(영혼)의 내면적인 눈을 의미한다. 그는 마음의 내면적인 눈, 즉 내면적인 정신활동에 입각하여 존재를 지속적인 눈앞에 있음으로 사유하였기에, 시간의 본질도 그 고유한 근원에서 사유하지 못하고 '심상이론'에 힘입어

---

37) 아우구스티누스, 『고백록』, 제10권 35장 참조.

해명할 수밖에 없었다. 시간은 정신의 내면적 활동 영역을 벗어
난 외적 사물세계에서는 찾아질 수 없기에, 정신과의 긴밀한 관
련 속으로 들어오게 되며, 결국 그는 "시간의 연장은 정신의 연
장"이라는 주장에 이르게 된다.38) 이렇듯 관조적이면서도 이론적
인 '봄'의 행위에 방향이 잡힌 형이상학적 사유는 현사실적 삶의
유동적인 역사적 경험을 근원적으로 드러내지 못하고 오히려
"표상 가능한 내용을 목표로 삼아, 시간을 시간화하는 환원될 수
없는 시간적 역사적 수행을 놓쳐버리게 된다."39)

여기서 우리가 특히 주목해 보아야 할 사항은 다음과 같다. 즉
전승된 형이상학적 사유를 통해서는 현사실적 삶에서 시간화하
며 전개되는 구체적인 실존수행의 시간성이 제대로 파악될 수
없다고 직시한 하이데거의 바로 이러한 통찰은 『존재와 시간』에
서 **존재론 역사의 해체**를 요구하면서 그 자신의 고유한 존재물
음의 길로 나아가는 결정적인 발판이 되고 있다는 사실이다. 또
한 플라톤-아리스토텔레스의 그리스 존재론과 비판적으로 대결하
면서 형이상학적 사유를 '새롭게' 해석해 보려는 초기 하이데거
의 시도는 초대 그리스도교 신앙의 근원적 경험을 생동적으로
드러내는 동시에 현사실적-역사적 삶의 경험세계를 새롭게 일깨
우는 것이었고, 이러한 그의 탐구는 『존재와 시간』에서 일상세계
의 본래적인 의미 차원을 복원시키려는 시도로 이어져 간다는

---

38) 아우구스티누스, 『고백록』, 제11권 26장 참조. 아우구스티누스의 시간론
   에 대한 현상학적 해석에 관해서는 필자의 다음 글을 참조하시오. 『시간
   과 존재의 빛』, 한길사, 2000, 제1부 제2장, 41-62쪽.
39) 푀겔러(O. Pöggeler), 『하이데거 사유의 길(*Der Denkweg Martin Heidegger*)』,
   42쪽; 『하이데거 사유의 길』, 이기상 옮김, 47쪽 참조.

것이다. 그런데 현사실적 삶의 경험세계를 시원적으로 복원하려는 초기 하이데거의 열정적인 관심사는 1922년을 전후로 하여 신학과 철학의 명확한 구분에 대한 분명한 자기정립을 요구하게 되면서 신앙의 진리에 대한 철학적 사유의 접근을 스스로 포기하고,40) 그 대신 언젠가는 이 땅에 도래할 그리스도의 재림(파루

---

40) 이에 대해서는 『사유의 사태에로(*Zur Sache des Denkens*)』(1976)에 실려 있는 「현상학에 이르는 나의 길」(특히 81-87쪽)을 유심히 참조할 것. 여기서 그는 다음과 같이 회고한다. 즉 김나지움 시절(1907년) 콘라드 그뢰버에게서 선사받은 브렌타노의 학위논문(「아리스토텔레스에 있어서 존재자의 다양한 의미에 관하여」)에 몰두하기 시작함으로써 그는 그의 사유의 주된 과제였던 존재에 대한 물음과 처음으로 만나게 되었으나, 이것은 그의 존재사유로 접근해 들어가는 '어설픈 탐구의 준칙'이 되었을 뿐 그 자신의 고유한 존재물음의 결정적인 동인이 되었던 것은 아니었다. 그는 프라이부르크 대학 시절 교의학 교수였던 칼 브라이크의 『존재론』(탐구주제)과 에드문트 후설의 『논리연구』(탐구방법)에 심취하면서, 전통적 존재론과 사변적 신학 사이에 가로놓인 첨예한 '긴장관계'에 주목하게 되었고, 이를 통해 형이상학을 구성하는 기본골격이 그의 연구시야에 들어오게 되었다고 술회한다. 특히 1919년 이후 후설 가까이에서 '현상학적 봄'의 태도를 그의 탐구영역에 적용하는 가운데 현상학의 원리에 따라 경험되어야 하는 것은 현사실적 삶의 시간지평 속에서 '스스로를 숨기기도 하고 스스로를 드러내 보이기도 하는 존재자의 존재'라는 확신에 이르게 되면서, 일찍이 브렌타노의 학위논문에서 비롯된 존재물음의 방향과는 '다르게' 그 자신의 새롭고도 고유한 '존재물음의 길에 들어서게' 되었다는 것이다. 그런데 1919년 이후 3-4년 동안 하이데거의 주된 탐구영역은 종교적 삶의 현상에 집중되어 있었으며 그 당시 아리스토텔레스의 존재론에 대한 새로운 접근도 현사실성의 본질구조를 해명하는 데에 그 초점이 놓여 있었다. 한편 가다머의 보고에 따르면, 이 당시 하이데거는 그의 제자이자 동료였던 칼 뢰비츠에게 보낸 서신(1921년)에서 자신은 "철학자라기보다는 오히려 그리스도교 신학자"라고 표명한 적이 있었다는 것인데, 이런 점들을 종합적으로 고려하여 숙고하여 본다면, 1922년을 전후로 하여 그가 신학과 철학 사이에 명확한

시아)에 대한 믿음을 중심으로 하여 펼쳐지는 그리스도교 신앙의 초월적 차원은 현사실적 삶의 세계 안에서 존재의 진리가 드러나는 존재이해의 초월론적 차원으로 그 구조가 대체되기 시작한다.

그렇다면 하이데거가 믿음의 진리에 대한 철학적 사유의 접근을 스스로 포기하게 된 결정적인 동인은 어디에서 찾아볼 수 있을 것인가? 그것은 신플라톤주의에 영향을 받은 채 그리스도교 신앙의 진리를 본격적으로 교리화한 아우구스티누스 이래로 점차적으로 확고한 지배력을 갖기 시작한 교부철학적-스콜라적 사유의 전통이 근대를 거쳐 현대에 이르면서 오히려 초대 그리스도교의 시원적인 종교성을 드러내기보다는 은폐시키는 데에 기여하였고, 이는 종국에는 신이 도래할 성스러운 자리마저 빼앗아버려 결국은 신이 떠나가 사라지고 온 인류가 세계전쟁의 도가니 속에 파묻히는 니힐리즘(Nihilism, 허무주의)의 시대상을 낳고 말았다는 그 자신의 냉철한 시대적 자각의식 속에 있을 것이다. 그의 이러한 역사적 자각의식은 아우구스티누스 이래로 교부철학적-스콜라적 전통에서 주장되는 신에 대한 지성적 인식의 중요성에 대한 날카로운 비판의식으로 이어진다. 비록 아우구스티누스가 철학적 사유에 대한 믿음의 우위를 늘 견지하였다고는 하더라도 그는 믿음의 진리에 접근하는 철학적 사유를 간단히 포기할 수 없었고, 이런 맥락에서 신에 대한 지성적 인식의 필요성을 강조한 교부철학자다.

자기구분을 설정하면서 신학자로서의 길을 포기하고 철학자로서 그 자신의 고유한 존재물음의 길로 나아가고자 결단한 것으로 필자에게는 보인다.

전통적인 교부철학과 스콜라철학은, "하느님께서 세상을 창조하신 이래로 창조물을 통하여 그의 영원하신 능력과 신성과 같은 보이지 않는 실제적 특성을 나타내 보이시고 있기에"[41] 인간은 이성의 눈으로 그것을 깨달을 수 있다는 사도 바오로의 신앙고백을 준거로 삼아, 피조물의 존재에 대한 이해에서부터 신의 존재에 대한 이해로 나아가는 철학적 인식의 중요성을 강조하면서 그리스적 형이상학의 존재이해를 적극적으로 수용하는 자신들의 입장을 정당한 것으로 여겼다. 그러나 하이데거는 이에 대해 분명한 반대입장을 표명하는 청년 루터의 입장을 적극적으로 옹호하며 지지한다. 그 당시 하이데거는 구원의 말씀에 순수하게 귀 기울이면서 형이상학적 사유에 대해 믿음의 진리의 절대적 우위를 강변하는 젊은 가톨릭 루터의 주장에 열광적으로 매료되었는데, 그 주된 까닭은 루터가 그의 『십자가의 신학』에서 모든 종교적 환상과 묵시 그리고 형이상학적 사유를 포기하고 사도 바오로가 말한 "살 속의 가시"를 받아들이는 가운데 초대 그리스도교의 현사실적-역사적 삶의 경험 속으로 소급해 들어가는 그리스도교 신앙의 살아 있는 증인이었기 때문이다.[42]

루터는 1518년의 하이델베르크 논쟁명제에서 "신의 보이지 않는 본질을 그의 창조물을 통해 지각하고 이해하는 자가 올바른

---

41) 「로마서」, 1:20.

42) 그러나 하이데거가 보기에 1520년 종교개혁 이후의 프로테스탄트 루터는 "다시금 전통의 제물이 되었으며 멜랑흐톤과 함께 새로운 스콜라화에 박차를 가했다"고 푀겔러는 증언하고 있다(푀겔러, 『하이데거 사유의 길』, 41쪽; 『하이데거 사유의 길』, 이기상 옮김, 45쪽). 또한 GA Bd.61, 7쪽 참조.

신학자가 아니라, 오히려 세상으로 향한 신의 존재를 십자가와 예수 그리스도의 수난 속에서 파악하여 믿음으로 받아들이는 자가 올바른 신학자"라고 말하면서,[43] 신의 본성을 그의 창조물에서부터 이해하는 "세상의 지혜는 어리석은 것"[44]이라는 사도 바오로의 언급을 지적한다. 그 후 약 30년의 장구한 세월이 흐른 다음에도 하이데거는 『형이상학이란 무엇인가』의 「들어가는 말」(1949)에서 사도 바오로의 이 언급을 재차 인용하면서, "그리스도교의 신학이 다시 한번 사도 바오로의 말을, 그리고 또한 그의 말을 좇아 어리석은 것으로서의 철학을 진지하게 여기기로 결정하게 될 것인지"[45] 그 여부에 대해 물음을 제기하면서, 존재자로서의 존재자의 진리(알레테이아)를 탐구하는 그리스 철학의 수용은 그리스도교 신학에 도움이 되었다기보다는 손해가 되었다고 지적하고 있다. 여기서 명확히 나타나고 있듯이, 성서 속의 '세상의 지혜'란 좁은 의미에서는 일찍이 그리스인들이 추구한 철학이지만 넓은 의미에서 보자면 그것은 하이데거 자신의 사유를 포함하는 철학적 인식 전체라고 말할 수 있다.[46] 그러므로 믿음의 진리에 대해 철학적 사유의 접근을 시도하면서 신에 대한 인식

---

43) Martin Luther, *Kritische Gesamtausgabe*(Weimarer Ausgabe), 1883, Bd.1, 350-374쪽 참조.

44) 「고린토 전서」, 1:20-21 참조 "하느님께서 이 세상의 지혜가 어리석다는 것을 보여주시지 않았습니까? 세상이 자기 지혜로는 하느님을 알 수 없습니다. […] 그래서 하느님께서는 우리가 전하는 소위 어리석다는 복음을 통해서 믿는 사람들을 구원하시기로 작정하셨습니다."

45) 하이데거, 『형이상학이란 무엇인가(*Was ist Metaphysik?*)』, 1981, 20쪽; 「'형이상학이란 무엇인가' 들어가는 말」, 『이정표 1(*Wegmarken*)』, 신상희 옮김, 한길사, 2005, 144쪽 참조.

46) M. Jung, *Das Denken des Seins und der Glaube an Gott*, 61쪽 참조.

의 가능성을 모색하였던 아우구스티누스와는 달리, 하이데거는 믿음의 진리를 향한 열정은 그 자신의 신앙심 속에 남겨 두고 그 것을 사변적으로 해석하려는 태도를 깨끗이 포기한 채 탈-신론적 인 견지에서 현사실적 삶(존재관계)의 진리를 구하는 존재물음의 길로 나아가고자 결단한 것으로 필자는 생각한다.

그러나 여기서 한 가지 더 주목해 보아야 할 점은, 하이데거가 그 자신의 고유한 존재물음의 길로 나아감에 있어서 아우구스티 누스의 철학적 인간론에 대한— 특히 불안의 현상을 중심으로 펼쳐지는 그의 인간론에 대한— 철저한 성찰은 그에게 매우 귀 중한 자산이 되었다는 점이다.47) 잘 알려져 있듯이, 비록 아우구 스티누스가 사상적으로는 신플라톤주의에 붙들려 있었다고는 하 더라도 그는 사도 바오로와 마찬가지로 그리스도교 신앙의 진리 가 드러나는 현사실적 삶의 경험세계 속에서 몸소 불안을 체험 하며 살아가면서 이 불안의 현상에 대해 치밀하게 사유하였던 사상가였다. 물론 불안과 공포라는 두 현상이 그리스도교 신학의 시야 속에 들어온 것은 결코 우연이 아니며, 그것은 믿음과 죄 그리고 참회와 사랑 등의 현상들에 대한 종교적 이해를 중심으 로 신을 향한 인간의 존재라는 인간학적 문제가 우위를 점하게 되면 언제나 다시금 신학적인 연관 속에서 등장하였다. 아우구스 티누스 이래로 루터와 파스칼, 그리고 키에르케고르로 이어지는 불안의 현상에 대한 다양한 해석과 분석은 현사실적 삶의 경험 적 차원을 실존론적-존재론적으로 해명해 보려는 하이데거에게는 매우 생산적인 사유의 실마리를 제공해 주었다.48)

---

47) 하이데거, 『종교적 삶의 현상학』, 268쪽 및 293쪽 이하 참조.

일찍이 아우구스티누스는 구체적인 사건이나 사물 앞에서 일어나는 세상의 공포(Weltfurcht)와는 달리 불안이라는 현상은 자기 자신을 위해 진정한 선을 갈망하는 그런 자신의 삶 전체 앞에서 피어오르는 것으로서, 그것은 본질적으로 죽음과 관련되어 있다고 보았다. 죽음에 대한 불안은 인간으로 하여금 죽음 앞에서 덧없이 사라지는 개별적인 사물이나 사건에 대해서는 더 이상 관심을 기울이지 않도록 이끌어주며 각자가 자기의 세속적인 욕망으로부터 풀려나 신 앞에서의 참다운 실존으로 존재해야 한다는 결단적 자각으로 이어진다. 신 앞에서의 이러한 종교적 결단은 한평생 살아가면서 자신이 저지른 과거의 잘못에 대해 벌을 내리시는 신에 대한 노예적 두려움(timor cervilis)과는 달리 영원 속에 머무르는 신에 대한 경건한 두려움(timor castus) 속에서 이루어지는데, 아우구스티누스는 바로 이러한 신에 대한 경건한 두려움을 불안의 본래적 현상으로 보았다.49) 하이데거는 불안에 대한 아우구스티누스의 이러한 분석에서 이 분석 자체가 지니고 있는 실존적 성격에 주목하면서 그것을 제시해 보이고자 시도한다. 즉 그는 죽음 앞에서의 혹은 신 앞에서의 종교적 결단을 강조하는 대신에, 각자가 죽음 앞으로 적극적으로 앞서 나아가 삶 전체의 혹은 세계-안에-있음 전체의 불안을 견지하면서 양심의 부름에 귀 기울이는 실존적 결단의 수행태도를 강조한다. 불안의 근본현상에 대한 실존론적 분석을 통해서 전통적 존재론에서 강조되던 참다운 존재자에 대한 이론적 인식의 중요성과 그 역할

---

48) 하이데거, 『존재와 시간』, 190쪽 참조.
49) 하이데거, 『종교적 삶의 현상학』, 293-297쪽 참조.

은 약화되고 오히려 현사실적 삶 속에 뿌리내리고 있는 존재자 전체의 참다운 존재관계를 회복하고 존재자의 존재의 진리를 열어 밝혀 나가는 실존의 수행적 의미가 부각되고 중요해진다. 현사실적 삶의 동요와 불안 속에서 그때그때마다 그리스도의 재림을 고대하며 살아갔던 초대 교인들의 종교적 삶의 수행역사적 경험구조의 시간성에 대한 하이데거의 실존론적-존재론적 수용은 『존재와 시간』에서의 터-있음의 분석론의 형성과정에 심대한 영향을 끼쳤고, 이것은 그 자신의 다음과 같은 고백 속에 단적으로 드러난다. "필자가 여기의 터-있음의 실존론적 분석론에서 좇고 있는 '마음씀'에 대한 시선방향은, 아리스토텔레스의 존재론에서 달성된 원칙적인 기초들을 고려해서 아우구스티누스적 — 다시 말해 그리스적-그리스도교적 — 인간학을 해석하려는 시도와 연관해서 성취된 것이다."50) 즉 1921-23년경 아우구스티누스의 철학적 인간학에 대한 비판적 해명의 과정에서 하이데거는 그리스 존재론에서의 존재이해와 초대 그리스도교 신앙에서의 존재이해 사이에 놓여 있는 긴장관계에 주목하면서 전통적인 형이상학적 신학 혹은 존재신론적 형이상학의 오랜 지배구조를 허물어 내고 후자의 실존적-실존론적인 존재이해의 지평을 새롭게 열어놓아 — 신학적인 구성틀 속에서가 아니라 — 존재론적인 구성틀 속에 재구성하여 형식적으로 제시해 보려는 강렬한 관심을 갖게 되었고, 바로 이것이 그의 기초존재론적인 존재물음의 길로 이어져 나갔다고 필자는 생각한다.

---

50) 하이데거, 『존재와 시간』, 199쪽; 『존재와 시간』, 이기상 옮김, 270쪽 참조.

이상에서 필자는 하이데거를 고유한 사유의 길로 인도하였던 그의 존재물음의 신학적 유래에 관하여 살펴보았다. 일찍이 아리스토텔레스의 존재론을 비판적으로 숙고하는 가운데 자신의 사유를 현사실적 삶의 역사적 자기이해에서부터 시작한 초기 하이데거에 따르면, 전승된 형이상학은 삶의 현사실성과 역사성을 올바로 주시하지 못하고 오히려 생동하는 삶의 의미연관들을 객관화시킴으로써 시원적인 삶의 유동적인 구조와 그 유의미성을 상실해 버린 채 탈-생명화되었다는 것이다.51) 그는 사태 자체로 주시해 들어가는 후설의 현상학적인 방법을 사용하여 형이상학적으로 올바로 파악할 수 없는 현사실적 삶의 경험을 그 자체로서 드러내고자 시도한다. 그 당시 그에게 현상학은 삶을 객관화하고 탈체험화하는 종래의 학문적 경향에서 벗어나 삶 자체로 접근해 들어감으로써, 그 안에서 삶의 전체성이 드러나는 근본상황들과 근본경험들을 열어 밝혀주는 삶의 근원학문으로 여겨졌다. 그는 현상학적 접근방식을 통해, 초대 그리스도교의 신앙이 보여주었던 현사실적 삶의 시원적인 경험을 사유의 근본 차원에서 생산적으로 자라나게 함으로써 거의 2천 년에 달하는 역사의 흐름 속에서 변조된 그리스도교의 신앙을 새롭게 일깨워보고자 열정적인 노력을 기울였다. 그 시절 그에게 절박한 사유의 과제는, 신앙이 인도하는 시원적인 삶의 차원에 어떻게 사유가 도달할 수 있느냐는 물음이었다. 현사실적이면서도 역사적인 삶의 순수한 경험을 생동적으로 드러내기 위해서는 무엇보다도 먼저 이러

---

51) 이러한 초기 하이데거의 시야는, 『존재와 시간』(65쪽 참조)에서 전통적 존재론은 유의미적인 존재관계의 그물망으로서의 세계의 근원적 현상을 간과함으로써 탈-세계화(entwelten)되었다는 비판적 통찰로 이어진다.

한 경험을 경직화시키고 탈생명화-탈체험화시키는 전승된 존재론의 형이상학적 개념들 및 신학적 개념들을 과감히 해체시켜 나가야 할 뿐 아니라 전승된 형이상학의 사유태도를 그 근본적인 밑바탕에서부터 극복해야 했다.

초대 그리스도교 신앙의 현사실적 삶의 차원에 대해 현상학적으로 접근해 들어가는 그의 이러한 적극적 태도는 분명히 그 동안 존재사유가로만 알려져 왔던 그에 대한 일반적인 통념과 해석과는 상당히 낯설고도 거리가 있는 부분이다. 하지만 종말론적인 관점에서 그리스도의 재림을 기다리는 초대 교인들의 현사실적 삶을 시간지평에서 해석해 들어가는 초기 프라이부르크 대학에서의 강의록들을 주의 깊게 살펴본다면, 그의 현사실성 및 실존범주에 대한 논의, 그리고 불안과 죽음, 양심과 결단, 연대기적인 통속적 시간과 카이로스적인 본래적 시간 등으로 이어지는 하이데거의 기초존재론적인 존재물음의 결정적인 구성요소들이 이미 그 당시에 일찍이 마련되고 있었음을 알 수 있다. 이러한 초기 하이데거의 종교적 삶의 차원에 대한 이해는 그가 그의 존재물음을 본격적으로 개진하기 시작하면서 표면적으로는 사라지는 듯 보이지만 실은 늘 그의 존재물음의 배후에 남아 있으면서 그의 물음을 자라나게 하는 원동력이 되고 있다. 그러기에 여기서 성장한 그의 존재물음은 그가 『존재와 시간』에서 거인들과의 투쟁이라고 불렀듯이 플라톤과 아리스토텔레스 이래로 전승된 형이상학 및 형이상학적 신학과 치열한 논의 대결을 펼쳐 나가는 가운데 망각된 삶(존재)의 생동적인 의미연관성의 시원적인 지반을 드러내기 위한 한결같은 방향으로 이어져 나가게 되는 것이라고 필자는 생각한다.

소박한 모든 것에

기쁨을 느끼고

매순간 깨어 있으면

참 생명의 소리를 들을 수 있습니다.

우리가 이 소리를

깊이 귀 기울여

여실히 받아들일 때,

무아의 지혜를 찾을 수 있습니다.

제 2 장

『철학에의 기여』와 궁극적 신

『철학에의 기여(*Beiträge zur Philosophie*)』(1936-38)는 존재의 진리가 고유하게 일어나는 근본사건으로서의 생기(Ereignis)로부터 우리의 철학함의 태도 및 삶의 태도를 새롭게 마련하고자 시도한 하이데거 후기 사유의 중심작품이다. 여기서 '생기로부터 철학한다'고 함은 존재자로서의 존재자의 진리로부터 사유의 체계를 구성하려고 시도한다거나 혹은 자기의식의 초월적 주체성을 통해 삶의 질서를 발견해 나가려는 시도가 아니다. '생기로부터 철학함'은 하이데거에게 있어서 '생기로부터 발원되어 생기의 영역 속으로 나아가는 사유의 부단한 수행'을 의미하며, 그 자신의 이러한 숙고가 전승된 서양철학사의 주된 흐름 속에 망각된 '철학함의 진정한 본질영역'을 충분히 일깨워 마련하는 데 기여(Beitragen)하리라고 확신함으로써 그는 1936년에서 1938년 사이에 집필한 자신의 철학적 성찰에 대한 제목을 『철학에의 기여』라고 붙였다. 이와 동시에 『철학에의 기여』는 오로지 사유되어야 할 시원적인 사태 자체인 '생기로부터' 발원되었음을 거듭 강조하기 위하여 그는 이에 적합한 부제("Vom Ereignis")를 달아 놓았다.1)

존재역사적 사유의 근본바탕이자 그의 후기 사유작품의 근간이 되는 『철학에의 기여』는 존재의 진리가 고유하게 현성하면서 이어나가는 이음새(Fuge)의 여섯 가지 이음구조들(Fügungen)의 통일적인 전체를 형성하고 있다. 여기서 여섯 가지 이음구조들은 다음과 같다: "울려옴(Anklang), 건네줌(Zuspiel), 도약(Sprung), 터닦음(Gründung), 도래할 자들(Die Zukünftigen), 궁극적 신(Der letzte Gott)."

존재의 진리의 이음새는 존재역사적 사유의 내재적인 구조 전체를 형성하며, 이 이음새 안에서 각각의 고유한 영역을 갖는 이음구조들은 존재의 진리와 터-있음이 상호공속적으로 어우러져 발현하는 생기 자체의 다양한 현성영역(Wesungsbereich)을 보여준다. 이러한 맥락에서 하이데거는 "이음새의 여섯 가지 이음구조들이 각각 스스로를 위해 존립하되 이것은 단지 더 치밀하게 본질적인 통일을 이루기 위해 그럴 뿐"이며, "여섯 가지 이음구조들 모두는 동일한 것(das Selbe)에 관하여 각각 동일한 것을

---

1) 『철학에의 기여(*Beiträge zur Philosophie*)』(GA Bd.65, Vittorio Kloster-mann Verlag, 1989) 첫 표지에 쓰어 있는 "Vom Ereignis"라는 표현을 '생기에 대하여' 혹은 '생기에 관하여(Über das Ereignis)'라고 옮겨야 하지 않겠느냐고 반문하는 사람들이 있으나, 이런 견해는 이 책의 근본 구조를 처음부터 오해하고 있는 것이다.

말하고자 시도하지만, 이때의 시도는 생기라고 불리는 것의 제각기 다른 본질영역으로부터 비롯될 뿐”이라고 강조한다.2) 따라서 각각의 이음구조들은 존재 자체를 사유하고 이해하려는 터-있음에게 스스로 생기하며 다가오는 존재의 진리를 터-있음의 생기된 채 기투하며 간직함의 관계방식 속에서 환히 밝혀 나가고자 뒤쫓아-사유하며 시도하는 각각의 수행단계들이다. ‘터-있음에게 다가오면서 생기하는 존재의 진리의 본질연관’과 ‘이러한 존재의 진리에 대하여 터-있음이 생기된 채 기투해 나가는 그의 본질관계’의 공속적인 통일구조 속에서 역사적으로 생기하는 생기-사유의 사색적 걸음은 ‘울려옴’이라는 첫 번째 이음구조로부터 전개되어 두 번째 이음구조인 ‘건네줌’으로 이어지고(sich fügen), 이는 계속 세 번째, 네 번째, 다섯 번째 이음구조로 긴밀하게 이어지다가 여섯 번째 이음구조인 ‘궁극적 신’에 도달함으로써 통일적인 사유구조를 형성하게 된다. 그러나 여섯 가지 이음구조들 가운데 내재하는 통일적인 사유의 질서는 데카르트 이후 헤겔에 이르기까지 서양 근대철학의 합리적 사고방식의 중심을 이루는 순수이성 혹은 자기의식의 체계(System)가 아니라, 생기 자체가 자신의 고유한 현성영역 속에서 역사적으로 생기하는 존재의 진리의 전체적인 짜임새(Gefüge)다.3) 여섯 가지 이음구조들을 통일

---

2) 하이데거, 『철학에의 기여』, 81쪽 이하 참조. 여기서 ‘동일한 것’이란 사유해야 할 근원적 사태관계로서의 ‘생기의 생기함(das Ereignen des Ereignisses)’을 가리킨다.

3) 『철학에의 기여』는 주체적인 인간의 이성에 입각하여 체계적으로 구성된 작품이 아니라, 존재의 진리의 이음새에 입각하여 체계적으로 구성된 작품이다. 따라서 우리는 ‘이성의 체계’와 ‘체계적인 이음새’를 구분해야 한다. 그래서 하이데거는 “이음새는 체계와는 본질적으로 다른 것”(81

적으로 이어 나가는 이음새의 내재적인 사유의 질서가 후기 하이데거의 존재사유 전체를 조망하기 위한 열린 시각궤도(Blick-bahn)를 형성한다. 이러한 존재역사적 시각궤도로부터 그의 후기 사유의 노정에 관한 올바르고도 충분한 이해가 비로소 가능해질 수 있다는 점에서 『철학에의 기여』는 하이데거의 후기 사유를 이해하기 위한 관문이자 그의 "중심작품(Hauptwerk)"이라고 말할 수 있다.4)

1. 울려옴(Anklang)

존재의 진리가 일어나는 첫 번째 방식인 '울려옴'에서 하이데거는 서양 정신문명의 역사적 전개과정에 대한 니체의 허무주의

쪽)이라고 강조하면서, "모든 철학은 체계적이지만, 모든 철학이 다 체계는 아니라고"(GA Bd.42, 51쪽) 말한다. 순수 사유의 절대적인 근본법칙에 입각하여 스스로를 근거지으면서 이 근본법칙에 따라 존재자의 존재(존재자성)를 규정하려고 할 때 철학은 언제나 체계를 구성하기 마련이지만, 하이데거의 시각으로는 이성의 완결된 체계를 구성하려는 철학의 시대는 형이상학의 완성을 마련할 수는 있어도 그것은 이미 '존재이탈과 존재망각의 극단화된 사유형태'의 존재역운적 숙명을 벗어나지 못한다는 것이다. 이에 반해 존재의 진리의 체계적인 이음새는 인간 이성의 한계를 겸허하게 받아들이면서 존재 자체의 말 걸어옴에 따라 응답하는 가운데 '존재와 인간의 시원적인 장소성'에 다가감으로써 다른 시원적 사유의 역사를 열어 밝혀 나가기 위한 소박한 사유의 새로운 도약을 가리킨다.

4) 이러한 맥락에서 하이데거는 『사유의 사태에로(Zur Sache des Denkens)』 (46쪽)에서 '생기의 본질구조(Wesensbau des Ereignisses)'를 형성하는 근본적 연관관계에 대한 통찰은 '1936년에서 1938년 사이에', 즉 『철학에의 기여』를 집필하는 동안에 완성되었다고 술회한다.

적 경험을 근원적으로 숙고하면서 니힐리즘(Nihilism)의 감추어
진 본질을 존재망각과 존재이탈의 공속성 속에서 발견한다. 즉
존재자 전체의 영역을 플라톤의 이데아, 아리스토텔레스의 우시
아, 중세의 신 그리고 근대의 합리적 이성의 자기확실성에 입각
하여 사유하고 표상하며 장악 가능한 것으로서 여겨왔던 인간의
의지는 이미 막스 베버가 지적하였듯이 완전히 '마술에서 깨어
난' 현대 기술문명에 이르러 완전히 고삐가 풀린 무제약적인 상
태에 다다른다. 자연과 역사는 인간의 지배의지에 따라 얼마든지
예측 가능한 것으로 환원되었으며 언제든지 이용하고 채취할 수
있는 대상이 되었을 뿐 아니라, 이러한 작업에 인간은 자기의 모
든 노동력을 허비하면서 노동의 산물을 분주히 교환하며 정신없
이 살아간다. 이와 같은 과정에서 인간 역시 상품으로 여겨진다
든지 혹은 기술화된 하나의 부품으로 전락되며, 또 이와 함께 학
문의 기능은 장악 가능한 자연과 역사의 전 과정을 다루며 다가
올 미래를 예측하기 위한 세계상을 제시하기 위해 골몰할 뿐만
아니라, 자신의 연구결과를 가능한 신속히 대중화된 사회 속으로
내놓으려는 경쟁구조 속으로 빨려 들어간다. 이처럼 현대에 이르
러 인간이 자신의 고유한 존재를 완전히 상실해 버렸을 뿐 아니
라, 존재자 전체의 영역도 자신의 고유한 지반을 뿌리째 잃어버
리게 된 역사적 상황의 근거를 하이데거는 존재가 존재자에게서
떠나가 버렸다는 존재이탈(Seinsverlassenheit)이라는 역사적 근본
현상 속에서 주시하고 있다.

따라서 여섯 가지 이음구조를 이어 나가는 이음새에 의한 존
재역사적 사유의 진행과정은 존재자의 존재이탈이라는 절박함
(Not)에서 비롯하는 사유의 역행적-경험(Widerfahrnis)과 더불어

시작한다. 여기서 존재이탈이라는 용어는 존재가 존재자에게서 떠나가 버림으로써 존재자가 존재의 진리의 고유한 영역으로부터 벗어나 있음을 의미한다. 즉, '스스로 생기하며 던져오는(다가오는) 존재의 진리에 관한 터-있음의 생기되어 기투하는 본질관계'에 있어서 존재의 진리가 존재자의 열린 장 가운데 고유하게 간직되어 경험되지 못하고, 오히려 존재에 대한 형이상학적인 사유-경험 ─ 즉 존재를 존재의 고유한 진리 안에서 경험하지 못하고 단지 존재자의 존재에 불과한 존재자성(Seiendheit)으로 표상함 ─ 으로 말미암아 존재의 진리의 역사적 현성방식 속에서 존재의 진리가 감추어지고 은폐됨으로써 존재자의 개방성(Offen-barkeit)에 관한 터-있음의 생-기된 채 탈은폐하는 경험방식이 왜곡되거나 가로막히는 현상을 가리킨다. 존재역사적 시각궤도에서 굽어보았을 때, 존재의 진리의 역사적-역운적 본질에 관한 통찰은 종래의 형이상학적 역사가 단지 존재자성을 다양한 방식으로 규정하고자 시도하였던 사유의 은폐된 운동에 불과하다는 것을 알려준다. '존재를 존재자성으로서 사유하며 규정하는 종래의 형이상학의 역사에서는 존재 자체가 그것의 고유한 진리의 현성방식에서 경험되지 못했다'는 이러한 사유적 경험은 존재 자체가 형이상학적인 사유에게서 스스로 물러나(sich entziehen) 자기 자신을 내보이기를 완강히-거부하고 있다는 역행적-경험(Wider-fahrnis)으로서 터-있음에게 받아들여진다. 여기서 하이데거는 사유의 역행적-경험을 통해 역사적-역운적으로 생기하는 존재의 진리의 감추어진 현상을 주목한다.

　여기서 존재에 대한 사유의 형이상학적 규정으로 말미암아 이러한 규정방식에서 스스로 물러나면서 자기 자신을 내보여주기를 완강히-거부하는(sichverweigern) 존재의 진리의 첫 번째 현성 역사(erste Wesungsgeschichte)를 그는 제1시원의 역사라고 부른 다. 따라서 제1시원의 역사를 특징짓는 존재이탈이라는 이러한 역사적 현상은 '스스로는 물러나면서도 사유가를 위해 자신을 현 존자의 현존으로서 탈은폐하면서 보내주는 존재 자체의 던져옴 (Zuwurf)'에 의해 발생하는 것인데, 바로 이러한 존재의 물러서 는 던져옴을 그는 '탈-생기하는 던져옴(enteignender Zuwurf)', 또는 '존재 자체의 밖에-머무름(Ausbleib, 부재)'이라고 사유한다. 그러므로 생기의 역사적 생성방식은 크게 이분될 수 있다. 즉, 생-기(Er-eignis)로서의 역사적 생성방식과 탈-생기(Ent-eignis)로 서의 역사적 생성방식이 그것이다. 생-기의 역사적 생성방식은 '존재의 진리의 생-기하는 던져옴(다가옴)'과 '터-있음의 생-기되 어 기투하는 간직함'의 상호공속적인 연관구조를 지시하며, 이것 은 본래적 의미에서의 생-기의 역사, 즉 도래해야 할 다른-시원 의 역사를 열어놓는다. 뒤에서 언급한 탈-생기의 역사적 생성방 식은 '존재의 물러섬에 의한 존재자의 존재이탈(밖에-머무름)'과 '인간의 존재망각'의 상호공속적인 연관구조를 — 즉, 터-있음에 게 다가오는 존재의 진리의 탈-생기하는 던져옴과 이러한 존재의 진리에 따라 기투하는 터-있음의 탈-생기된 기투함의 상호공속적 인 연관구조를 — 지시하며, 이것이 비본래적 의미에서의 생기의 역사인 탈-생기(Ent-eignis)의 역사, 즉 제1시원의 역사로서의 형 이상학의 역사를 구성한다.

　제1시원의 역사를 특징짓는 존재이탈의 궁핍함에 대한 역행적-경험으로부터 존재의 진리는 스스로를 완강히-거부하는 것(das Sichverweigernde)으로서 사유가에게 울려오기 시작하고(anklingen), 이때 존재이탈의 경험 속에서 완강한-자기거부로서 나직하게 울려오기 시작한 존재의 진리는 '존재 자체가 스스로를 탈-생기하는 역사적-역운적 현성방식에 대한 현상학적인 통찰'을 통해서 비로소 경험되고 사유될 수 있다. 이렇게 탈-생기하는 존재의 진리의 현성방식 속에서 터-있음은 존재 자체의 물러섬 혹은 존재의 진리의 완강한-거부에 의해 규정됨으로써 '존재의 진리에 대해 탈-생기된 기투함의 관계를 맺게 되는 것'이며, 이러한 연관관계 속에서 탈-생기로서 생기하는 존재의 진리는 '자기 자신의 고유한 본령 속으로 스스로를 감추는 존재 자체의 탈-생기하는 방식'에서만 존재자를 탈은폐시킬 뿐이다. 이로써 존재자는 생-기하며 다가오는 존재의 진리에 의해 생-기된 터-있음의 기투하는 관계 속에서 환히-밝혀지는 존재의 환한-밝힘의 열린 장 가운데 참답게-간직되지 못하고 오히려 이러한 터-있음의 탈-생기된 채 기투하는 관계 속에서 근거지어진 존재자의 열린 장 가운데에서 비본래적으로 탈은폐됨으로써 결국은 탈-생기되고 은폐되고 만다.5) 이렇게 파악된 생기에 관한 사유의 역사적 지반에서 극단적 존재이탈에 대한 역행적-경험을 통해 완강한-거부로서 사유가에게 나직하게 울려오기 시작하는 존재의 진리의 탈-생기적 현성영역을 하이데거는 '울려옴(Anklang)'이라고 부르며, 이것이 이음새의 첫 번째 이음구조를 구성한다.6)

---

5) 따라서 근원적으로 살펴보았을 때, '존재의 진리의 탈-생기하는 현성방식에서 존재자의 존재가 역사적으로 탈은폐되어 나타나는 방식'이 곧 **존재자의 존재이탈**이라는 현상이다.

6) 하이데거는 '울려옴'에서 테크닉의 본질을 이루는 'das Un-wesen des Seyns'를 조작성(Machenschaft)과 거대함(das Riesenhafte)이라는 용어로 표현한다. 그가 「테크닉」 강연(『기술과 전향(*Technik und Kehre*)』)에

2. 건네줌(Zuspiel)

존재자의 존재이탈에 대한 사유적 경험을 통해 완강한-거부 (Verweigerung)로서 울리기 시작한 존재의 역사는 존재의 역사적 운명(Geschick)에 주목할 경우에 종래의 형이상학의 역사가 어떤 방식으로 전승되어 왔는지를 다시 굽어보게 한다. 전통적 사유방식에게 고유한 존재의 역사, 즉 서구 형이상학의 역사는 존재를 존재자의 존재자성으로서 파악함으로써 존재의 진리(비은폐성)에 관한 근원적 물음이 사라져버린 물음 없음(Fraglosigkeit) 의 역사로서 알려진다. 그러나 이러한 물음의 부재는 단지 사유하는 자의 태만함에 의해 야기된 것이 아니라, 오히려 존재를 존재자의 존재자성으로서 표상하여 그것을 사유의 체계 속에 장악해 넣으려는 사유가의 태도에게서 스스로 물러서는 존재 자체의 물러섬(Entzug)에 의해 유래하는 것으로서 사유되기 때문에, 결국 물음 없음의 역사는 자신의 고유한 진리영역 속으로 물러나면서 탈-생기하는 존재의 역사 즉 탈-생기의 역사로서 파악된다. 이와 같이 존재의 물러섬으로부터 유래하는 탈-생기된 존재자의 극단적 존재이탈의 역사는 생기로서의 존재 자체를 사유함에 있어서 스스로를 제1시원의 역사로서 규정하도록 이끌기 때문에, 이러한 의미에서 하이데거는 존재 자체의 역사가 터-있음으로 하여금 종래의 사유역사를 제1시원의 존재역사로서 규정하도록 터-있음에게 **스스로를 건네준다**(sich zuspielen)고 표현한다.

서 몰아세움(Ge-stell)이라는 용어로서 사유한 존재의 극단적 위험은 탈-생기에 대한 존재역사적-존재역운적인 통찰 속에서 비로소 올바로 파악될 수 있다.

그러나 이와 같이 터-있음의 사유함에게로 스스로를 건네주는 제1시원의 존재역사가, 존재 자체의 역운적 역사성에 입각하여 보았을 때, 존재의 진리의 시원적 현성이 부재하는 탈-생기의 역사로 경험됨으로써, 결국은 이러한 사유적 경험과 함께 동시에 존재의 진리의 시원적 현성을 생기의 고유한 본령으로부터 근원적으로 경험하고자 기투하는 사유의 장래적 과제가 제시된다. 바로 이런 점에서 생기로서의 존재 자체의 역사는 제1시원의 역사의 한계를 통찰하면서 다른-시원의 존재역사의 가능성에게로 스스로를 건네주기에 이른다. 이로써 '울려옴'에서 완강한-거부로서 울려오기 시작한 존재의 진리는 자신의 시원성(Anfänglichkeit)을 환히-밝히기 위하여 자기 자신의 고유한 본령 속으로 스스로 전향해 온다(sich zukehren). 여기서의 '전향해 옴(Zukehr)'은 존재의 진리가 현성하는 생기의 역사에서 일별할 경우에 탈-생기로부터 생-기로의 역사적 이행을 뜻하며, 이것이 「테크닉」 강연에서 주제가 된 존재역운적 전회의 의미지평을 형성한다. 이렇게 파악된 존재역운적 전회의 차원에서 드러나는 존재의 진리의 두 번째 현성영역이 '건네줌(Zuspiel)'이며, 이때 이러한 역사적 현성영역에서 제1시원의 존재역사와 다른-시원의 가능한 존재역사가 서로에게 서로를 건네주고 건네받는다고 하여 이 '건네줌'을 하이데거는 "서로-건네줌(Wechselzuspiel)"이라고 부르기도 한다.7)

---

7) 하이데거, 『철학에의 기여』, 9쪽 및 169쪽 참조. 『존재와 시간』의 제2편 (zweiter Teil)의 과제로 제기된 '전통의 긍정적 수용'으로서의 '존재론의 역사의 해체'는 존재물음의 존재역사적인 논의과정에서 두 번째 이음구조인 '건네줌'에 귀속함을 알 수 있다.

3. 도약(Sprung)

존재역사적 사유는 제1시원과 다른 시원이 건네주고 건네받는 사유적 대화에 의해 서서히 성장함으로써 자기(존재)를 보내주며 탈은폐하면서도 스스로는 물러서는 존재 자체의 '고유한 본령 (Eigentum)' 안으로 도약하고자 준비한다. 그런데 이러한 도약의 장소는 터-있음의 환히 밝혀진 터다. 하이데거에 따르면 인간이 인간으로서 참답게 드러나는 장소는 존재의 진리가 고유하게 생기하는 터전일 뿐이며, 이러한 터전에 거주하는 인간존재가 곧 세계-안에-있음으로서의 터-있음이다. 일찍이 『존재와 시간』에서 하이데거는 인간이 자기 본래성을 획득하기 위해 부단히 죽음을 향해 앞서 나갈 것을 촉구하였는데, 이때의 '죽음'은 단순히 생의 종말이나 육체의 사멸을 뜻하는 것이 아니라, 도저히 인간으로서는 뛰어넘을 수 없는 존재의 고유한 의미가 은닉된 영역을 가리키는 것으로, 바로 이 존재 불가능성으로서의 죽음이 인간으로 하여금 자기 존재의미를 열어 밝히기 위해 부단히 스스로를 기투하게 이끄는 극단적인 실존 가능성으로서 사유되었다.

하이데거는 '도약'에서 이러한 죽음의 근원이 스스로를 숨기면서도 스스로를 드러내 보여주는 존재의 진리의 **완강한-거부** (Verweigerung)에 있다고 보았는데, 그의 이러한 사유적 경험은 일찍이 『존재와 시간』에서 구성되었던 기초존재론적 존재물음의 초월적-지평적인 시각궤도를 '극복함'으로써만 비로소 존재역사적으로 풍부하게 펼쳐질 수 있다는 것이다.[8] 그래서 존재역사적

---

8) 하이데거, 『철학에의 기여』, 9쪽 및 227쪽 참조; 『존재와 시간』, 39쪽 주석 b참조. 이에 관한 논의해명은 신상희, 『시간과 존재의 빛』(한길사,

사유에서는 존재자로부터 존재 일반의 지평적 개시성 안으로 초월해 나가는 터-있음의 기초존재론적 사유의 초월성 자체마저도 과감히 '뛰어넘어(überspringen)' 존재의 진리를 존재의 고유한 본령인 생기에서 직접 주시하려는 도약적인 태도가 요구된다.[9] 존재역사적 사유의 시각궤도를 열어젖힘에 있어서는 무엇보다도 먼저 사유해야 할 사태 자체로부터 이러한 사태의 말 건넴(Zus-pruch)에 귀 기울이면서 사태를 뒤좇아-사유하는 그러한 현상학적이며-해석학적인 길-사유(Weg-Denken)가 요구된다. 사유해야 할 시원적인 사태의 부름에 따른 이러한 사유의 경험은, 『존재와 시간』에서는 '은닉된' 채로 남겨졌던 터-있음의 실존론적인 내던져져-있음(Geworfenheit)의 '본질유래(Woher)'가 터-있음의 열어-밝히는 기투를 위해 스스로를 환히-밝히면서 다가오는 존재 자체의 던져옴으로부터 유래한다는 현상학적인 통찰로 이어졌다.[10] 존재의 진리의 생기하는 던져옴(다가옴)에 관한 그의 통찰은 이미 『존재와 시간』에서 주제화된 터-있음의 역사성(Geschichtlich-keit des Daseins)만이 아니라, 그에 앞서 존재의 역사성(Ges-chichtlichkeit des Seyns) 자체를 경험하기 위한 사유의 가능성을 탈존적인 터-있음의 터에 열어놓는다. 이로써 기초존재론에서는 실존하는 터-있음의 터가 단지 '존재이해의 개방적 터전인 근원적 시간의 지평'으로서 제시된 반면에, 존재역사적 사유궤도에서

2000), 제2부 제2장 3절 "존재를 주는 줌으로서의 보내줌"의 주석을 참조할 것.
9) 하이데거, 『철학에의 기여』, 251쪽.
10) 하이데거, 『존재와 시간』, 135쪽 참조; 『철학에의 기여』, 239쪽, 252쪽, 304쪽 참조.

는 탈존하는 터-있음의 터가 단지 터-있음의 '존재이해의 개방적 터전으로서의 본래적인 시간의 차원'일 뿐만 아니라 무엇보다도 먼저 존재의 진리가 스스로를 환히-밝히면서 역사적-역운적으로 생기하며 다가오는 '생기의 생기함의 본질장소'로서 제시된다. 그러나 생기의 본질장소로 파악된 터는 '생기하는 존재의 진리의 다가옴'과 '생기되는 터-있음의 기투하는 간직함'의 전회적인 공속성(Zusammengehörigkeit)에 의해서만 역사적으로 고유하게 태동하는 세계이며, 이러한 세계로서의 터에 대한 존재역사적인 경험은 1940년대 후반 이후 하이데거의 사방세계(das Ge-vierte)에 관한 사유의 지반을 형성한다.11)

따라서 사방세계에 관한 사유를 포괄하는 후기 하이데거 사유의 핵심인 존재 자체의 역사성이 초월과 지평의 구조만으로는 더 이상 파악되지 않는 한, 그러한 초월개념과 지평개념이 존재역사적인 시각궤도 위에서는 구조적으로 어떻게 변화하는지가 밝혀져야 한다. 존재 자체의 역사성에 대한 사유의 경험으로 말미암아 **지평개념**은 환한-밝힘(본래적 시간)의 생기하는 던져옴(다가옴)의 구조로 변화하며, **초월개념**은 터-있음의 생기되는 기투함의 구조로 변화한다. 이 두 가지 상이한 연관구조들 — 즉, '인간의 본질에 관한 존재의 진리의 연관'으로서 '생기하는 던져옴' 및 '존재의 진리에 관한 인간본질의 관계'로서 '생기되는 기투함' — 은 그 자체가 서로 전회적으로 맞물려 함께-속해-있는

---

11) 『철학에의 기여』(310쪽)에서 생기의 본질장소로서 파악된 존재역사적인 터에서 상호 귀속적인 관계를 맺으면서 소박하게 펼쳐지는 "네 가지, 즉 세계, 대지, 인간 그리고 신"의 생기-구조는 『사물』 강연 및 『건축함 거주함 사유함』 강연에서 주제화된 사방세계의 앞선 형태다.

통일성 속에서 용솟음치며 진동한다. 따라서 초월과 지평의 구조를 뛰어넘어 도약하는 사유로서 파악된 존재역사적 사유는 오로지 존재의 생기하는 던져옴과 터-있음의 생기되는 기투함의 긴밀한 공속성 속에서만 진리(환한-밝힘, Lichtung)의 터를 고유하게 개시한다. 이때 환한-밝힘의 환히-밝혀진 터에서 경험되고 사유되어야 할 내재적인 통일성을 하이데거는 존재와 터-있음의 상호 공속적 울림(Gegenschwung) 혹은 "생기에서의 전회(die Kehre im Ereignis)"라고 부르면서, 오직 이러한 전회의 심연에 대한 시원적인 통찰만이 한동안 서양철학의 역사에서 일그러진 철학함(φιλοσοφια)의 진정한 본령을 일깨울 수 있다고 생각한다.12) 필요로-함(Brauchen)과 귀속해-있음(Zugehören)의 상호공속적인 울림을 의미하는 전회는 존재의 생기하는 던져옴과 터-있음의 생기되는 기투함의 상호공속적인 연관관계를 지시하는데, 이러한 연관관계로서의 전회의 본질은 오직 존재와 터-있음의 통일적 전체성인 **생기** 속에서, 즉 다시 말해 스스로를 던져오며 터-있음에게 다가오는 존재의 진리가 터-있음의 터에서 스스로를 환히-밝히면서도 은닉하는 존재의 진리의 완연한 현성방식 안에서만 고유하게 파악될 수 있다. 여기에서 스스로를 환히-밝히면서 다가오는 존재의 진리에 의해 환히-밝혀진 [터-있음의] 터에서 생기의 전회를 처음으로 열어젖혀 터-있음으로 하여금 이 연관관계에 대해 사유하도록 준비하게(vorbereitend) 이끄는 존재의 진리의 현성영역을 하이데거는 '도약'이라고 부르며, 이 도약이 이음새의 세번째 이음구조를 엮어 나간다.

---

12) 하이데거, 『철학에의 기여』, 251쪽 참조.

4. 터닦음(Gründung)

도약하는 사유에서 서서히 열리기 시작한 존재의 진리의 생기하는 던져옴과 터-있음의 생기되는 기투함의 연관관계 전체는 이 음새의 네 번째 이음구조인 '터닦음'에 이르러 비로소 그 완연한 현성방식에서 드러난다. 따라서 도약하는 사유는 터닦는 사유(gründendes Denken)로부터 굽어본다면, 그것은 생기 자체를 사유하고자 단순히 준비하는 예비적 성격을 가질 뿐이다. 여기서 '터닦다(Gründen)'라는 낱말은 『철학에의 기여』 187단락(307쪽)에서 말해지고 있듯이 '터닦음'의 이중적 의미에서 이해되어야 한다:

> (1) 터는 터닦으면서, 터로서 현성한다[본원적으로 존재한다]. (2) 이렇게 터닦는 터가 그 자체로서 도달되며 인수된다. 터다짐은 (a) 터를 터닦는 터로서 현성하게 한다. (b) 이러한 터로서의 터 위에 집지으며, 어떤 것을 이 터 위에 가져온다.13)

---

13) "(1) Der Grund gründet, west als Grund. (2) Dieser gründende Grund wird als solcher erreicht und übernommen. Er-gründung: (a) den Grund als gründenden wesen lassen (b) auf ihn als Grund bauen, etwas auf den Grund bringen." 우리는 여기서 'Gründung'을 '근거지음'이라고 옮기지 않고 '터닦음'이라고 옮긴다. 그 까닭은, 일반적으로 '근거'라는 낱말이 인과율적인 관점 속에서 '어떤 것의 원인이 되는 것'이라는 뜻으로서 새겨지고 있는데, 이런 경우에 하이데거의 근본의도와는 전혀 다른 그릇된 해석이 생겨날 위험이 있기 때문이다. 물론 '근거'라는 낱말은 원래 원인이라는 뜻으로서 새겨지기 이전에 '어떤 것의 근본이 되는 바탕'이라는 뜻을 지니고 있다. 우리말에서 '터닦음'이라는 낱말은 이와 같이 '근본바탕을 마련해 놓는다, 근본바탕을 다진다'는 뜻을 지니고 있다. 따라서 이 낱말은 이미 인과율과는 본질적으로 다른 의미의 차원을

'터-있음을 위해 생기하는 던져옴'의 연관 안에서 존재의 진리로서 현성하는 '터닦는 터'는 '존재의 진리에 의해 생기된 터-있음이 이 존재의 진리를 향해 기투하는 그의 생기된 기투함'의 관계 속에서 '근원적으로 터닦는 터'로서 터-있음의 터에게 도달되면서 터-있음에 의해 인수된다. 이렇게 근원적으로 터닦는 터를 터-있음의 터에서 인수하면서 밝혀 나가는 터-있음의 사유행위를 하이데거는 '터다짐(Er-gründung)'이라고 부른다. 여기서 이 낱말의 전철인 'Er-'는 생기의 '고유함의 본령' 속에 존재의 진리로서 시원적으로 고유하게 머물고 있는 '터닦는 터'를 터-있음이 고유하게 경험하여 그것을 사유의 열린 장으로 드러나게 하는 (enthüllen-lassen) 터-있음의 '기투행위'를 지시한다. 따라서 '스스로를 환히-밝히면서 터-있음에게 다가오는(angehen) 존재의 진리'를 터-있음이 자신의 터에서 받아들이면서(empfangen) 터닦는 터를 터닦는 터로서 현성하게 함으로써만, 그는 자신의 터를 터닦는 터 위에서 열어 밝히면서 다져나갈 수 있고 수립할(stiften) 수 있다. 바로 이러한 기투행위가 '터다짐'의 일차적인 의미다. 이와 같이 '터닦는 터로서 시원적으로 머물러 있는 존재 자체의 환한-밝힘(Lichtung)'에 의해 환히-밝혀진 터-있음의 터에서 — 즉, 존재의 진리의 생기하는 던져옴에 의해 생기된 터-있음의 기

열어-놓고 있다. 우리는 이런 점에서 조금은 생소하지만 '근거지음'이라는 표현 대신에 '터닦음'이라는 순수한 우리말을 취하고자 한다. 굳이 '근거지음'이라고 고집할 경우에는 인용된 문장은 다음과 같이 번역될 수 있다. "(1) 근거가 근거지으며, 근거로서 현성한다. (2) 이 근거짓는 근거가 그 자체로서 도달되고 인수된다. 열어서-근거지음은 (a) 근거를 근거짓는 근거로서 현성하게 하며 (b) 이러한 근거로서의 근거 위에 집지으며, 어떤 것을 이 근거 위에 가져온다."

투하는 관계 속에서 ─ 터-있음이 그때마다 탈자적으로 자신의 삶의 터전을 마련하며 집 짓는[구성하는] 한에서만, 그리고 존재의 진리의 터닦음과 터-있음의 터다짐의 공속적인 연관관계 속에서 '생기하는 터(das ereignende Da)' 위에 [즉 환히-밝혀진 존재의 진리의 열린 장 위에] 존재자의 현존의 참다움(Wahrnis)을 간직해 나가는 한에서만, ─ [이것이 '터다짐'의 이차적인 의미다] ─ 도약하는 사유는 터닦는 사유로서 완수될 수 있다. 또 오직 이런 식으로만 터-있음의 사유행위는 존재역사적으로 펼쳐지는 것이요, 또 오직 이런 펼쳐짐 속에서만 그는 탈존으로서의 자신의 고유한 본질을 비로소 완수할(vollbringen) 수 있다.14)

터-있음의 터에서 존재의 집을 고유하게 마련함으로써 존재자를 밝혀 나가는(Offenbarmachen) 존재역사적인 사유행위는 존재의 진리의 생기하는 던져옴에 의해 '생기된 사유'이자 이 존재의 진리를 터-있음의 터에 '간직하는 기투행위'이므로, 이는 '생기된

---

14) 여기서 보이듯이, 하이데거의 'Dasein'이라는 낱말은 결코 '현존재'라는 전승된 낡은 개념으로는 번역될 수 없다. '현존재'라는 낱말은 하이데거가 사유하고 있는 시원적인 사태의 부름에 전혀 어울리지 않는 그런 낱말이다. '현존재'라는 낱말은 제1시원의 역사, 즉 형이상학의 역사에서만 통용될 수 있을 뿐이다. 형이상학의 역사에서는 '존재'가 망각되었을 뿐만 아니라, 이러한 '터-있음'의 의미차원도 철저히 망각되었다. 하이데거에게서 'Dasein'이라는 낱말은 더 이상 제1시원의 역사 속에서 이해될 수 있는 것이 아니라, 다른-시원의 역사 혹은 이런 역사를 향한 이행적 사유의 과정에서만 비로소 '사태에 맞게(sachgerecht)' 이해될 수 있다. 이런 점에서 '터-있음'이라는 우리의 번역어는 하이데거가 사유하고 있는 그런 사태에 아주 잘 어울리는 번역어라고 우리는 주장한다. 위에서 해석되는 그런 의미의 차원이 '현존재'라는 낡아빠진 개념에 의해 과연 생생하게 드러날 수 있는지 없는지를 독자는 이 기회에 숙고해 보아야 할 것이다.

채 기투하는 간직함'으로써 구조화된 탈-존(Ek-sistenz)의 본래적 의미를 그대로 드러내는 것이며, 여기서 탈-존의 세 번째 구조로 제시된 간직함(Bergung)을 하이데거는 이음새의 네 번째 이음구 조인 '터닦음'의 다섯 번째 단계인 "간직함으로의 진리의 현성 (Die Wesung der Wahrheit als Bergung)"에서 자세히 다루고 있다.15) '세계와 대지의 투쟁적 활동에 의해 생기를 참답게-간직함' 을 뜻하는 이 '간직함'이라는 낱말은 '울려옴'에서 이미 존재이탈 에 의해 탈-생기된 것으로서 경험되었던 존재자를 그것의 극단적 존재이탈로부터 벗어나 존재의 진리의 열린 장 안으로 "다시 가 져오는(wiederbringen)" 그런 행위를 가리킨다.16) 이러한 의미는 다음 문맥에서 더욱 명확해진다: "투쟁의 투쟁화는 진리를 작품 속에 정립하고 도구에 담아 놓으면서 이 진리를 사물로서 경험 하며(er-fahren)17) 이 진리를 행위와 희생에서 완수한다."18) 존재 의 진리의 열린 장[세계] 안에서 다양한 존재자[사물]의 참다움을 간직하고 보존함은19) 먼저 원초적으로 '스스로를 숨기면서도 스 스로를 드러내는 존재 자체'의 생기하는 심연적-밑바탕[비밀]을 수호하면서 이와 함께 '스스로를 탈은폐하기도 하며 스스로를 은 닉하기도 하면서 스스로를 환히-밝히는 진리'의 현성영역에서 존

---

15) 하이데거, 『철학에의 기여』, 243단락에서부터 247단락까지 참조할 것.

16) 하이데거, 『철학에의 기여』, 11쪽, 27쪽, 116쪽, 413쪽 참조할 것.

17) '존재의 진리의 열린 장 안에서 사물을 사물로서 경험하도록 밝혀준다' 는 의미임.

18) 하이데거, 『철학에의 기여』, 391쪽.

19) 이런 점에서 사물은 세계 안에서 사물로서 드러나는 것이며, 또한 사물 은 이러한 방식 속에서 세계를 드러내 보여주는 것이다. 이것이 『사물』 강연에서 말해지는 사물-세계와 세계-사물의 친밀한 공속관계다.

재자의 존재의 참다움을 간직하며 지켜나감을 뜻한다. 따라서 이음새의 네 번째 이음구조인 '터닦음'에 이르러 터-있음은 존재자의 다양한 영역에서 그것의 개방적 존재의미를 그때그때마다 새롭게 밝혀 나가기 위한 사유의 필연적 과제를 부여받는다.

5. 도래할 자들(Die Zu-künftigen)

존재자를 종래의 극단적인 존재이탈에서 벗어나 존재의 진리의 열린 장 안으로 다시 가져오는(wiederbringen) 사유의 과제는 제1시원에서부터 다른-시원에 이르는 역사적 이행단계에서는 완결될 수 없으며, 오히려 도래해야 할 다른-시원의 '생-기 역사'에서 부단히 전개되어야 한다. 그래서 '터닦음'은 다섯 번째 이음구조인 '도래할 자들'에게로 이어진다. '도래할 자들'은 단순히 미래의 어느 시점에 지구상에 태어날 막연한 후대인을 가리키는 것이 아니라, 어쩌면 앞으로도 계속될지도 모르는 이 시대의 허무주의의 본질을 꿰뚫어 이를 생-기의 본령에서 극복하려는 자들이다. 이런 점에서 일찍이 횔덜린이나 키에르케고르, 릴케 등은 하이데거의 시각으로는 '도래할 자들'의 선구자로 보였을 것이다. 존재의 진리의 소리 없는 부름[참말, Sage]으로부터 이 부름에 조용히 응답하며 다가오는(zu-kommen) 자들이 곧 '도래할 자들'이며, 이들은 오늘날 신으로부터 소외되고 자연으로부터 소외되었을 뿐 아니라 심지어 자기 자신으로부터 그리고 우리의 이웃으로부터 소외된 이 시대의 황량한 운명을 바로 세우고자 자기 자신을 헌신적으로 내맡기고 희생하는 탈존적인 인간들이다. 탈존하는 인간은 오직 존재가 말 걸어오는 참말의 터전에서, 다시 말해 생기가 생기하는 생기의 터전에서 "집 짓고 거주하며 사유한다."

　존재자의 참다움을 간직하는 존재의 진리의 완연한 현성영역은 '스스로 환히-밝히면서 다가오는 진리(환한-밝힘)의 환히-밝혀진 터에 **탈존적으로 참여하는**(teilnehmen) 터-있음에 의해' 터다져지고 집지어지며, 이렇게 지어진 존재의 집(언어)에서 앞으로 도래할 터-있음은 거주하고 사유한다.20) 이때 집을 짓고 거주하며 사유하는 터-있음의 생-기된 탈존방식은 막다른 극한점에 이르러 완결되는 것이 아니라 생-기의 고유한 현성영역에서 모든 존재자들― 즉, 자연과 사물과 이웃 ― 과 함께 "더불어 있음(Miteinandersein)"을 있는 그대로 경험하고 사유하면서, 이러한 사유의 경험을 그때그때마다 맑은 언어의 세계 속으로 여실히 담아오고자 부단히 노력함으로써만 비로소 완수될 수 있다. 그러나 집 짓고 거주하며 사유하는 터-있음의 생-기된 탈존방식은 존재의 진리의 생-기하는 다가옴에 의해 본래적으로 존립할 수 있으며 동시에 이 존재의 진리의 환히-밝혀진 터[시원적인 고향] 안으로 귀향하는 것이기 때문에, 터-있음의 사유함(Denken)은 본질에 앞서 실존을 강조하는 실존주의자의 자기주장이 결코 아니며 오히려 존재 자체의 시원적인 던짐(Wurf) 혹은 베풂(Schenkung)에 조용히 "감사(Danken)"하는 탈존적 행위일 뿐이다.21)

---

20) 이러한 '거주함'은 『존재와 시간』에서 밝혀진 '세계-안에-있음'의 세 번째 구조요소인 "[세계내부적인 존재자]-곁에-[친숙하게-머물러]-있음(Sein-bei…)"의 본질바탕을 형성한다.

21) 하이데거, 『초연한 내맡김(Gelassenheit)』, Pfullingen, 1985, 64쪽; 「초연한 내맡김」, 『동일성과 차이』, 신상희 옮김, 민음사, 2000, 185쪽 참조.

그러므로 사유함을 실존적인 자기주장으로서가 아니라 탈존적인 감사함으로서 경험하면서 이러한 역행적-경험을 존재와 터-있음의 상호공속적인 터에 터다지며 살아가는 인간은 존재망각과 존재이탈에 물들어 고향을 상실한 이 시대의 인간이 아니라 다른 시원의 역사를 개진해 나가는 도래할 자들이며, 오직 이러한 자들만이 진리의 현성영역 한가운데에서 고유하게 맴도는 전회의 본질을 투시하여 이를 인수하고 수호해 갈 수 있고, 또 오직 그런 한에서만 "궁극적 신의 암묵적 눈짓"을 주목하며 궁극적 신이 스쳐 지나가는 성스러운 그 자리를 묵묵히 지킬 수 있다.22)

6. 궁극적 신(Der letzte Gott)

이음새의 다섯 번째 이음구조인 '도래할 자들'은 탈존의 극단적 가능성을 완수하기 위해 여섯 번째 이음구조인 '궁극적 신'에게로 이어진다. '궁극적 신'이라는 용어에서 '궁극적'이라는 낱말이 지시하는 바는 단순한 종말(Ende)이나 정지(Aufhören)가 아니라 '그 자체로 존재하는 가장 깊은 시원(der tiefste Anfang, der selbst ist)'을 가리키며, 따라서 "태초적인 것(das Anfänglichste)"을 의미한다.23) '존재로서의 시원(Anfang als Seyn)'은 모든 것이 거기로부터 생-기하는(er-eignen) 근원(Ursprung)이자 결코 다 길어낼 수 없는 심연(der unerschöpferische Ab-grund)이기에 온갖 계산적인 사고로도 도저히 다다를 수 없는 아득히 먼 곳이

---

22) 하이데거, 『철학에의 기여』, 82쪽 및 400-401쪽 참조.
23) 하이데거, 『철학에의 기여』, 405쪽 및 416쪽 참조.

다.24) 이 때문에 탈-생기된 기투함의 역사에서는 성스러운 것 (das Heilige)이 소생할 차원은 가로막혀 우리에게서 멀어져 간다. 그러나 아득히 먼 그곳(das fernste Ferne)에서 존재의 진리는 터-있음에게 스스로를 완강히-거부하는 것으로서 나직이 울려오기 시작하고, 이러한 존재의 나직한 울림은 도약하는 사유와 터 닦는 사유에 의해 환히-밝혀지기에 이른다. 즉, 아득히 먼 그곳에서 스스로를 **완강한-거부**로서 나타내 보인 존재의 진리는 탈은폐된 모든 진리의 본질유래가 되는 근원적인 비진리로서 밝혀진다.25) 이 때문에 스스로를 완강히-거부하는 근원적인 비진리는 스스로를 탈은폐하는 진리의 가장 가까운 가까움(das nächste Nähe)으로서 스스로를 나타내 보이면서 터-있음의 터에 가까이 다가온다(sich nähern). 터-있음의 터에서 스스로를 환히-밝히며 다가오는 진리의 그 가까움은, 근원적으로 보면 스스로를 완강히-거부하는 존재 자체의 심연적-밑바탕으로부터, 즉 도저히 문자가 들어설 수 없는 정적의 장소로부터 생기하는 것이기에, 인간으로서는 바로 그곳에서 궁극적 신이 눈짓하는 이 심연의 성스러운 깊이를 도저히 다 헤아릴 수는 없는 것이요, 또한 바로 이 때문에 자신의 터를 마련하며 살아가고자 사유하는 인간은 '심연적인 터(der ab-gründige Grund)로서 고유하게 머물러 있으면서도 스스로를 터닦게 하는 존재의 진리'의 충실한 "파수꾼(Wächter)"으로서 언제나 머물러 있어야 한다.26) 이런 한에서 스

---

24) GA Bd.51, 88쪽; GA Bd.54, 10쪽 참조.

25) 이러한 의미에서의 근원적인 비진리는 "der höchste Adel der Schen-kung und der Grundzug des Sichverbergens"(『철학에의 기여』, 406쪽)이다.

86

스로 은닉하면서도 스스로 탈은폐하는 존재의 진리의 멀고도 가까운 현성영역은 모든 존재자의 존재의미를 참답게 열어주는 가장 깊은 시원이 되며, 이러한 시원에서 존재의 진리를 파수하면서 터다지는 터-있음에게 말없이 눈짓하며 스쳐 지나가는 신을 하이데거는 '궁극적 신'이라고 부른다.27)

---

26) 하이데거, 『철학에의 기여』, 240쪽 및 497쪽 참조. 이러한 심연적-밑바탕은 생기 자체에 귀속하는 시원적인 자기은닉의 영역을 가리킨다. 바로 이런 점에서 『사유의 사태에로』에서 말해진 '탈생기(Enteignis)'의 시원적인 영역을 하이데거는 이미 『철학에의 기여』에서 분명하게 사유하고 있었던 셈이다. 이러한 심연은 발성화된 말함과 문자화된 언어가 도저히 다다를 수 없는 불립문자(不立文字)의 영역이지만, 그렇다고 말 자체가 완전히 끊어진 자리는 아니며, 오히려 거기로부터 태초의 말[신의 눈짓]이 자라나오는 언어의 가장 고유한 본령이 된다. 『언어로의 도상에서(Unterwegs zur Sprache)』(215쪽)에서 "정적의 울림소리"라고 부른 그것을 하이데거는 『철학에의 기여』(34쪽, 408쪽)에서는 "지고한[더할 나위 없이 적막한] 정적(die große Stille)"이라고 말하고 있다. 정적의 울림소리는 '시원적으로 스스로를 은닉하는 생-기의 가장 깊은 본령' 속에 머무는 궁극적 신의 눈짓일 것이며, 이런 점에서 태초적인 말씀일 것이다. 그렇다면 궁극적 신은 말씀 자체 혹은 정적 자체로서 참다운 모든 것이 거기로부터 밝혀지기 시작하는 생명[진리]의 태초적인 시원이라고 사유될 수 있을 것이다. 이와 아울러 하이데거는 궁극적 신이 스쳐 지나가는 그 자리를 다음과 같이 주시하고 있다. "Bereich der Winkung und des Entzugs der Stille, worin sich erst Ankunft und Flucht des letzten Gottes entscheiden"(『철학에의 기여』, 20쪽).

27) 여기서 '눈짓(Wink)'이라는 낱말은 생-기의 고유한 본령에 시원적으로 머무는 신이 '존재의 맑은 부름에 따라 태초적인 언어(λογος, 말씀)의 시원적인 터전으로 다가오는 도래할 자들을 위해' 성스럽게 다가오기도 하고, 다시금 스스로를 은닉하는 생-기의 비밀스러운 본령에로 물러섬으로써 멀어져 가기도 하는 그런 "도래하는 엄습함과 아득히 멀어져가는 부재함(Anfall der Ankunft und Ausbleib der Flucht)"을 가리킨다(『철학에의 기여』, 409쪽 참조).

인간에게서 신이 멀어져 가기도 하고 가까이 다가오기도 하는 현상을 그는 생기의 본령을 벗어난 피안의 세계에서가 아니라 오로지 스스로를 숨기면서도 탈은폐하며 환히-밝혀오는 존재의 진리의 역사적-역운적 현성영역에서 주시함으로써, 극단적인 존재이탈의 어두운 시대에서조차 완강한-거부의 아득한 멂 속에 시원적으로 "[머물며]-있어 온 신(gewesene Götter)"은 오직 생-기(존재)를 필요로-함으로써만이 인간에게 "다시 나타날(wiedererscheinen)" 수 있다고 강조한다.28) 따라서 그는 이음새의 여섯 번째 이음구조인 '궁극적 신'에서 생-기의 충만한 영역에서 비롯하는 **성스러운 것과 신성 그리고 신**이라고 부름직한 것의 가능한 재현에 관하여 사색하고자 하며,29) 여기서 그는 존재 자체와 존재자가 존재론적으로 구분되듯이 생기로서의 존재 자체는 신과 구분된다는 입장을 밝히고 있다. 그러므로 하이데거에게 있어서 신은 **존재와는 구분되지만 생기를 필요로 하는 성스러운 것의 소리 없는 눈짓** ─ 그러나 이런 눈짓은 이미 그 자체가 하나의 **시원적인 말**이다 ─ 혹은 자취(Spur)로 사유되는데, 이는 다음 문맥에서 뚜렷이 드러난다: "궁극적 신은 생기 자체는 아니지만 그래도 생기를 필요로 하는데, 이러한 생기에는 '터를 터닦고-터다지는 자(Dagründer)'가 귀속해 있다."30) 또 다른 구절에서 그

---

28) 하이데거, 『철학에의 기여』, 408쪽 참조.
29) 하이데거, 「휴머니즘에 관한 서한」, 『이정표』, 338쪽 이하 참조할 것.
30) 하이데거, 『철학에의 기여』, 409쪽 참조. 여기서 우리는 'Dagründer'를 '터를 터닦고-터다지는 자'라고 번역했다. 왜냐하면 터-있음의 터(Da)는 터닦는 터로서의 존재의 진리의 열린 장인 동시에 이 터는 오직 생기된 터-있음의 기투함을 통해서만 터로서 환히-밝혀지고 수립될 수 있기 때문이다. 간단히 말해서, 터는 '존재의 던져옴과 터-있음의 기투함'의 공

는 다음과 같이 말한다: "생-기는 인간[의 고유함]을 신에게 바침으로써, 이 생-기는 신[의 고유함]을 인간에게 넘겨준다."31) 여기에서 단적으로 말해지듯이, 궁극적 신은 오직 생-기가 생-기하는 생-기의 "고유함의 본령(Eigentum)" 속에 시원적인 태초로서 머물면서, 이러한 고유함의 본령에로 다가오는 인간에게만 스스로 [신의 고유함: **말씀**]를 눈짓으로 보여준다.

스쳐 지나가는 궁극적 신의 암묵적 눈짓을 생-기의 터에서 조용히 주목하는 터-있음의 탈존적 존재방식을 하이데거는 "집지으며 기다림(die bauende Erwartung)"이라고 말하는데, 이러한 기다림은 결코 "맹목적인 기다림"이 아니다.32) 왜냐하면 그에게 있어서 신의 계시를 맹목적으로 기다리는 인간의 존재방식은 오히려 '신을 상실한 형태(Form der Gottlosigkeit)'에 불과할 뿐이며, 이는 탈-생기된 문화의 초라한 운명을 보여줄 뿐이기 때문이다.33) 앞으로 도래할 생-기의 문화에서는 인간이 신을 맹목적으로 기다리는 것이 아니라, 오히려 신이 먼저 존재의 진리의 열린 장 가운데 자기 자신의 고유한 삶의 터전을 수립해 나가는 탈존적 인간을 기다린다. 이와 같이 '터-있음의 터에서 집 짓고 사유하며 기다리는 인간'과 '이 터에서 자기 자신을 눈짓으로 선사하

속적인 연관관계 속에서만 터로서 생기하며 드러나는 것이다. '터를 터로서 생기하며 드러나게 하는 자'가 곧 'Dagründer'이기 때문에, 우리는 단순히 '터닦는 자' 혹은 '터다지는 자'라고 번역하지 않고 '터를 [터로서] 터닦고·터다지는 자'라고 번역한다.

31) "Das Er-eignis übereignet den Gott an den Menschen, indem es diesen dem Gott zueignet." 하이데거, 『철학에의 기여』, 280쪽 및 20쪽 참조.
32) 하이데거, 『철학에의 기여』, 405쪽 참조.
33) 하이데거, 『철학에의 기여』, 417쪽 참조.

는 신' 사이에는 "다툼(Streit)"34)과 "화음(Einklang)"35)이 일어나며, 이러한 다툼과 화음의 숨겨진 근원에서 전회적으로 생-기하며 용솟음치는 존재의 진리가 앞으로 도래할 다른-시원의 역사를 엮어나간다. 이런 점에서 '완강한-거부의 최고 형태(die höchste Gestalt der Verweigerung)'라고 말해지는 궁극적 신은 존재이탈과 존재망각으로 물든 탈-생기의 역사에서부터 앞으로 도래할 다른-시원의 생-기의 역사에 이르는 "은닉된 처음(Anfang)"이자 이 "은닉 자체의 가장 깊은 심연"이다.36) 그러나 이러한 태초적 심연으로의 궁극적 신은 오직 존재의 진리를 파수하는 인간에게만 스스로를 눈짓으로 내보일 것이며, 이러한 선사(Schenkung, 베풂)로서의 신의 가능한 현현이 자신의 열린 터에 이루어질 수 있도록 늘 깨어 있으면서, 이러한 터 안에서 이웃과 사랑하는 가운데 자신을 희생하고 사물을 사물로서 참답게-간직해 나가려는 터-있음만이 "생기를 쟁취할(Ereignis erstreiten)" 수 있다.37)

오로지 이렇게 깨어 있는 자만이 정적의 울림(Geläute der Stille)으로서 울려오기 시작하는 존재 자체의 심연 속에서 궁극적 신이 자신의 현존을 보내오는 그 성스러운 자리를 찾을 수 있다.38) 거기로부터 궁극적 신이 자신의 성스러움을 눈짓으로 알려오는 존재의 심연은 생기로서의 존재가 그 자신의 고유한 진리

---

34) 하이데거, 『철학에의 기여』, 413쪽.
35) 하이데거, 『철학에의 기여』, 414쪽.
36) 하이데거, 『철학에의 기여』, 416쪽.
37) 하이데거, 『철학에의 기여』, 399쪽 및 417쪽 참조.
38) 하이데거, 『언어로의 도상에서(*Unterwegs zur Sprache*)』, Pfullingen, 1986, 215쪽 참조.

(비-은폐성) 속으로 자신을 보내오며 탈은폐하면서도 스스로 물러서는 본질장소이므로, 그곳은 **시원적으로 생-기가 생-기하는 고유한 본령**이다. 이러한 생-기의 고유한 본령으로서 환히 밝혀지는 터-있음의 터가 앞으로 도래할 터-있음의 참다운 거주지(Wohnort)가 될 것이기에, 이런 한에서 이 터에 참답게 거주하고자 기투하는 터-있음은 궁극적으로 보자면 **궁극적 신의 태초적 말씀**(정적의 눈짓)에 의해 [조음된 채] "규정될(be-stimmt)" 뿐이다.39) 따라서 도래할 인간의 **규정됨**은 단순히 사유하는 자아의 자발적 의지의 자율성에 의해 주체적으로 결정됨을 뜻하지 않는다. 앞으로 도래할 터-있음은 자기에게 생-기하며 다가오는 존재 자체의 부름에 조용히 응답하는 가운데, 이 부름 속에서 눈짓으로 자신을 알려오는 궁극적 신에 의해 규정된 채 그 신이 스쳐 지나가는 자리를 자신의 삶의 처소에 말없이 마련한다. 이때 이러한 터-있음의 마련함은 존재의 진리가 성스럽게 생-기하는 터에 다가감을 뜻하며, 이런 의미에서 '다가가며 마련함'은 "길을 닦아가는(den Weg bahnen)"40) 생기-사유의 본질적 특성을 이룬다.41) 그러나 길을 닦아가는 터-있음의 작업은 결코 사유하는 주체의 자발적인 행위에 기초하여 단순히 진행되는 것은 아니다. 오히려 이러한 길-사유의 '길'이 '존재 자체의 진리에 이르는 길'이자 더 나아가 '궁극적 신에 이르는 길'인 한에서, 그 길은 이미 '존재 자체의 말없는 부름에 의해 처음부터 이미 조음된 길'이기

---

39) 하이데거, 『철학에의 기여』, 396쪽 참조.

40) 우리의 어법에 따르면, [진리에 이르는] '도를 닦아가는'.

41) 하이데거, 『철학에의 기여』, 86쪽 참조. 생기-사유는 현상학적-해석학적 길-사유다.

에, 길을 닦아가는 터-있음의 작업은 — 근원적으로 보면 — 터-있음으로 하여금 "그 길에 이르도록 강요하면서(auf den Weg zwingen)" 촉구하는 존재 자체의 작업이자, 더 나아가 궁극적 신의 소명(召命, 불러들임)에 따른 작업이기도 한 것이다.42)

---

42) 하이데거, 『철학에의 기여』, 86쪽.

모든 것은

고요하고

텅 비어 있다.

가을 하늘 청명한데

바람 소리

들녘에 가득하다.

제 3 장

니체의 니힐리즘에 대한 비판

1. 니체의 니힐리즘

19세기 무렵 유럽 전 지역에 유포되었던 니힐리즘(Nihilism)이란 말은, 직접적으로 경험될 수 있는 감각적인 존재자만이 존재할 뿐 '그 이외의 것은 아무것도 존재하지 않는다(nihil)'는 견해를 표방한다. 이것은 오랫동안 인류에게 삶의 척도를 부여해 주었던 전통적 권위와 보편적 규범 그리고 영원한 진리의 체계들이 부정되고, 감각적 지각을 통해 확인할 수 있는 것만을 현실적인 것으로서 인정하는 실증주의적인 세계관이 유럽사회에 강력한 지배력을 떨치게 되었다는 것을 의미한다. 그런데 니체에게서 니힐리즘이란 말은 유럽의 역사 속에서 19세기에 이르러 비로소 나타나기 시작한 하나의 정신적 사조에 불과한 것이 아니라, 오히려 이러한 문화적 사조에서 표방되고 있는 것보다는 좀더 근본적이며 강력하고 본질적인 어떤 것을 의미한다. 그것은 이미 플라톤 이래로 유럽의 정신문화를 주도해 왔던 초감성적 세계의 지배권이 붕괴되어 최고의 가치들이 그 세력을 잃고 무가치하게 되는 유럽 정신의 역사적 운동을 의미한다.1)

여기서 초감성적인 세계란 그 자체로 존재하면서 언제나 영원한 타당성을 갖는다고 여겨져 온 진선미를 중심으로 한 최고의 가치들의 영역이다. 이러한 최고의 가치들의 영역으로서의 초감성적 세계는 차안의 세계 위에 군림하면서 이 차안의 세계에 대해서 최고의 가치들을 실현할 것을 삶의 무조건적인 이상으로서 요구한다. 따라서 그것은 존재자 전체에게 목적과 질서 그리고 의미를 부여해 주는 그런 이념과 이상, 규범과 원칙, 목표와 가치를 총칭하는 이름이다. 그런데 참으로 현실적으로 존재하면서 모든 것을 규정해 주던 진리와, 모든 것의 존재가 그것에 의존하고 있는 그런 최고선, 그리고 존재하는 것 전체에 삶의 질서를 부여해 주면서 조화롭게 통일을 이루어주는 이러한 근원적 존재의 아름다움, 아마도 우리가 그것에 대해서 지고한 존재라고 부를 수 있는 이러한 최고의 가치들이 현실적인 삶의 세계 속에서 도저히 실현될 수 없는 그런 공허한 가치에 불과하다는 통찰이 일어날 때, 차안의 세계에 대해 최고의 가치들이 지니고 있던 구속력은 동요하기 시작한다.

심지어 초감성적인 세계가 차안의 세계에 대해 더 이상 아무

---

1) 그러나 니체와는 달리, 하이데거에게서 니힐리즘은 존재를 망각한 서양 역사의 근본운동으로서 그것의 전개과정은 결과적으로 세계의 파멸을 초래할 수밖에 없는 몰락의 과정을 보여준다.

런 지배권도 가질 수 없는 무력한 상태에 이르게 된다면 어떻게 될 것인가? 그리고 이러한 상태가 가상이 아니라 오히려 삶의 유일한 현실이라면 어떻게 될 것인가? 존재하는 모든 것에게 통일적 의미를 부여해 주던 최고의 가치들이 무가치하게 될 경우에, 이러한 가치들에 근거하던 삶의 세계도 무가치해지며 무의미 속으로 빨려들 것이다. 모든 것은 공허해지고 가치상실감에 젖어든다. 이러한 상태에서 대두하는 것이 심리적 상태로서의 니힐리즘이라고 니체는 보고 있다. 그러나 이러한 니힐리즘은 아직은 불완전하고 수동적인 차원에 머물고 있다. 이러한 단계의 니힐리즘이 불완전한 까닭은, 종래의 최고의 가치들이 그 힘을 잃어버린 초감성적인 영역 자체를 철저히 제거하는 대신에, 오히려 그 자리에 모종의 사회주의적 이상이나 혹은 최대다수의 최대행복을 주장하는 지상세계의 보편적인 행복론을 대체해 넣음으로써 심리적 불안을 해소하려고 시도하기 때문이다. 그러나 이러한 니힐리즘은 나약한 니힐리즘에 불과하며 아직은 본래적 니힐리즘의 상태에 도달한 것이 아니다. 그래서 니체는 '불완전한 니힐리즘'을 극복하여 그것을 그 본질에 있어서 완성해 나갈 것을 강력히 촉구한다.

니힐리즘의 완성은 종래의 최고의 가치들이 붕괴되고 무가치하게 되는 상태에 소극적으로 머물러 있는 한, 결코 성취될 수 없다. 종래의 최고의 가치들의 붕괴는 가치상실의 허무한 시대를 관통하면서 새로운 가치들의 정립을 강력히 요구한다. 따라서 종래의 최고의 가치들의 무가치화로서의 니힐리즘은 그 본질에 있어서 근본적으로는 생동하는 삶(생성)의 전적인 긍정이며 새로운 가치들의 새로운 설정이다. 이러한 새로운 가치설정은 종래의 가치들의 영역을 철저히 제거하고 초감성적인 세계로부터 벗어나 이 땅 위에 새로운 가치들을 마련하는 것을 자신의 유일한 과제로 삼는다. 이러한 상태에서 자신의 본질을 완성해 나가는 니힐리즘을 니체는 "탈자적 니힐리즘" 혹은 "고전적 니힐리즘"이라고 부른다.2) 이런 점에서 니체는 니힐리즘을 부정적으로 바라보지 않고 오히려 긍정적으로 사유하고 있는데, 그는 니힐리즘의 이러한 운동의 본질적 성격을 "신은 죽었다"는 단언을 통해서 집약적으로 드러내고자 하였다.

2. "신은 죽었다"는 말에 대하여

"신은 죽었다"는 니체의 단언에 대해, 우리는 그 말이 훗날 정신병자가 되고 말았다고 전해지는 한 사상가의 무신론적 견해를 나타낸 극히 개인적인 주장에 지나지 않는다고 생각하여 그 말을 성급히 물리쳐버리고 싶어할지도 모른다. 그러나 우리는 이제 우리의 영혼과 정신을 공포의 전율 속으로 몰아넣는 니체의 이 소름끼치는 말에 조용히 귀 기울여 보고자 한다. 왜냐하면 그의 단언은 형이상학적으로 규정된 서양의 역사 안에서 언제나 암묵적으로 말해 오던 모종의 말이 그의 입을 통해서 비로소 표명된 것일 수도 있기 때문이다. 니체는 1882년에 출간된 『즐거운 학

---

2) 하이데거, 『숲길(*Holzwege*)』, Vittorio Klostermann Verlag, 1950(초판), 207-208쪽 참조; 하이데거, *Der Europäische Nihilismus*, Pfullingen, Neske Verlag, 1967, 66-72쪽 참조; 하이데거, 『니체와 니힐리즘』, 박찬국 옮김, 철학과현실사, 2000, 120-125쪽 참조; 『니체전집 22』(유고 1887년 가을-1888년 3월), 백승영 옮김, 책세상, 2000, 9-138쪽 참조.

문(*Die fröhliche Wissenschaft*)』이라는 그의 저서 제3권 125절에서 이 말을 처음으로 사용하였다. 이 절에는 "미친 사람(Der tolle Mensch, 광인)"이라는 제목이 붙어 있는데, 그 내용은 다음과 같다.3)

미친 사람

너희들은 저 미친 사람의 이야기를 들어보지 못하였는가? 그는 밝은 대낮에 등불을 켜들고 거리로 뛰쳐나와 "나는 신을 찾는다! 나는 신을 찾는다!"라고 쉴 새 없이 부르짖었다.

그런데 마침 그 거리에는 신을 믿지 않는 사람들이 많이 모여 있었기에, 그는 커다란 웃음거리가 되고 말았다. 도대체 신이 없어지기라도 했단 말인가? 한 사람이 이렇게 말했다. 신이 마치 어린아이처럼 길을 잃어버리기라도 했단 말인가? 또 한 사람이 말했다. 그것도 아니라면 신이 숨바꼭질을 하는 것일까? 신이 우리를 무서워하는 것일까? 신이 배를 탔는가? 바다를 건너갔는가?

이와 같이 지껄이면서 그들은 모두 한바탕 웃어댔다. 그러자 그미친 사람은 그들 속으로 뛰어 들어가 쏘는 듯한 눈초리로 그들을 노려보았다. "신은 어디로 갔는가?" 그는 외쳐댔다. "나는 이것을 너희들에게 말하려고 한다! 우리가 그를 죽였다. 너희들과 내가! 우리는 모두가 신의 살해자다. 그러나 우리는 어떻게 하여 이런 일을 저질렀을까? 어떻게 우리가 바닷물을 모조리 마셔버릴 수 있었을까? 누가 우리에게 지평선을 깨끗이 닦아 지워버릴 수 있는 그런 해면(海綿, Schwamm)을 주었을까? 우리가 이 지구를 태양으로부터 떼어버렸을 때, 우리는 무슨 일을 저지른 것일까? 지구는 지금

---

3) 니체, 『즐거운 학문(*Die fröhliche Wissenschaft*)』, *Nietzsches Werke*, Kritische Gesamtausgabe, Berlin, V-2. 니체의 이 저서는 최근에 번역된 『니체전집 12』(안성찬 · 홍사현 옮김, 책세상, 2005)에 실려 있다.

어디로 움직이고 있는가? 우리는 어디로 나아가고 있는가? 모든 태양으로부터 저 멀리 떨어진 채, 끝없이 추락하고 있는 것은 아닌가? 뒤로, 옆으로, 앞으로, 온갖 방향으로 추락하고 있는 것은 아닌가? 아직도 위와 아래가 있는 것일까? 우리는 끝이 없는 무(無) 속에서 이리저리 헤매고 있는 것은 아닐까? 텅 빈 공간이 싸늘하게 느껴지지는 않는가? 점점 추워지고 있는 것은 아닌가? 점점 더 밤이 짙어오고 있는 것은 아닌가? 대낮이라도 등불을 켜야 할 지경이 아닌가? 신을 매장하는 인부들이 떠들어대는 저 소리를 우리는 아직도 전혀 듣지 못하고 있는가? 우리는 신이 썩어 들어가는 저 냄새를 아직도 맡아보지 못하였단 말인가?

신들도 썩는다! 신은 죽었다! 신은 죽어버렸어! 우리가 그를 죽여버린 거야! 모든 살해자 중에서도 살해자인 바로 우리가 어떻게 위안을 받을 수 있단 말인가? 여태까지 이 세계를 자기 품에 품고 있었던 가장 성스럽고도 가장 전능하신 바로 저 신이 우리들의 칼에 맞아 피를 토하며 쓰러진 것이다.

누가 그 핏자국을 우리에게서 말끔히 닦아낼 수 있을까? 우리가 저지른 저 죄를 씻어내기 위하여 우리는 어떠한 의식과 어떠한 성스러운 행사를 벌여야 한다는 말인가? 이처럼 위대한 행사는 우리로서는 도저히 엄두도 낼 수 없는 것은 아닐까? 단지 이런 일을 겉으로만 꾸미기 위해서라도 [이제는] 우리 자신이 신으로 되어야만 하지 않을까? 이보다 더 위대한 행위는 지금까지 결코 없었다.

그리고 우리 다음에 태어나는 사람은 누구든지, 이런 행위로 말미암아 지금까지 있었던 모든 역사보다도 한층 더 높은 역사의 구성원이 될 것이다!"

여기에서 그 미친 사람은 일단 말을 멈추고 다시 청중을 노려보았다. 그들은 입을 다물고 이상하다는 듯이 그를 쳐다보았다. 드디어 그가 등불을 땅바닥에 내리쳤다. 등은 산산조각이 나고 불은 꺼졌다. 이때 그는 다시 말했다. "나는 너무 일찍 왔다. 아직은 내가 있을 때가 아닌가 보다. 이 끔찍한 사건은 아직도 알려지지 않은 채 소요하고 있다. 그것은 아직도 사람들의 귓전에까지는 이르지 못하였다. 번개와 천둥이 일어난 뒤에도, 그것이 눈에 보이고 귀에 들리기까지에는 시간이 걸리는 법이다. 별들의 빛이 눈에 보이기까지에도 시간은 걸리는 법이다. [이 끔직한 사건이] 행위로 알려지기까지에는 역시 시간이 걸린다. 이 행위는 그들에게는 가장 멀리 떨어진 별들보다도 더욱 멀고도 멀다. 하지만 그들은 이와 같이 끔직한 일을 저질러버린 것이다!"

전해 오는 말에 따르자면, 그 미친 사람은 같은 날 여러 교회에 침입하여 거기에서 신을 위한 진혼곡(Requiem aeternam deo)을 쳤다고 한다. 그를 끌어내어 왜 이런 짓을 하냐고 다그쳐 물었더니, 그는 다만 "이 교회들이 신의 무덤과 묘비가 아니라면 도대체 무엇이란 말이냐"고 한결같이 똑같은 말만 계속 되뇌었다고 한다.

여기서 언급된 신은 일단은 그리스도교의 신을 가리킨다. 그러나 그가 말하는 그리스도교의 신은 신실한 믿음의 대상으로서의 신을 가리키기보다는 오히려 그리스도교의 교리를 구성하는 신학적 대상으로서의 신을 가리킨다. 다시 말해서 그의 단언에서 언급된 신은 최고의 존재자이자 최상의 가치로서 추앙받는 그런 신인 동시에 더 나아가 근본적으로는 앞에서 상술하였던 초감성적인 세계 일반을 지칭하기 위한 명칭으로 사용되고 있다. 그러므로 "신은 죽었다"는 니체의 단언은 그리스도교의 신에 대한 '신앙'이 더 이상 유지될 수 없다는 의미에서 단순히 부정적으로 이해될 수 있는 성질의 것이 아니다. 오히려 그의 단언은 서구의 정신문화 속에서 지상세계의 삶에 대한 지배세력을 나날이 확장시켜 왔던 신앙의 교리로서의 그리스도교 신학에 대한 비판이자 가상의 현실세계에 대한 참된 존재세계의 절대적 우위를 강조한

플라톤주의의 전통 형이상학에 대한 비판이라고 이해되어야 한다. 그러므로 이러한 단언을 통해서 니체가 강조한 니힐리즘은 초감성적인 세계의 지배력이 쇠퇴하고 소멸해 감으로써 존재자로서의 존재자 전체가 자신의 존재의미를 상실해 가는 역사적 과정을 가리킨다. 이러한 초감성적인 것의 영역은 플라톤 이래로 참다운 존재의 영원한 세계로서 간주되었고, 더욱이 플라톤의 철학에 대한 그리스도교적 해석이 가해지면서 세속적이고 무상한 생성의 현실세계에 척도를 부여해 주는 초-자연적인(meta-physisch) 영원한 진리의 세계로서 그 영향력을 지속해 왔다. 그런데 "신이 죽었다"라는 말은, 서양의 정신문화 전반에 걸쳐 막강한 영향력을 발휘하던 최상의 가치들의 영역으로서의 이러한 초감성적인 세계, 다시 말해 형이상학적 세계가 현실적 삶에 아무런 도움도 주지 못하는 상태에 도달함으로써 그 종말에 이르렀다는 주장이다. 그래서 니체는 플라톤주의로 대변되는 전통적 형이상학에 대항하는 반대 운동으로서 자신의 철학을 정립하고자 했다.

니체는 니힐리즘과 가치사상으로 무장한 자신의 철학이야말로 앞으로 다가올 새로운 시대를 개진하기 위한 서곡이라고 생각했다. 초감성적인 영역 속에 이성을 통해 다양한 방식으로 설정되던 종래의 최고의 가치들과 삶의 모든 목표들이 모조리 붕괴되고 무가치하게 되었기에, 이러한 종래의 이상적 가치들과의 관계들을 깨끗이 청산하고, 앞으로는 힘에의 의지를 중심으로 한 새로운 가치설정의 원리에 기초하여 지상의 삶을 피안의 삶으로부터 적극적으로 해방시키려는 노력이야말로 시대의 역사적 요구에 참답게 부응하는 것이라고 그는 보았다. 이러한 가치전환의 사상은 단순히 종래의 최고의 가치들을 새로운 가치로 전환시키는 데에 그치는 것이 아니라, 오히려 그 이전에 종래의 가치들이 차지하던 초감성적인 **존재영역** 자체가 인간에 의해 완전히 소멸되고 **부정되는** 것을 의미하며, 이와 동시에 종래의 전통적인 존재사유가 새로운 가치사유로 전환되는 것을 의미한다.

새로운 가치사유가 지상에서의 지배권을 전적으로 확보하기 위해서는 존재자 전체를 규정할 수 있는 새로운 원리의 설정이 요구된다. 그런데 존재자로서의 존재자 전체의 진리를 규정하고 해명하는 것이 형이상학이라고 한다면, 존재자 전체를 규정하고 정립하는 새로운 가치설정의 원리를 주창하는 니체의 가치사상은 그 자체가 이미 '형이상학'인 셈이다. 그러나 전통적 형이상학에 대한 유일한 대항운동으로서 주장된 니체의 가치사상으로서의 고전적 니힐리즘은 서양의 형이상학을 철저히 극복한 사상이라기보다는, 오히려 하이데거가 자신의 존재사적 관점에서 숙고해 볼 경우에는 존재망각의 역사 속에서 전개되어 왔던 서양의 형이상학을 그 종말의 단계에서 완성한 하나의 사상에 불과할 뿐이다.

그래서 하이데거는 "신은 죽었다"라는 단언을 통해서 주창되는 니체의 니힐리즘을 그 자신의 존재사적 관점 속에서 해체하여 심층적으로 이해하고자 시도한다. 하이데거는 1930년대 중반부터 1940년대 무렵에 이르기까지 자신의 저술과 일련의 강의를 통해, 가치사상에 입각해 새로운 시대의 서막을 열고자 시도한 니체 자신의 철학과 한판 거대한 대결을 벌이고 있다. 하이데거의 존재사적 관점에 따르면, 니체의 철학은 그리스의 제1시원에서 비롯한 서양의 형이상학적 사유를 새로운 가치정립의 원리를 통해서 근본적으로 극복하고 있는 것이 아니라, 오히려 존재망각과 존재이탈의 역사적 진행과정 속에서 존재자로서의 존재자 전체의 진리를 규정하고 표상하며 장악하고자 시도한 서양의 형이상학을 극단적으로 완성한 전형적인 모습에 불과하다. 서양 형이상학의 종말을 예고하고 있다는 점에서는 니체와 하이데거, 이 두 사상가의 관점은 외관상 일치한다. 그러나 서양 형이상학의 종말을 힘에의 의지를 중심으로 한 가치-사상적 관점에서 이해하고 있는 니체와는 달리, 하이데거는 그의 고유한 존재물음의 길을 걸어가면서 1930년대 중반에 형성된 생기-사유적 관점4) 속에서 서양 형이상학의 종말을 주목하고 있다. 하이데거가 보기에, 서양의 형이상학적 사유는 그리스의 제1시원에서 발원한 후 생생한 존재경험을 상실한 채 존재자성으로서의 존재에 입각하여 존재자로서의 존재자 전체를 다양하게 규정하고자 시도하면서 전개하여 왔지만, 이러한 사유의 역사적 전개과정 속에서 존재 자체는 그 자신의 고유한 진리 속에서 드러나지 못하고 오히려 감추어지고 은폐되어 철저한 어둠 속에 머무름으로써, 현대에 이르러 고삐 풀린 기술적 지배의지에 함몰된 인간의 존재상실이 지상 도처에서 넘실거리는 탈-생기된(ent-eignet) 문화를 결과적으로 초래할 따름이다. 이렇게 탈-생기된 인류의 정신문화는 실은 그 안에 존재 자체가 멀리 떠나가 버려(verlassen) 존재의 참다운 진리가 사라진 허무주의의 문화로서 이미 세계의 파멸을 암묵적으로 예고하는 것이지만, 스스로 존재망각에 빠져 있다는 사실조차 까맣게 잊은 채 지상의 모든 것을 끊임없이 소유하고

---

4) 하이데거, 『철학에의 기여(*Beiträge zur Philosophie*)』, GA Bd.65, Vittorio Klostermann Verlag, 1989 참조; 신상희, 『시간과 존재의 빛』, 한길사, 2000, 제3부 제2장, 349-369쪽 참조.

장악하며 소비하려는 기술적 지배의지에 휘둘리며 살아가는 현대인들에게 이 세계는 새로운 기술적, 과학적, 경제적, 정치적, 군사적, 문화적, 예술적 가치를 무한히 창출해 나가기 위한 더할 나위 없이 자유로운 기회의 땅이자 무한한 욕망을 실현할 참다운 세계로 비추어진다. 힘에의 의지를 유지하고 강화시켜 나가려는 니체의 가치사상에 따를 경우, 기술문명시대의 현대인은 새로운 가치를 정립하고 창조하면서 니힐리즘의 문화를 완성하는 자유로운 주체로 추앙될 수 있으나, 하이데거의 존재사유에 따를 경우, 그들은 자기 존재의 의미를 철저히 상실하며 살아가는 이방인에 불과하다. 왜 이렇게 상반된 이해가 생기는가? 그것은 존재를 바라보는 눈의 양식에 따라 세상을 바라보는 눈이 달라지기 때문이다.5)

하이데거에 의하면, 존재를 가치로서 이해하는 니체의 철학은 존재 자체를 그것의 고유한 진리에서 전혀 사유하지 못했던 전통적 형이상학의 필연적 산물이자 그것의 완성에 불과하다. 즉 가치정립의 원리로서의 힘에의 의지는 니체의 형이상학을 구성하는 존재자성으로서의 존재의 한 변형에 불과할 뿐이라고 하이데거는 바라본다. 이렇듯 니체와 관련되어 집필된 하이데거의 다양한 담론들6)은 니체의 가치사유와 하이데거의 존재사유 사이에

---

5) 이기상, 『철학노트』, 까치, 2002, 23-26쪽; 이기상, 『하이데거의 존재사건학』, 서광사, 2003, 414-417쪽 참조.
6) 니체의 사상에 대한 하이데거의 탐구는 주로 1935-48년 사이에 집중적으로 다루어졌다. 이 시기에 프라이부르크 대학에서 행한 그의 강의는 전집 43권, 44권, 46권, 47권, 48권 등에 실려 있으며, 이밖에도 단행본으로 간행된 *Nietzsche* I, II, 그리고 *Der Europäische Nihilismus* 등이 있다.

서 펼쳐지는 사상적 대결을 보여주고 있다. 특히 그 가운데에서
도 필자는 『숲길』에 실린 하나의 담론7)에 주목해 보는데, 그 이
유는 하이데거가 니체의 형이상학과 대결하는 가운데 존재망각
에 빠진 형이상학적 사유의 종말을 예고하고 사유의 다른 시원
을 향해 나아가고자 준비하면서 존재의 진리를 더욱 근원적으로
열어 밝히려는 그 자신의 생기-사유(Ereignis-Denken)의 근본통
찰을 숙고해 볼 수 있는 매우 귀중한 시각을 제시해 주고 있기
때문이다.

그러면 여기서 하이데거가 바라보는 니체의 가치사유는 어떤
특성을 지니고 있는지 간단히 살펴보자. 그것은 단적으로 말해서
힘에의 의지(Wille zur Macht)의 형이상학이다. 니체는 존재자로
서의 존재자 전체의 진리를 정립하는 핵심개념이 힘에의 의지에
놓여 있다고 본다. 종래의 최고의 가치들의 무가치화로서의 니힐
리즘은 힘에의 의지를 새로운 가치설정의 원리로서 전적으로 긍
정하면서 가치전환을 무제약적으로 의욕하는(wollen) 의지(Wille)
의 형이상학이다. 이런 점에서 힘에의 의지는 새로운 가치설정의
원리인 동시에 가치전환의 원리다. 힘에의 의지가 의욕하는 그것
은 의지 자체다. 이런 점에서 힘에의 의지는 의지에의 의지(Wille
zur Wille)다. 힘에의 의지는 자신이 소유하고 있지 못한 어떤 것
을 소유하고자 의욕하는 그런 일상적 의미에서의 의지가 아니라,
스스로 자신의 힘을 강화시켜 나가기 위해 자신이 도달한 힘의
상태를 부단히 넘어서는 그런 본질적 의미에서의 의지로서 존재
한다. 그러므로 존재자를 그것의 존재에서 규정하고 있는 힘에의

---

7) 하이데거, 「"신은 죽었다"는 니체의 말」, 『숲길』.

의지는 부단히 자신의 힘을 보존하면서 증대해 나가는 한에서만 자신의 본질을 유지할 수 있다. 힘의 본질은 그때마다 도달된 힘의 단계를 스스로 지배하며 다스리는 그런 주인이 된다는 사실에 놓여 있다. 힘은 부단히 스스로를 향상시키면서 더욱더 강해지려고 의욕하는 한에서만, 힘으로서 존재한다. 즉 힘에의 의지가 그때그때마다 도달된 힘의 단계를 초월하면서 힘이 더욱더 강력해지도록 스스로를 초극하며 강화해 나갈 경우에만, 힘은 자신의 고유한 본질에 있어서 유지될 수 있다. 따라서 부단히 자기 자신을 초극하도록 스스로에게 명령함으로써 자신의 무조건적인 본질을 실현해 나가는 힘에의 의지는 힘을 유지하고 향상시키기 위한 삶의 여러 조건들을 필요로 한다. 힘은 자신의 본질에 있어서 이러한 조건들을 통찰하고 평가하며 해석하고 예견하는 원근법적인 전망의 성격을 갖는다. 이러한 원근법적 전망의 성격에 의해서 설정되어 평가될 수 있는 힘에의 의지의 조건들을 니체는 '가치'라고 부른다.8)

니체에 따르면 가치란 삶의 과정에서 요구되는 힘의 유지와 향상을 위한 조건들이다. 이러한 조건들 가운데 매우 중요한 삶(생성)의 가치로서 그는 진리와 예술을 제시한다. 여기에서의 진리란 그리스적으로 경험된 존재자의 비은폐성(ἀλήϑεια)으로서의 진리, 혹은 중세적으로 경험된 지성과 사물의 일치(adaequatio)로서의 진리, 더 나아가 근세적으로 경험된 표상의 확실성(certitudo)으로서의 진리가 아니라, 거기로부터 힘에의 의지가 자기 자신을 무제약적으로 의욕할 수 있는 그런 시야영역을 언제나

---

8) 하이데거, 『숲길』, 219쪽 참조.

자신에게 안전하게 확보해 두려는 확고부동한 태도를 가리킨다. 다시 말해서 진리란 힘에의 의지 안에서 설정된 필수적 조건으로서의 가치, 즉 힘을 유지하여 자신의 존립을 확실하게 보장하기 위한 그런 조건으로서의 필연적 가치를 가리킨다.9) 이로 인해 니체에게서 존재는 힘에의 의지가 자기 자신을 유지하기 위해서 무제약적으로 정립하는 그런 가치로 환원되고 만다. 이에 비해 예술은 진리보다도 더한층 중요한 지고의 가치라고 그는 생각한다. 왜냐하면 예술은 힘에의 의지 안에서 설정된, 힘의 향상을 위한 창조적 조건이기 때문이다.10) 니체에게서 예술은 단순히 예술가들의 심미적 영역만을 지칭하는 것이 아니다. 오히려 예술은 그 본질에 있어서 힘에의 의지를 강화하기 위한 삶의 모든 가능성들을 열어 밝히면서 창조하는 행위다. 이러한 예술적인 창조행위를 통해서 힘에의 의지는 자기 자신을 무한히 해방한다. 다시 말해서 힘에의 의지는 인간의 예술적 창조활동을 통해서 자신을 무한히 전개한다. 인간은 힘에의 의지로서의 존재의 역사적 숙명이 자기 자신을 전개하는 장소가 된다. 이런 방식으로 예술과 진리는 서로가 서로를 필요로 하는 상보적 관계 속에서 삶의 가치를 유지하고 향상시켜 나가는 힘에의 의지의 이중적인 본질성격을 보여준다. 이런 의미에서 니체는 힘에의 의지의 전개과정으로서의 삶이란 부단한 가치평가와 가치해석의 활동이라고 이해한다. 그래서 힘에의 의지는 삶의 근거가 되는 동시에 그 자체가 가치를 설정하고 평가하고 해석하고 창조하는 근본영역이 된다.

---

9) 하이데거, 『숲길』, 221쪽 참조.
10) 하이데거, 『숲길』, 223쪽 참조.

모든 존재자가 그 자신의 본질에 있어서 힘에의 의지로서 존재한다고 인식될 경우에, 이러한 힘을 유지하고 향상시켜 나가는 인간만이 만물의 척도로서 군림하면서 진정한 의미에서 가치를 소유하고 향유하며 살아갈 수 있다. 이렇듯 니체는 존재자의 존재를 힘에의 의지로서 경험하고 있기에, 가치에 대한 그의 사유는 힘에의 의지의 형이상학 속에 근거한다.

그러므로 종래의 최고의 가치들이 무가치하게 되고 모든 가치들이 새롭게 전환되는 이행과정으로서의 니힐리즘에 대한 니체의 해석은 가치사상에 대한 그 자신의 이론적 표명이기 이전에, 플라톤 이래로 존재사적으로 전개되어 왔던 존재자로서의 존재자 전체의 진리에 대한 하나의 형이상학적 해석이다. 그가 힘에의 의지를 새로운 가치설정의 원리이자 척도로서 사유하면서 자신의 사상을 니힐리즘의 본래적인 완성이라고 파악하고 있는 한, 그는 서구 형이상학의 역사적 운동과정으로서의 니힐리즘을 종래의 모든 최고의 가치들이 그 가치를 상실하게 된다는 부정적 의미에서만 이해하고 있는 것이 아니라, 이와 동시에 그러한 니힐리즘의 극복이라는 긍정적 의미에서도 이해하고 있다. 모든 가치정립은 힘에의 의지로부터 출발하여 언제나 힘에의 의지로 되돌아간다. 모든 존재자가 부단히 자기 자신을 강화하는 힘에의 의지로서 존재하는 한, 그것은 지속적으로 생성되는 삶 가운데 이러한 의지에 응답하는 방식으로 존재한다. 그런데 이러한 존재자의 생성은 자신을 벗어난 어떤 외부의 목적을 향해서 나아가는 것이 아니라, 오히려 언제나 힘에의 의지로부터 출발하여 힘에의 의지를 보존하고 강화하고자 자기 자신에게로 되돌아오는 힘에의 의지의 자기초극적인 원운동 안에서만 진행될 뿐이다. 그러므로 삶의 지속적인 생성과정 속에 펼쳐지는 존재자 전체의 존재는 가치를 무화시키면서 새롭게 창출해 나가는 힘에의 의지의 이러한 원운동 안에서 동일한 것을 재현하면서 언제나 자기 자신에게 회귀해 들어가는 근본성격을 갖는다.

이러한 존재자의 존재의 근본성격을 니체는 "동일한 것의 영원한 회귀(die ewige Wiederkunft des Gleichen)"라고 부른다. 힘에의 의지가 현실적인 것의 현실성, 즉 존재자의 본질(essentia)을 지칭하는 개념이라면, 동일한 것의 영원한 회귀는 이러한 본질에 따라 존재하는 존재자의 존재방식(existentia)을 특징짓는 개념이다.11) 동일한 것의 영원한 회귀라는 존재방식 속에서 힘에의 의지는 지상의 존재자 외부에 군림하거나 혹은 군림한다고 여겨져 왔던 초감성적 세계의 어떠한 목표나 이상도 무조건적으로 파괴하며, 그러한 세계 속에서 자라난 종래의 가치질서 체계를 모조리 붕괴시킨다.

이에 따라 인간에게는 새로운 지상명령이 주어진다. 즉 새로운 가치설정의 원리에 따라, 종래에 영원한 타당성을 가지면서 그 자체로 존재한다고 여겨지던 진선미를 중심으로 한 초감성적 세계의 모든 가치들을 전환시키면서 존재자 전체의 존재를 새로운 가치질서 속으로 정리해 나가야 한다는 힘에의 의지의 무제약적인 요구를 떠맡게 된다. "신은 죽었다"는 의식과 더불어, 인간은 사유하는 나(Ich denke)의 절대적 주체 또는 모든 것을 자기 안에 정립하는 자기의식의 초월적 주체로서 스스로를 경험하던 근대인들보다도 한층 더 높은 역사의 구성원으로 깨어난다. 왜냐하

---

11) 하이데거, 『숲길』, 219쪽 참조.

면 인간은 힘에의 의지의 요구에 응답하는 의지에의 의지의 무
조건적인 주체로서 스스로를 정립하기 때문이다. 이제 인간은 더
이상 초감성적 세계에 복종할 필요가 없다. 초감성적 세계 안에
존립하면서 삶의 목표와 척도를 제공해 주던 종래의 모든 가치
들은 붕괴되어 그 종말에 이른다. 그런 세계는 이미 자신의 생명
력을 상실해 버렸기에 이미 죽은 것이나 다름이 없다. 현실적인
것의 유일한 현실성으로서 사유되던 초감성적 세계의 존재기반
은 덧없는 것으로 여겨져 지워지고 만다. 바로 이것이 니체에 의
해서 발언된 "신은 죽었다"라는 말의 형이상학적 의미다.12) 이제
남아 있는 것은 오직 지상의 세계일 뿐이다. 신을 살해한 인간은
이러한 지상세계에서 스스로 존재(삶)의 척도로서 존재하면서,
힘에의 의지의 무조건적인 지배를 안전하게 확립해야 할 과제를
힘에의 의지 자체로부터 부여받는다. 인간이 물질적, 신체적, 심
리적, 정신적 존립을 안전하게 확보해 나가려는 자신의 존립보장

---

12) 하이데거, 『숲길』, 200쪽 참조. 니체의 이러한 단언에 대해 하이데거는
생기-사유에 입각한 자신의 고유한 관점을 덧붙인다. " '신이 죽었다'는
말은 신이 전혀 존재하지 않는다는 단적인 부정이 아니라, […] 신이 살
해되었다는 노여움을 뜻하며", 더 나아가 이 말은 "오히려 신 자신이 스
스로 자신의 생생한 현존의 상태로부터 멀어져갔음을 암시하는 의미"로
서 이해될 수 있다는 것이다(『숲길』, 240쪽 참조). 즉 존재가 가치로서
여겨질 경우에, 존재 자체는 그 자신의 고유한 본령(알-레테이아의 레테)
속으로 물러나면서 은닉되는데, 이러한 존재의 은닉으로 말미암아 그 안
으로 신이 자신의 현존을 비추어주는 성스러움의 영역은 그 빛을 잃게
된다. 이렇듯 성스러움의 영역이 그 빛을 잃어 지상의 세계에서 사라지
게 되는 역사적 현상 속에는 존재의 은닉과 더불어 이러한 은닉의 차원
속으로 – 즉 존재의 아득한 멂(fernste Ferne) 속으로 – 그 스스로 물러나
서 멀어져 가는(sich entfernen) 신의 사라짐이라는 역사적 운명이 주재
하고 있다고 하이데거는 사유한다.

속에서 "신의 살해(das Töten des Gottes)"는 암암리에 계속 진행된다.13) 그리고 이러한 행위는 힘에의 의지에 응답하기 위해 존재자 전체를 지배하려는 인간 자신의 안전성 때문에 행해진다.

그런데 삶의 불확실성을 해소하면서 안전성을 마련해 나가려는 이러한 존립보장의 수행은 종래의 가치질서 속에 여전히 종속되어 있는 기존의 인간들을 통해서는 완수될 수 없다. 따라서 인간의 본질을 새롭게 정립할 필요가 제기된다. 여기서 새로운 인간이란, 힘에의 의지에 입각하여 종래의 모든 가치들을 전환시키고 지상에의 무조건적인 지배력을 확보해 나가는 가운데 부단히 자기 자신을 초극하면서 창조해 가는 그런 유형의 인간을 말한다. 니체는 자신의 고유한 본질을 힘에의 의지로부터 의욕하면서 종래의 인간유형을 넘어서는 이런 인간을 '초인(Übermensch)'이라고 부른다. " '초인'이란, 힘에의 의지를 통해 규정된 현실성으로부터 또 이러한 현실성을 위하여 존재하는 그런 인간이다."14) 초인은 자신의 고유한 의욕행위 속에서 힘에의 의지를 현실적인 모든 것의 근본특성으로서 받아들이면서, 힘에의 의지라는 존재의 역사적 운명 속에서 자기 자신을 이해한다. 이런 점에서 초인은 힘에의 의지의 무조건적인 집행자로서 지상의 지배권을 인수하고자 의욕하면서 힘에의 의지를 유지하고 향상시키기 위한 새

---

13) 하이데거, 『숲길』, 242쪽 참조. "신을 살해함에 있어 마지막 일격은 형이상학이 제공하는데, 이 형이상학은 힘에의 의지의 형이상학으로서 '가치를 사유한다'는 의미에서 자신의 사유를 전개하는 그런 형이상학이다. 존재를 순전히 하나의 가치로 전락시킨다는 것은 분명히 최후의 일격이다. 그러나 니체 자신은 이러한 일격이－존재 자체에 입각하여 사유해 볼 경우에－어떤 타격을 주는 것이라고는 전혀 인식하지 못하였다."
14) 하이데거, 『숲길』, 232쪽 참조.

로운 가치들을 설정하고 평가하고 해석하면서 다양하게 창조해
나가는 자를 가리킨다.

3. 니힐리즘에 대한 비판과 그 극복

앞에서 필자는 가치사상으로서의 힘에의 의지의 형이상학을
구성하는 니체의 핵심개념들을 간단히 일별해 보았다. 니체는 이
러한 핵심개념들을 통해서 서구 형이상학의 역사적 진행과정을
날카롭게 주시하면서 그것을 최고의 가치들이 무가치하게 되는
니힐리즘의 전개과정이라고 보았다. 힘에의 의지를 중심으로 설
정한 니체의 사상적 기투는 이러한 전개과정으로 이해된 서구
형이상학의 역사를 극복하려는 시도였기에, 그는 자신의 철학을
니힐리즘의 극복이라고 생각한다. 물론 니체가 생각하듯, 니힐리
즘이 최고의 가치들의 무가치화로서 이해되고 힘에의 의지가 모
든 가치들을 새롭게 설정하는 가치전환의 원리로서 간주되는 한,
그의 사상적 기투는 니힐리즘의 극복이라고 말할 수 있다. 그러
나 니체의 의도와는 달리, 모든 것을 가치에 따라 사유하고 평가
하며 해석하는 그런 사유가 그 근본에 있어서 허망한 니힐리
즘15)이라고 한다면, 어떻게 될 것인가? 이 경우에는 최고의 가치
들의 무가치화에 대한 니체의 경험까지도 니힐리즘의 영역 속에
철저히 구속되어 있는 하나의 허무적인 경험에 불과한 것이 아
닐까?16)

---

15) 니체의 니힐리즘이 허망한 니힐리즘인 까닭은, 존재가 허망한 가치로 전
    락하고 말았다는 탈-생기적인(ent-eignishaft) 역사적 사건 안에 존립한
    다.

하이데거가 보기에, 니체는 니힐리즘의 본질영역을 근본적으로 철저히 경험한 사상가가 아니다. 니체 이전의 모든 형이상학자들과 마찬가지로, 그도 또한 니힐리즘의 본질을 전혀 인식하지 못한 하나의 사상가에 불과하다. 오히려 그는 니힐리즘이 완성되어 가는 시기에 "니힐리즘의 몇 가지 특성들을 경험하면서 그것을 허무주의적으로 해석하였으며, 이로써 니힐리즘의 본질을 완전히 파묻어버렸다"고 하이데거는 비판한다.17) 니힐리즘의 감추어진 본질영역은 존재 자체가 그 자신의 고유한 진리 속에서 전혀 경험되지 못하여 **망각**되기 시작하는 바로 **그곳**에 자리하고 있다.18)

---

16) 하이데거, 『숲길』, 239쪽 참조.

17) 하이데거, 『숲길』, 244쪽 참조. 하이데거의 이러한 비판이 니체에 대한 오해에서 비롯되고 있다고 백승영은 주장한다(백승영, 「하이데거의 니체 읽기: 이해와 오해」, 『하이데거와 근대성』, 철학과현실사, 1999, 300-333 쪽 참조). 그에 따르면, 니체는 존재와 생성을 이분화한 전통 형이상학의 허무주의적 경향을 근본적으로 극복하면서 존재와 생성을 하나로 통일하는 생기존재론을 주창하고 있는바, 이 생기존재론을 통해서 니체는 이성의 과대한 자기평가로 인해 빚어진 서구 형이상학의 존재망각을 철저히 고발하고 있기에, 존재망각으로서의 서구 형이상학을 극복한 철학자라는 것이다. 그러나 필자가 보기에, 존재 자체와 생성을 동일시하는 백승영의 논의에서는 존재가 그 자신의 고유한 진리 속에서 전혀 경험되지도 않고 사유되지도 않고 있다. 니체에게서 생성이란 힘에의 의지를 자신의 본질로 삼고 있는 것이어서, 이러한 생성과 동일시되는 존재는 하이데거가 지적하는 망각된 존재의 연장선 안에 존립할 뿐이다. 이런 점에서 하이데거가 니체를 오해하고 있다는 백승영의 주장은 존재의 몰이해로부터 비롯된 빗나간 비판에 불과하다.

18) "[의지에의 의지의 지배 속에서 완성되는] 니힐리즘의 본질은 존재망각 속에 거하고 있다." 하이데거, 「존재물음에로」, 『이정표(*Wegmarken*)』, GA Bd.9, Frankfurt a. M., 1976, 421쪽 및 422쪽 참조; 『이정표 1』, 신상희 옮김, 한길사, 2005, 366쪽 및 367쪽 참조. 이와 관련하여 다음의 논문을 참조하라. 박찬국, 「하이데거에 있어서 니힐리즘의 극복과 존재

그리하여 존재 자체가 아무것도 아닌 것(nihil)으로 망각의 어둠 속에 남겨진 그곳에서는 언제나 니힐리즘(Nihilism)이 고개를 내밀고 있는 것이다. 이에 하이데거는 다음과 같이 말한다. "니힐리즘의 본질은 다음과 같은 역사 속에 깃들어 있다. 즉 존재자로서의 존재자 전체가 나타날 경우에, 존재 자체와 존재의 진리는 아무것도 아닌 상태에 놓이게 되어, 이로 말미암아 존재자로서의 존재자의 진리가 마침내 존재로서 여겨지게 되는 그런 역사 속에 깃들어 있다."19)

그런데 그리스 시원에서 존재를 퓌시스(Φύσις)로서 경험하면서 발원하기 시작한 서양의 사유는 지구촌 전체를 장악하려는 현대기술의 고삐 풀린 지배의지가 맹위를 떨치는 오늘날에 이르기까지 망각의 어둠 속에 남겨진 존재 자체의 역사적 운명(Geschick)에 대해서는 단 한번도 사유해 본 적이 없다고 하이데거는 지적한다. 서양의 형이상학적 사유는 존재를 그 자신의 진리 속에서 고유하게 경험하지 못한 채, 언제나 존재자로서의 존재자의 진리 안에 머물고 있다. "존재의 진리는 아낙시만드로스에서 니체에 이르기까지의 형이상학의 역사 기간 내내 이 형이상학에게는 은닉되어 있었다."20) 서양의 형이상학적 사유는 존재

<hr />

물음」, 『철학사상』 제3호, 서울대학교 철학사상연구소, 1993, 119- 173쪽. 박찬국은 이 글에서, 현대인이 니힐리즘을 극복하기 위해서는 "무엇보다도 현대가 풍요의 시대가 아니라 니힐 즉 공허가 지배하는 궁핍한 시대라는 것을 자각"하여, 경악과 경외라는 "근본기분을 통해 현재 일어나고 있는 존재의 역사적 운명을 적극적으로 인수"해야 한다고 강조한다.
19) 하이데거, 『숲길』, 243쪽 참조.
20) 하이데거, 「'형이상학이란 무엇인가' 들어가는 말」, 『이정표』, 369쪽 참조;

자로서의 존재자의 진리 안에 머물면서 존재자의 본질존재로서의 존재자성만을 다양한 방식으로 — 플라톤의 이데아(ἰδέα), 아리스토텔레스의 에네르게이아(ἐνέργεια), 토마스 아퀴나스의 악투알리타스(actualitas), 데카르트의 표상(perceptio), 라이프니츠의 모나드(Monade), 칸트의 대상성(Gegenständlichkeit), 헤겔의 절대정신에 의해 정립되는 절대적 개념들, 니체의 힘에의 의지 등으로 — 사유해 왔을 뿐이다. 그러나 존재가 존재자를 존재자로서 근거짓는 그런 본질존재로서의 존재자성으로서 사유되기 시작하자마자, 존재는 그 자신의 고유한 본령 속으로 스스로 물러나(sich entziehen) 어둠 속으로 감추어지고 망각되기에 이른다. 존재는 존재자를 존재자로서 아프리오리하게 규정하는 초월적인 가능조건이자 선천적인 인식조건으로서 간주되고, 급기야 힘에의 의지의 집행자에 의해서 평가되는 가치로서 간주되면서, 힘에의 의지 자체에 의해 설정되는 하나의 조건으로서 평가 절하되고 만다. 그래서 **존재**는 힘에의 의지 자체에 의해서 무제약적으로 정립되고 언제든지 폐기될 수 있는 그런 허망한 **가치로 전락**한다. "존재자의 존재가 가치라는 낙인이 찍히고, 따라서 그것의 본질이 확정될 경우에, 언제나 이러한 형이상학 안에서는 […] 존재 자체를 경험할 수 있는 모든 길은 없어지고 만다."21) 힘에의 의지의 형이상학에서 전개되는 가치사유는 "존재를 완전히 밖으로 밀어내 버리기" 때문에, "가장 극단적인 의미에서 살해적이다."22) 가치사유는 존재의 본질을 전적으로 은폐하기에, 이로

『이정표 1』, 신상희 옮김, 131쪽 참조.
21) 하이데거, 『숲길』, 238쪽 참조.
22) 하이데거, 『숲길』, 243쪽 참조.

말미암아 존재자로서의 존재자 전체도 완전히 왜곡된 해석에 빠지게 된다. 가치가 존재로 하여금 그 자신의 고유한 진리 속에 존재하는 그런 존재로서 아예 존재할 수 없게 밖으로 밀어내 버린다면, 니체의 이러한 가치사유야말로 니힐리즘의 진정한 극복이 아니라 실은 "니힐리즘의 완성(Vollendung des Nihilismus)"[23)]인 것이다. 이러한 가치사유는 존재 자체가 스스로를 개현하며 솟아나와(aufgehen) 자신의 현-존(An-wesen)의 생생함에 도달할 수 없게 할 뿐 아니라, 원천적으로 존재 자체가 자신의 진리 속에서 현성하는(wesen) 그런 자리에 도달할 수 없게 한다.[24)] 그리하여 "완성된 니힐리즘의 단계에서는, 마치 존재자의 존재와 같은 것은 아예 존재하지도 않는 것처럼, 즉 존재는 (공허한 무라는 의미에서) 아무것도 아닌 것처럼, 그렇게 보인다."[25)]

그렇다면 서양의 형이상학적 사유가 이렇게 완성된 니힐리즘의 단계로 떨어질 수밖에 없는 역사적 근거는 결정적으로 어디에 놓여 있는가? 그것은 단적으로 말해서, 무(das Nichts)의 본질에 대한 물음의 부재 속에 놓여 있다.[26)] 서양의 형이상학이 그리스적 시원에서 발원한 이래로 존재자로서의 존재자 전체를 다양하게 규정하고 근거짓고 해석하고자 시도해 왔지만, 이러한 사유의 기나긴 역사적 전개과정 속에서 존재자 전체를 드러내는 무

---

23) 하이데거, 『숲길』, 239쪽 참조.
24) 하이데거, 『숲길』, 243쪽 참조.
25) 하이데거, 「존재물음에로」, 『이정표』, 415쪽 참조; 『이정표 1』, 신상희 옮김, 357쪽 참조.
26) 하이데거, Der Europäische Nihilismus, Pfullingen, Neske Verlag, 1967, 29-30쪽; 하이데거, 『니체와 니힐리즘』, 박찬국 옮김, 68쪽 참조.

(das Nichts)는 아무것도 아닌 것(nichts)으로 간주됨으로써 무에 대한 사유는 철저히 배제되어 왔다. 서양의 사유는 논리학의 지배하에서 무를 하찮은 것 혹은 공허하기 그지없는 것으로 간주하여 무의 본질에 대한 물음을 단 한번도 진지하게 제기한 적이 없다. 더욱이 무의 본질에 대한 몰이해로 말미암아 존재 자체는 그 자신의 고유한 진리 속에서 드러나지 못하고 오히려 감추어지고 은폐되어 철저한 망각의 어둠 속에 머무르게 되었고, 급기야 현대에 이르러 고삐 풀린 기술적 지배의지에 함몰된 인간의 존재망각은 완성된 니힐리즘이라는 그 극단적인 파국의 상황에 이르게 되었다. 바로 이렇게 무에 대한 물음의 부재와 존재의 진리에 대한 물음의 부재로 말미암아 서양의 형이상학은 니힐리즘으로 떨어질 수밖에 없었다고 하이데거는 생각한다. 이런 점에서 무를 배제하고 존재를 망각한 서구 형이상학의 역사는 결국 그 최종적인 단계에 있어서 존재가 아무것도 아닌 것(nichts)으로서 여겨지게 되는 니힐리즘의 역사인 셈이다. 형이상학의 역사가 존재망각의 역사라는 바로 이 점을 우리가 존재사적으로 깊이 통찰하여 숙고해 볼 경우에, 니힐리즘의 본질은 니힐(Nihil)의 감추어진 본질영역으로부터, 즉 존재의 베일로서의 무(das Nichts)의 심연으로부터 드러나 우리에게 알려질 수 있다. 따라서 니힐리즘의 진정한 극복은, 니체가 생각하듯 지상에서의 새로운 가치들을 창조해 나가는 힘에의 의지의 무조건적인 지배권을 확실히 확보해 나가는 방식 속에서 이루어지는 것이 아니라, 서구 형이상학의 역사적 전개과정 속에서 철저히 망각된 존재 자체의 역사적 운명을 그 근원에서부터 새롭게 숙고하는 사유(das besinnliche Denken)를 통해서만 이루어질 수 있을 것이다.

118

이에 니힐리즘을 극복하기 위해 숙고하는 사유는 존재 자체의 시원적인 근원으로 다가갈 것을 우리에게 요구한다.27) 이러한 사유는 사유가가 존재자의 존재를 표상하면서 존재자를 그것의 존재자성에서 근거지으려는 형이상학적인 사유와는 달리, 그 스스로 사유가에게 다가와(angehen) 자기 자신을 내보이는 사태 자체의 말 건넴(Zuspruch)에 조용히 응답하면서 그 뒤를 좇아가는 그런 사유다. 이러한 사유에서는 사유해야 할 근원적인 사태로서의 존재 자체가 존재자 전체의 열린 장 속으로 자기 자신을 보내주어(zuschicken) 존재자를 존재자로서 현존하게 하고(anwesen *lassen*) 탈은폐하면서도, 자기 자신의 고유한 본질영역 속으로 스스로 물러나는 그런 것으로서 경험된다. 그래서 형이상학의 역사 속에 나타난 존재의 다양한 규정들은 단순히 사유가의 자의적인 태도에 의해 일방적으로 형성된 것이 아니라, 각 시대마다 사유가들에게 존재를 현존으로서 탈은폐하면서도 자기 자신의 고유한 본질영역 속으로 스스로 물러나 감추는 존재 자체의 역운적 (geschicklich) 특성으로 말미암아 각인되어 나온 것이라고 하이데거는 사유한다.28) 존재자 전체의 열린 장 속에 자신을 현-존으

---

27) 하이데거, 「존재물음에로」, 『이정표』, 385쪽 참조; 『이정표 1』, 신상희 옮김, 321쪽 참조. "니힐리즘의 본질에 대한 숙고는 존재(×)로서의 존재를 논구하는 가운데 비로소 유래한다." 즉 니힐리즘을 극복하기 위해 니힐리즘의 본질을 숙고하는 사유는 존재 자체가 그 자신의 고유한 본령 속에서 드러나는 그런 본질장소에 대한 해명을 통해서만 비로소 이루어진다는 것이다. 존재 자체의 시원적인 근원과 무가 무화하는 무의 심연은 동일한 차원이다.

28) 하이데거, 『사유의 사태에로(*Zur Sache des Denkens*)』, Tübingen, Max Niemeyer Verlag, 1976, 8쪽 이하 참조.

로서 보내주면서도 스스로 물러나 감추는 존재 자체의 이러한 역운적 특성은 서양 사유의 시작을 특징짓는 결정적으로 중요한 요소다. 서양의 사유가 시작된 이래로 존재 자체는 자신에 의해 보내지는 것으로서의 현-존을 위해 자신의 고유한 본령 속으로 스스로 물러나 감추어지고, 이에 상응하여 사유가는 자신에게 주어진 존재를 받아들여(vernehmen) 그것을 오로지 존재자에 입각하여 존재자의 존재로서 이성적 사유를 통해 규정하며 개념화하기 시작한다. 그러나 이러한 개념화의 작업 속에서 존재는 현-존을 열린 장 속으로 탈은폐하면서도 스스로를 은닉하는 그런 존재 자체로서는 사유되지 못하고, 단지 존재자를 근거짓는 본질존재(존재자성)로서 사유되기 시작한다. 이러한 형이상학적 사유 속에서 존재는 밖에 머물게 되고(aus-bleiben), 자기 스스로를 은닉하는 은닉성 속으로 숨겨진다. 그리하여 현-존을 수여해 주는 존재 자체는 점점 더 망각 속으로 빠져들기 시작하고, 이와 더불어 이러한 존재 자체에게 고유한 진리로서의 비-은폐성 자체의 경험도 허물어지기 시작한다. 그러나 이렇게 발원되기 시작한 서양의 형이상학적 사유의 부단한 전개과정 속에서 역사적으로 각 시대마다 각인된 존재의 다양한 규정들은 단순히 폐기되어야 할 존재의 부정적인 각인들에 불과한 것이 아니라, 존재의 더욱 근원적인 본질을 회상하며(andenken) 사유해 나가기 위한 도약의 발판이자 사유의 귀중한 보고가 된다. 왜냐하면 각각의 시대마다 변화되는 존재의 형이상학적 규정들은 존재 자체의 보내줌(das Schicken)에 의해 숙명적으로 보내어진 것(das Geschickte)으로서 사유되기 때문이다.29) 존재자의 존재로서의 존재자성에 대한 다양한 형이상학적 규정들은 스스로를 현-존으로서 보내주면서도 자기 자신은 물러서는 존재 자체의 에포케(ἐποχή, 자기억제, 삼감)로 말미암아 발생하는 것이기에, 존재의 물러섬은 존재의 다양한 형이상학적 규정들을 각각의 시대마다 관통하고 있다. 존재의 에포케는 그 역사적 진행과정에 있어서 스스로를 덮어가면서 진행하기에, 존재의 시원적 현상은 점점 더 다양한 방식으로 은폐되기에 이른다.30) 존재의 물러섬(밖에 머무름)과 사유가의 존재망각은 그 근저에서 서로 공속하면서 맞물려 진행되고, 이러한 공속적 관계 속에서 존재는 점점 더 망각의 어둠 속으로 빠져들어 최종적으로는 아무것도 아닌 것으로 여겨지게 되며, 이에 상응하여 사유하는 인간의 이성과 자기의식, 그리고 정신과 지배의지는 점차적으로 존재의 주인으로 등장하면서 자신의 지배권을 지상에서 공고히 확보하며 확장해 나간다.

　서양 형이상학의 역사는 이렇듯 존재의 물러섬(Entzug) 혹은 존재의 밖에 머무름(Ausbleib)과 인간의 존재망각이 그 근저에서 서로 공속하여 일어나는 탈-생기(Ent-eignis)의 역사이자 니힐리즘의 역사다.31) 서양의 형이상학적 사유를 특징짓고 있는 사유가의 존재망각과 니힐리즘의 출현은 존재가 존재자에게서 떠나가 버리는(verlassen) 이러한 존재의 물러섬과의 긴밀한 공속적 연관관계 속에서 유래하는 것이기에, 망각의 극복 및 니힐리즘의 진정한 극복은 오로지 존재 자체의 역사적 운명을 근원적으로 통

---

29) 하이데거, 『사유의 사태에로』, 8쪽 참조.
30) 하이데거, 『사유의 사태에로』, 9쪽 참조.
31) "존재자로서의 존재자의 진리의 역사인 형이상학은 그 자신의 본질에 있어서 니힐리즘이다." 하이데거, 『숲길』, 244쪽 참조; 신상희, 『시간과 존재의 빛』, 제3부 제1장, 특히 332쪽 이하 참조.

찰함으로써만 성취될 수 있다. "존재의 역사적 운명으로부터 사유해 본다면, 니힐리즘이라는 낱말의 '니힐(nihil)'은 존재가 아무 것도 아닌 상태(nichts)에 있다는 것을 뜻한다. 존재는 그 자신의 고유한 본질의 빛에 이르지 못한다. 존재자가 존재자로서 나타남에 있어 존재 자체는 밖에 머무르게 된다. 존재의 진리는 빠져나가고, 그것은 망각된 상태로 머물게 된다. 그러므로 니힐리즘은 그 본질에 있어서, 존재 자체와 더불어 일어나는 하나의 역사일 것이다. 또한 존재가 스스로 물러서기 때문에 그것이 사유되지 않은 상태로 머물러 있다고 한다면, 이러한 사실은 존재 자체의 본질 속에 놓여 있을 것이다. 존재 자체는 자신의 진리 속으로 스스로 물러선다."32) 그런데 그리스적으로 경험된 알-레테이아(Ἀ-λήθεια)의 레테의 영역 속으로, 즉 진리의 시원적인 은닉성의 영역 속으로 스스로 물러서는 이러한 존재의 물러섬은, 존재 자체가 그 자신의 진리(비-은폐성) 속에서 고유하게 일어나는 사건으로서의 "생기가 생기하는(das Ereignis ereignet)"33) 그런 본질 영역 속에 깃들어 있다. 이에 존재의 물러섬은 생기의 본질영역으로부터 숙명적으로 발원한다. 이런 점에서 서구 형이상학을 근본적으로 규정하며 특징짓는 존재망각은 존재 자체로서의 생기의 본질영역 속에 귀속해 있는 셈이다.34) 그러므로 생기의 본질영역에 대한 근본적인 통찰을 통해서만35) 우리는 존재망각의 역

---

32) 하이데거, 『숲길』, 244쪽 참조.
33) 하이데거, 『사유의 사태에로』, 24쪽 참조.
34) 하이데거, 「존재물음에로」, 『이정표』, 415쪽 참조; 『이정표 1』, 신상희 옮김, 358쪽 참조. "겉으로는 존재와 단절된 것처럼 보이는 이 망각은 존재의 본질을 엄습하고 있을 뿐만 아니라, 그것은 존재 자체의 사태에 속해 있으며, 존재의 본질의 역사적 운명으로서 편재하고 있다."

사적 진행과정으로서의 니힐리즘의 심연에서 깨어나, 존재망각을 비로소 존재의 물러섬과의 긴밀한 공속적 연관관계 속에 뿌리내리고 있는 그런 망각의 본질현상으로서 경험하면서 니힐리즘을 극복해 나갈 수 있을 것이다. 따라서 니힐리즘의 진정한 극복은 존재망각을 감내하여 초극해 나가는 회상하는 사유(das anden-kende Denken) 속에서만, 달리 말해서 형이상학을 감내하여 초극해 나가는(verwinden) 생기-사유의 과정 속에서만 참답게 이루어질 수 있을 것이다.36) 그러나 우리가 형이상학을 감내하여 초극해 나가기 위해서는 무엇보다도 먼저 형이상학의 본질을 그 은닉된 근본바탕에 있어서 명확히 통찰하여 해명할 수 있어야 할 것이다. 이런 점에서 '형이상학이란 그 본질에 있어서 무엇인가?'라는 물음은 아직도 존재망각과 고향상실의 어둠 속에 배회하고 있는 우리들에게는 새롭게 되물어져야 할 숙고의 과제로서 남아 있을 것이다.

---

35) 이에 대해 필자는 이미 일찍이 『시간과 존재의 빛』(제2부 제2장 참조)에서 상세히 논의하며 해명한 바 있다. 생기가 생기하는 본질영역 속에서 존재 자체는 사유가에게 스스로를 환히 밝히면서 다가와 터-있음의 환히 밝혀진 터 안으로, 즉 시간-공간의 열린 장 안으로 현존을 수여해 주면서도 자기은닉의 시원적인 본령(Eigentum) 속으로 늘 스스로 물러서며 은닉한다. 이런 점에서 존재 자체의 시원적인 자기은닉은 역사적으로 다양한 방식으로 펼쳐지는 존재의 탈은폐와 물러섬을 사유적으로 경험할 수 있는 원천인 셈이다.

36) 하이데거, 「형이상학의 극복」, 『강연과 논문(*Vorträge und Aufsätze*)』, Pfullingen, 1985, 67-95쪽 참조; 하이데거, 「존재물음에로」, 『이정표』, 416쪽 참조; 『이정표 1』, 신상희 옮김, 359쪽 참조. "형이상학을 감내하여 초극함은 존재망각을 감내하여 초극함이다."

사랑, 생명, 자유
평화, 행복, 진리
조화, 균형, 정의
이 모든 것은
이름 없는
단 하나의 샘에서
흘러나옵니다.

제 4 장

서양의 형이상학에 대한 비판과
신적인 신에 대한 사유

"세계의 밤의 시대에는 세계의 심연이 경험되고 감내되어야
한다. 그러나 그러기 위해서는 이 심연에까지 이르는 사람들
이 필요하다."
　　　　　　　　　　 ― 하이데거, 「무엇을 위한 시인인가」에서

　　탈레스 이래로 서양의 사유는 생멸하고 변화하는 현상세계 속
에서 참으로 존재하는 것이 무엇인지를 끊임없이 물음으로 제기
하고 그 물음에 대답해 왔다. 참으로 존재하는 것이 파르메니데
스 이래 '존재'라는 이름을 부여받은 후, 이 존재에 대한 사유야
말로 철학이 되묻고 되물어야 할 삶의 시원이자 사유의 시원에
이르는 길이었다. 이러한 그리스적 시원에서 움터 나온 서양의
유럽적 사유는 플라톤-아리스토텔레스 이래 변화하는 세계상 속
에서 지속적으로 현존하는 것에 대한 주도적 물음으로 제기되면
서 존재자로서의 존재자에 대한 형이상학적 물음으로 그 주된
사유의 방향을 잡는다. 그런데 존재자로서의 존재자를 사유하는
서양의 전승된 형이상학은 존재자 전체를 언제나 지속적인 현존
자 ― 그것이 실체든, 주체든, 정신이든, 물질이든, 의지든 간에

— 의 관점 아래에서만 다양한 방식으로 표상하고 해석해 옴으로써, 그 안에서 존재자가 그 자체로서 드러나 있는 **그대로** 존재하는 근원적 밑바탕으로서의 존재 자체의 근원적 진리에 대해서는 사유의 시야가 짙은 어둠 속에 묻히고 말았다. 하지만 바로 이 어둠이 오늘날 지상에 존재하고 있는 모든 것을 철저히 수량화, 기능화, 자동화, 부품화, 정보화시키면서 도처에서 몰아세우는 현대기술의 본질에 의해 지배되는 가운데 신이 떠나가고 신성이 사라져버린 '세계의 밤'을 낳은 것이라고 한다면, 그리고 이 칠흑 같은 밤에 현대인이 아직도 깊은 잠에 빠져 있다고 한다면, 그렇다면 이제야말로 일찍이 소크라테스가 몸소 보여주었듯 잠든 자들의 혼을 일깨워 진리 속에 머물게 하는 철학의 본래적 사명으로 다가가야 할 때가 아닌가?

그러나 철학의 본래적 사명으로 다가감은 단순히 그리스 철학으로의 지성적 복귀를 의미하는 것은 물론 아니다. 오히려 그것은 존재자의 진리를 해명하여 이에 입각해 존재자의 전 영역을 근거짓고 장악해 나가는 가운데 로고스의 진리 안에 머물던 서양의 그리스적, 유럽적 사유, 즉 형이상학적 사유를 비판적으로 해체하여 이 사유가 발원되어 나온 더욱 근원적 지반 안으로 도약해 들어가는 것이며, 이런 근원적 도약의 도상에서 우리는 비로소 오랫동안 상실되어 잊혀진 인간 본연의 자연본성에 대한 회복을 희망할 수 있다. 따라서 철학의 본래적 사명에 이르는 길은 무엇보다 먼저 존재자로서의 존재자 전체가 드러나는 근원적인 존재의 밑바탕 속으로 들어가 보는 것이며, 아울러 동시에 그 깊이를 잴 수 없는 존재 자체의 성스러운 심연적 밑바탕 속에 우리들 각자가 이미 탈자적으로 머물러 있다는 것을 자각하여 우주만물과 개방적으로 초연히 관계하는 것이야말로 인간본질의 회복에 이르는 길임을 확연히 깨닫도록 인도하는 데에 있다. 필자는 이렇게 존재의 근원이자 인간본질의 근원에서 발원되어 나오기 시작하는 '시원적인' 삶의 밑바탕에 이르기 위하여 전승된 서구 형이상학을 비판적으로 논의하는 가운데 형이상학의 근본 바탕으로 파헤쳐 들어가는 하이데거의 사유의 길에 관해 숙고해 보고자 한다.

1. 형이상학의 존재론적 차이의 망각에 대하여

일찍이 하이데거는 『현상학의 근본문제들』(1927)에서 존재자와 존재의 존재론적 차이를 문제 삼아 숙고한 바 있다. 여기서 그의 논의의 핵심은 존재론적 차이가 스스로 시간화하는 터-있음의 시간적 실존 속에 터잡고 있다는 것이다. 왜냐하면 인간이 실존하고 있는 한에서 그는 막연하게나마 어떤 식으로든 이미 존재를 이해하고 있고, 이런 존재이해를 그의 삶의 기반으로 삼아 다양한 존재자들과 만나면서 행동관계를 맺고 있는 것이며, 따라서 존재와 존재자 사이의 구별은 학문적 탐구로서의 존재론 이전에 이미 인간존재로서의 터-있음의 생활세계적 행동관계 속에 깃들어 있기 때문이라는 것이다. 문제는 이렇게 터-있음의 실존 속에 선술어적으로 속해 있는 존재와 존재자 사이의 구별을 고유하게 물음으로 제기하여 탐구함으로써, 이 구별이 탐구된 구별로서 명확하게 개념 파악될 수 있느냐는 것이며, 이런 숙고의 과정에서 명확하게 개념 파악된 존재자와 존재 사이의 구별을 그는 "존재론적 차이"[1]라고 부른다. 이렇게 그가 존재론적 차이를 일찍이 문제 삼은 핵심적 이유는, '참으로 존재하는 것이란 무엇이냐?'는 물음에 '그것은 물'이라고 대답한 탈레스 이래로— 물론 이 물음 속에서 그는 존재와 같은 어떤 것을 이해하고 있지만, 대답 속에서 그는 존재를 존재자로서 해석하고 있는 셈이다 — 서양의 전승된 형이상학은 참으로 존재하는 것을 어떤 하나의 존재자에 입각해 설명하고 해석해 나가는 가운데 존재 자체를 어떤 하나의 존재자처럼 받아들임으로써 **존재를 망각**하고 있을 뿐 아니라, 이 둘의 근본적 차이를 뒤섞어 버림으로써 **차이 자체를 망각**하였고, 또한 이 차이가 속해 있는 시간적 실존으로서의 **인간존재의 본질을 망각**하고 있다는 근본적 통찰에 기인하는데, 이러한 통찰은 2년 후 『형이상학이란 무엇인가』(1929)라는 그의 교수취임 강연에서 형이상학의 본질에 대한 물음을 제기하고 개진해 나감으로써 서구 형이상학의 비판적 해체의 과정으로 이어진다.

1) '형이상학'이라는 낱말의 역사

형이상학이란 무엇인가? 우리는 이 물음에 직접 대답하기 이전에, 먼저 형이상학이라는 낱말의 역사에 관해 간단히 살펴보고자 한다. 형이상학이라는 낱말은 라틴어 'Metaphysica'에서, 그리

---

1) 하이데거, 『현상학의 근본문제들(*Grundprobleme der Phänomenologie*)』, GA Bd.24, Frankfurt a. M., 1975, §22, 454쪽 참조; 『현상학의 근본문제들』, 이기상 옮김, 문예출판사, 1994, 452쪽 참조. 존재론적 차이에 관한 최근의 담론으로는 다음을 참조하라. 전동진, 『창조적 존재와 초연한 인간』, 서광사, 2002, 특히 47-95쪽 참조.

고 이 낱말은 그리스어 '타 메타 타 퓌시카(τὰ μετὰ τὰ φυσικὰ)'에서 유래한다. '타 메타 타 퓌시카'라는 낱말에 대한 올바른 해명은 형이상학에 대한 근본적인 이해를 위해서 우리가 꼭 집고 넘어가야 할 긴요한 사안이다.

익히 잘 알려 있듯이, '타 메타 타 퓌시카'라는 명칭은 아리스토텔레스 사후에 그의 사상을 추종하던 제자들이 아리스토텔레스의 저작들을 정리정돈하는 과정에서 우연히 붙여 놓은 이름으로서, '자연학 다음에'라는 뜻을 가지고 있다. 좀더 풀어 말하면 다음과 같다. 그 당시 아리스토텔레스 사상에 대한 탐구는 논리학, 자연학, 윤리학이라는 커다란 세 가지 분과들로 분류된 강단철학 내에서 이루어지고 있었는데, 그의 저작을 정리하는 과정에서 아리스토텔레스 자신이 '프로테 필로소피아(πρώτη φιλοσοφία)'라고 지칭한 매우 중요한 문헌이 발견되었다. '제일철학' 즉 본래적인 철학이라고 불리는 이 저술은 전체 안에 있는 자연적 존재자 즉 퓌세이 온타(φύσει ὄντα) 자체에 대한 물음과 존재자의 존재로서의 우시아(οὐσία)에 대한 물음을 제기하면서, 이러한 존재자의 근본성격이 생성과 소멸이라는 운동 안에 놓여 있는 한에서 존재자 전체를 움직이게 하는 최초의 운동 원인이자 궁극적인 것으로서의 신적인 것(θεῖον)에 대한 물음을 포괄하는 근본적인 사유를 그 주된 내용으로 삼고 있다. 그런데 이 저술은 앞에서 언급된 세 가지 분과 중 어느 한 분과 속에 속할 수 있는 성질의 것이 아니어서, 제자들은 고민하게 되었고, 고심 끝에 그들은 이 저술을 자연학 뒤에(μετὰ τὰ φυσικὰ) 세워두었다. 그리하여 본래적인 철학은 '타 메타 타 퓌시카'라는 칭호를 얻게 된다. 우리가 형이상학이라고 부르는 이 명칭은 이렇듯 내용적으로는 아무것도 말하고 있지 않는 아주 우연히 형성된 표현에 지나지 않는다.

그러나 그 이후 언제부터인가 이 명칭은 하나의 근본적인 내용을 함의하게 되면서, 그 어순은 라틴어로 'Metaphysica'라고 합해져 불리기 시작한다. 이렇게 되면서 '자연학 다음에(post Physica)'라는 순전히 장소적 의미만을 가지고 있던 '메타'의 의미가 변화하기 시작한다. 이제 메타는 하나의 사태로부터 다른 하나의 사태로 떠나감, 전환함, 초월함이라는 의미를 갖게 된다. 즉 개별적인 존재자로서의 퓌시카로부터 존재자의 일반적이고 보편적인 특성 및 본래적인 존재자에게로 향해 나가는 태도의 근본적인 전환(trans)이 일어난다. 그리하여 형이상학은 변화하는 감성적인 것 너머에 놓여 있는 초감성적인 것, 즉 지속적으로 현존하는 것에 관한 참된 인식으로서의 학문을— 즉 프로테 필로소피아를— 내용적으로 지칭하는 명칭이 된다. 형이상학이라는 이러한 명칭의 변화는 결코 사소한 것이 아니다. 오히려 이러한 명칭의 전환은 서구 형이상학의 운명을 암암리에 결정짓고 있다.

존재자 전체에 대한 물음을 제기하면서 하나의 존재자를 존재자로서 근거짓는 다른 본질적 존재자 혹은 초월적 존재자에게로 소급해 들어가는 가운데 자신의 물음을 전개하는 서구의 형이상학은 존재를 존재자의 존재자성[실체성]으로 파악하였던 플라톤-아리스토텔레스 이래로 모든 것의 보편적 근거를 탐구하거나 궁극적인 원인 또는 최고 존재자로서의 신을 중심으로 하여 존재자 전체의 존재영역을 질서지으면서 규정하고 장악하려는 존재-신-론(Onto-theo-logie)이다. 존재-신-론으로서의 형이상학은 그러나, 존재와 존재자 사이의 존재론적 차이를 차이 그 자체로서 고유하게 경험하지 못했고, 따라서 존재 자체를 그것의 고유한 진리 속에서 사유할 수 없었다. 그래서 서구의 형이상학은 처음부터 존재망각의 영역 속을 배회하면서 존재자의 존재를 근거짓는 존재자성을 다양한 방식으로 표상할 수밖에 없었으며, 이러한 표상적 사유방식으로 말미암아 존재가 빠져나가 밖에 머무는 존재이탈의 영역에서 스스로를 전개할 수밖에 없었다.

그런데 여기서 우리는 메타(μετâ)의 숨겨진 또 다른 의미에 관해 새롭게 주목해 볼 필요가 있다. 메타라는 말은 그리스어 메토도스(μέτοδος, 방법) 혹은 메티에나이(μετιέναι) 즉 '뒤따라 가다', '뒤좇아 가다'라는 뜻을 지닌 낱말들과의 연관성 속에서 사유될 수도 있다. 내가 하나의 사태를 뒤좇아 갈 경우에, 자의적으로 내가 하나의 사태로부터 다른 하나의 사태로 ― 즉 감성적인 존재자로부터 이것을 근거짓는 초감성적인 존재자에게로 ― 넘어가는 것이 아니라, 그 하나의 사태가 자기 자신 안에서 스스로를 열어 보이면서 자기 자신을 있는 그대로 드러내 보이는 그런 내보임의 길(ὁδος, 호도스)을 따라(μετâ), 즉 존재의 빛에 따라 조용히 응대하면서 따라가는 것이다. 사태 자체의 자기현시(Sichzeigen)에 따라 사태 자체에게로 접근해 가는 이러한 현상학적인 방법에 따라 사유할 경우에, 메타 타 퓌시카로서의 형이상학은 '퓌시스(존재)에 따라' 사유하고 행위하는 시원적인 앎의 행위가 될 것이다.

우리가 여기서 지적한 세 번째 의미에 대해 조용히 숙고하기 위하여, 우리는 먼저 메타 타 퓌시카(μετὰ τὰ φυσικὰ)라는 낱말 안에서 마지막으로 지칭되고 있는 '퓌시카'라는 낱말의 뜻에 대해 생각해 본다. '퓌시카'라는 낱말 안에는 우리가 흔히 '자연'이라고 번역하는 '퓌시스(φῦσις)'라는 말이 깃들어 있다. '퓌시스'의 동사 '퓌에인(φῦειν)'은 '피어나다, 자라나다, 성장하다'를 의미한다. 따라서 '퓌시스'란 '피어나고 있는 것(피어남), 자라나고 있는 것(자라남), 성장하고 있는 것(성장함)'을 의미한다. 여기서 피어나고 자라나고 성장하고 있는 것은 단지 좁은 의미에서의 동식물들의 자람과 성장만을 뜻하는 것이 아니며, 심지어 오늘날의 생물학적인 견지 안에서 이해될 수 있는 자연적인 진행과정을 뜻하지 않는다. '퓌시스'란 인간이 태어나서 성장하다가 죽음을 맞이하기까지 인간의 운명과 삶의 역사를 두루 지배하며 포괄하고 있는 **자연적인 존재자 전체의 보편적인 주재함**을 뜻한다. 다시 말해서, '퓌시스'란 해와 달의 솟아오름과 저물어감에 따라 일어나는 낮과 밤의 교체, 사계절의 변화, 수많은 별들의 운행, 하늘과 땅과 바다의 한가운데에서 언제나 변화무쌍하게 일어나는 거대한 자연의 기후 변화, 이 모든 것과 함께 그 스스로 자생적으로 그리고 자발적으로 어우러져 일어나는 그런 자연적 사건으로서의 피어남과 자라남, 성함을 뜻한다. 인간의 삶 전체를 두루 지배하고 있는 퓌시스의 이러한 보편적인 전개를 우리는 학문 이전에 언제나 늘 우리들 자신의 생활세계 속에서 직접적으로 경험하고 있다. 우리는 그러한 사건이 우리에게 다가와 우리 자신을 지탱하면서 다스리고 있는 그런 것으로서, 즉 그 스스로 피어나 성하면서 **존재하고 있는** 그런 것으로서 이해하고 있다.

그런데 초기 그리스 사상가인 헤라클레이토스는 이러한 것으로서의 "퓌시스는 스스로를 숨기기를 좋아하기"(단편 123) 때문에, 인간이 행할 수 있는 최상의 지혜(σοφός)는 "숨겨져 있지 않은 참된 것(ἀληθέα)을 말하면서(λέγειν), 퓌시스에 따라(κατὰ φύσιν) 행하는 것"(단편 112)이라고 일찍이 말한 바 있다. 놀랍게도 이 짧은 문장 안에는 소피아, 알레테이아(진리), 퓌시스, 로고스의 긴밀한 연관관계가 매우 비밀스럽게 제시되고 있다. 존재자 전체의 조화로운 주재로서의 퓌시스는 스스로 피어올라 성하면서도 언제나 스스로를 숨기려는 성향이 있기에, 지혜로운 인간이라면 이러한 퓌시스의 비밀스러운 섭리에 따라 스스로 순응하면서 살아가되, 그가 진정 인간답게 살고자 한다면, 그에게는 또한 퓌시스의 숨겨져 있는 자생적인 본질성격에서부터 그것을 탈은폐하여 있는 것을 있는 그대로 밝게 드러내는 숙고[로고스]의 행위가 요구된다는 것이다.

이러한 방식으로 사유하였던 초기 그리스 사상가들을 우리는 흔히 자연철학자, 즉 퓌시올로고이(φυσιολόγοι)라고 부르는데, 그들은 존재를 퓌시스로서 시원적으로 경험하기는 하였으나, 이러한 존재경험을 사유의 언어로 충분히 길어오지 못함으로써 플라톤 이후 이러한 존재경험은 서서히 허물어져 망각 속에 빠지게 되고, 이러한 망각 속에서 전개된 서구 형이상학은 니체에 이르러 허무주의의 극단적인 완성으로 귀결된다고 하이데거는 진단한다. 하이데거가 보기에 서구 형이상학의 역사는 존재망각의 역사이며, 이는 달리 말해서 니힐리즘의 역사다. 물론 니체도 서구 형이상학의 역사를 니힐리즘의 역사적 전개과정으로 바라보면서 자신의 가치사상을 통해 니힐리즘의 역사를 극복하고 새로운 문명적 패러다임을 열어놓고 있다고 확신하고 있으나, 하이데거가 보기에는 니체의 가치사상도 또한 니힐리즘의 역사를 진정으로 극복한 것이 아니라 니힐리즘의 역사를 완성한 서구 형이상학의 완성자에 지나지 않을 뿐이다. 니힐리즘의 역사를 진정으로 극복하기 위해서는 니힐리즘의 본질이 거기에 뿌리내리고 있는 니힐, 즉 무(無, Nichts)의 본질영역에 대해 심층적으로 사유해 보아야 한다고 하이데거는 역설한다.

2) 무의 본질에 대한 물음

"도대체 왜 존재자이며 오히려 무가 아닌가?"라는 이미 잘 알려진 하이데거의 이 물음은 형이상학의 은닉된 근본바탕 속으로 소급해 들어가려는 하나의 형이상학적인 근본물음이다. 그는 자신의 교수취임 강연에서 서구의 형이상학이 존재자 자체를 탐구하고 세계를 해석하는 과정에서 철저히 배제해 버린 무에 관한 이 물음을 제기하고 있다. 무는 존재하는 모든 것에 대한 완전한 부정으로서 존재자와는 단적으로 다른 것이고, 따라서 존재자와의 존재론적 차이에서 비로소 여실히 경험될 수 있는 것이다.2) 이런 점에서 "차이로서의 무"3)는 존재와 동일한 것인데, 이러한 것으로서의 본래 시원적인 무의 경험은 지성의 논리적 활동 속에서 이루어지는 것이 아니라, 오히려 깊은 권태감 속에서 혹은 더 나아가 현대인의 삶의 위기를 일깨우는 불안이라는 근본기분 속에서 이루어진다고 그는 보고 있다. 어느 날 세상만사가 무상하게 여겨질 때, 우리의 마음 깊은 곳에서는 우리 자신을 포함해

---

2) 하이데거, 『형이상학이란 무엇인가(*Was ist Metaphysik?*)』, Frankfurt a. M., 12판, 1981, 27쪽 이하 참조; 『이정표 1』, 신상희 옮김, 한길사, 2005, 155-157쪽 참조.

3) 하이데거, 『이정표(*Wegmarken*)』, GA Bd.9, Frankfurt a. M., 1976, 312쪽 주석 참조; 『이정표 1』, 신상희 옮김, 187쪽 참조.

일체의 모든 사건들과 사물들을 모조리 걷잡을 수 없는 무관심 속으로 휘몰아 버리는 묘한 기분이 일어나기도 하는데, 이런 기분 속에서는 존재하는 일체의 것이, 즉 존재자 전체가 뒤로 아스라이 물러나며 꺼져가게 된다. 그런데 바로 이 드문 순간이야말로 존재자 전체가 완전히 부정되면서 그 텅 빈 한가운데 처해 있는 우리가 무 자체와 직면하게 되는 고귀한 시간이다. 이러한 시간은 매우 드물기는 하지만 불안이라는 근본기분 속에서 피어오르는데, 이러한 기분 속에서는 존재자 전체가 썰물처럼 뒤로 쑥 빠져나감으로써 우리가 붙잡아 의지할 것이란 '아무것도 없다'는 유일무이한 사건만이 우리에게 섬뜩하게 엄습해 온다. 그래서 그는 "불안이 무를 드러낸다"고 말한다.4) 불안이라는 근본기분 속에서 실은 무 자체가 존재자 전체를 쑥 빠져나가게 밀어내면서 스스로를 드러내고 있었던 것이며, 이렇게 스스로 무화하는 무의 텅 빈 충만 속에서 우리는 말을 잃고 깊은 침묵 속에 잠기게 된다. 그러나 이 깊은 침묵은 우리에게 스스로를 알려오는 무에 대한 무성의 소리 없는 응답이며, 이 응답 속에서 우리는 우리들 자신의 존재의 근본바탕이자 존재자 전체의 근본바탕이 무화하는 무의 심연 속에 터잡고 있음을 깨닫게 된다.

존재자 전체와는 단적으로 다른 것으로서 이렇게 무화하는 무는 존재자 전체를 감싸 안고 있으면서도 각각의 존재자를 그 존재자로서 있는 그대로 여실히 드러내는 열린 장이며, 따라서 각자에게 자신의 고유한 현존을 허용해 주면서도 스스로를 숨기는 존재 자체의 트인 장(환한-밝힘)이다. 이렇게 "불안이라는 무의

---

4) 하이데거, 『형이상학이란 무엇인가』, 32쪽 참조; 『이정표 1』, 신상희 옮김, 160쪽 참조.

밝은 밤에"[5] 존재자는 그 자체로 근원적으로 드러나 밝혀지게 되는데, 서구의 형이상학은 이렇게 드러나 밝혀진 존재자 자체에게만 자신의 학문적 탐구의 시선을 집중하여 그것의 존재자성을 존재라는 이름하에 다양하게 해석하였을 뿐, 존재자 전체를 전일적으로 앞서 드러나게 하면서도 스스로는 감추면서 물러나는 존재 자체의 역동적 사건으로서의 무의 근원적 본질에 대해서는 전혀 사유하지 못했다. 그러나 오직 무화하는 무가 근원적으로 드러나는 존재의 근본바탕 위에서만 우리는 존재하는 것을 존재하는 것으로서 온전히 맞이할 수 있고 각각의 존재자들에게 관여해 들어갈 수 있다.[6] 그러므로 있는 것을 있는 그대로 맞이하며 소박하게 꾸밈없이 살아가는 인간존재의 시원적인 삶의 근본바탕은 그때마다 이미 근원적으로 드러나 있으면서도 부단히 스스로 무화하는 무의 텅 빈 충만으로부터 유래하는 것이어서, 바로 이 무의 바탕 없는 바탕이 우리들 각자의 시원적인 삶의 근본바탕인 셈이다.

무는 존재자 전체가 전일적으로 드러나는 터전이기에, 이러한 터에 처해 있는 인간존재의 시원적 본질로서의 터-있음이란, "무 속으로 들어가-머물러-있음(Hineingehaltenheit in das Nichts)"[7]이며, 아울러 죽음을 향해 스스로 기투하고 초연히 결의해 나가면서 이러한 "무의 자리를 지키는 자(Platzhalter des Nichts)"[8]

---

5) 하이데거, 『형이상학이란 무엇인가』, 34쪽 참조; 『이정표 1』, 신상희 옮김, 163쪽 참조.

6) 하이데거, 『휴머니즘에 관한 서한(*Brief über den Humanismus*)』, Frank-furt a. M., 초판, 1949, 44쪽 참조.

7) 하이데거, 『형이상학이란 무엇인가』, 35쪽 참조; 『이정표 1』, 신상희 옮김, 164쪽 참조.

다. 인간은 이러한 터-있음으로서 저마다 자기존재의 본질적인 터전으로서의 무 속으로 들어가 스스로 머무르면서 이미 존재자 전체를 넘어서고 있기에, 터-있음의 터는 존재자로부터 존재에로의 초월이 일어나는 근본터전이며, 이러한 터전에서 이미 존재와 공속하고 있는 인간은 존재자와 참답게 관계할 수 있고 자기 자신과도 참다운 관계를 맺을 수 있다. 이런 점에서 무가 근원적으로 드러나는 바탕 없는 심연적 바탕(ab-gründiger Grund)은 "그 안에서 인간이 마치 상주하는 고향에 머무는 듯한 아늑함을 느끼게 되는 장소이자 인간의 본질이 거주하는 근원적 장소"이며,9) 따라서 이러한 무의 심연적 바탕은 우리가 저마다 자유롭게 자기 자신으로 존재할 수 있고 또 그렇게 존재하는 참나의 발현장소이자 자유의 대광장이다. 이러한 자유의 대광장에서 인간은 그가 만나는 존재자를 위해 존재의 진리를 참답게 보존하고자 자신의 탈자적 본질을 아낌없이 소모하며 희생한다. 이렇게 자유롭게 희생하는 청정한 마음속에서는 "인간에게 가난의 고귀함을 보장해 주는"10) 존재의 은총의 빛이 충만해짐으로써 이러한 은총에 대한 말없는 감사가 피어오른다. 희생 속에 스며 있는 감사하는 마음은 존재와의 개방된 연관 속에 존재의 진리를 파수하고 간직하도록 존재 자체가 자신의 고유한 진리의 빛을 인간의 생-기된(er-eignet) 본질에게 건네주었던 그 무한한 호의를 알고

---

8) 하이데거, 『형이상학이란 무엇인가』, 38쪽 참조; 『이정표 1』, 신상희 옮김, 169쪽 참조.

9) 하이데거, 『형이상학이란 무엇인가』, 47쪽 참조; 『이정표 1』, 신상희 옮김, 180쪽 참조.

10) 하이데거, 『형이상학이란 무엇인가』, 50쪽 참조; 『이정표 1』, 신상희 옮김, 184쪽 참조.

있다. 따라서 무의 심연으로부터 시원적으로 존재의 진리를 사유하며 파수하는 가운데 무상한 "존재자와 결별하는" "시원적 사유"는 근원적으로 "존재의 은총에 대한 메아리"다.11) 인간은 그가 살아가고 숨쉬는 거친 세상 속에서 이 메아리의 울림을 전파하기 위해 사랑하고 희생하고 봉사하고 헌신하고 감사하는 가운데 무가 무화하고 존재의 진리가 생기하는 터-있음의 성스러운 터전 속에 사유하고 행위하며 거주한다.

무는 존재자 전체의 드러남을 가능하게 한다는 점에서, 그리고 이 무가 존재자를 존재자로서 현존하게-하면서도(anwesen-*lassen*) 이러한 현존자의 현존을 비-은폐성의 열린 장에 수여하는 존재 자체의 스스로를 은닉하는 고유한 본령(Eigentum) 속에 근원적으로 속해 있다는 점에서, 존재와 무는 동일한 것이며,12) 따라서 인간존재는 존재와 무의 수호자, 다시 말해 이기상 교수가 강조하듯 '없이 있음'의 수호자다. 그는 이렇게 말한다: "인간만이 이러한 '없이 있음'을 이해하며 그것과 어떠한 형태로든 관계 맺을 수 있다. 왜냐하면 인간은 자신의 있음 안에서 바로 이러한 없이 있음의 위력을 느끼고 있기 때문이다. 인간은 자신의 있음과 모든 다른 존재하는 것의 있음 안에 성(盛)하고 있는 '없이 있음'이 불러일으키는 '바람'에 끌리며 흔들린다."13) 우리가 마치 성스러운 숨결과도 같은 이러한 바람에 이끌려 공(空)한 마음의 한가운

---

11) 하이데거, 『형이상학이란 무엇인가』, 49-50쪽 참조; 『이정표 1』, 신상희 옮김, 184쪽 참조.

12) 하이데거, 『이정표』, 115쪽 주석 및 306쪽, 382쪽 참조.

13) 이기상, 『하이데거의 존재사건학』, 서광사, 2003, 410쪽 참조; 『철학노트』, 까치, 2002, 96쪽 이하 참조.

데 서 있게 될 때, 존재자는 아주 낯선 모습으로 우리에게 다가
와 경이로움을 불러일으키는 오묘한 것으로 드러난다. 바로 이러
한 순간이야말로 "존재자가 존재한다"는 경이로운 사건14) 앞에
우리가 적나라하게 직면하는 성스러운 시간이며, 이러한 시간 속
에서 철학함은 피어오르는 것이기에, 그 시간은 철학이 시원적으
로 태동하는 본래적 시간이다. '존재자가 **존재한다**'는 이 경이로
운 사건 앞에서의 놀라움은, 그것이 '존재자, 그것은 무엇인가'라
는 존재자 자체에 대한 물음으로 제기되어 전개되어 나가기 이
전에, 오히려 그에 앞서 그러한 존재자를 존재자로서 그 전체에
있어서 드러내는 '없이 있음'에 대한 물음을 진지하게 내던지도
록 우리들 자신의 본질을 낚아채 간다. 이렇게 우리들 자신의 존
재를 물음의 한가운데 속으로 몰아세우는 바로 이 물음이 서구
의 전승된 형이상학 전체를 포괄하며 장악하는 근본적인 물음으
로서 하이데거가 일찍이 제기하였던 무에 대한 물음, 즉 "도대체
왜 존재자이며 오히려 무가 아닌가?"라는 물음이다.15)

3) 형이상학의 존재-신-론적 구성틀

무에 대한 이 물음은 존재자를 그 자체로서 그리고 그 전체에
있어서 파악하고 해석하기 위해 존재자를 넘어서 그 존재자가
드러나는 근본바탕으로서의 존재의 진리의 열린 장에 대한 물음

---

14) 하이데거, 『형이상학이란 무엇인가』, 47쪽 참조; 『이정표 1』, 신상희 옮
김, 180쪽 참조.
15) 하이데거, 『형이상학이란 무엇인가』, 42쪽 참조; 『이정표 1』, 신상희 옮
김, 174쪽 참조.

이므로, 그것은 언제나 존재자로서의 존재자만을 사유하면서 이 영역 안에서만 움직이는 서양의 전승된 형이상학에게는 철저히 닫힌 생소한 물음이다. 서양의 형이상학적 사유는 어디에서나 존재자로서의 존재자 전체를 이중적인 방식의 존재자성에 입각해 표상하는바, 그것은 곧 존재자의 가장 보편적인 특징으로서의 일반자에 있어서 표상하는 동시에 모든 존재자를 근거짓는 최고의 존재자로서의 신적인 존재자에 있어서 표상하므로, 형이상학은 그 본질에 있어서 존재론인 동시에 신론이며, 따라서 존재자의 진리 안에 머무는 존재-신-론적 구성틀을 그 본질로 갖는다.16) 형이상학의 역사 속에서 존재자의 존재로서의 존재자성은 근거짓는 근거(λόγος)로서 사유되었으며, 이 근거짓는 근거는 변화의 흐름을 넘어 지속적으로 현존하는 것으로서의 보편근거로서 혹은 더 이상 근거지을 수 없는 최초의 근거이자 최상의 근거로서의 신적인 존재자로서 사유되었다. 이런 점에서 형이상학은 이러한 근거로서의 보편존재에 입각하여 존재자로서의 존재자를 탐구하여 그것의 근거를 해명해 들어가는 '존재-론'일 뿐 아니라, 동시에 이러한 최고근거로서 파악된 신적 존재자에 입각하여 자연과 역사 전체 즉 존재자의 영역 전체를 정초하려는 '신-론'이며, 이 둘은 서로 근거지음의 연관 전체를 자신의 학문적 탐구 대상으로 간주한다는 점에서 공통된 통일성의 논리를 갖는다.

존재-론과 신론이 존재자 자체의 근거를 파헤치며 존재자로서의 존재자를 그 전체에 있어서 정초하고 있는 한, 이 둘은 존재자의 이중적이면서도 통일적인 근거로서의 존재에 관하여 설명

---

16) 하이데거, 『동일성과 차이(*Identität und Differenz*)』, Pfullingen, 1957, 45-51쪽; 『동일성과 차이』, 신상희 옮김, 민음사, 2000, 45-51쪽 참조.

하고 논하는 로고스의 논(論)들이다. 이런 점에서 형이상학의 본질구성틀은 존재-신-론이다. 그런데 이렇게 존재-신론적 구성틀 속에 빠져 있는 서양의 형이상학적 사유는 언제나 존재자를 오로지 지속적인 현존자 혹은 자기원인으로서의 최고의 존재자의 관점 아래에서만 표상하고 설명하여 장악하려 할 뿐, 존재자가 존재자로서 드러나도록 그 시야를 밝혀주고 있는 존재의 빛에 대해서는 사유한 적이 없으며, 또 이렇게 존재자를 드러나게 하면서도 그 자신은 탈은폐된 존재자를 위해 스스로 물러나면서 은닉하는 이러한 존재 자체를 언어에로 가져오지도 못한다. "형이상학은 존재를 그 자신의 진리에 있어서 사유하지 못하며, 이 진리를 비은폐성으로, 그리고 이 비은폐성을 그 본질에 있어서 사색하지 못한다."17) 그러므로 존재의 진리가 고유하게 생기하며 일어나는 열린 장으로서의 무화하는 무의 심연에 대한 물음은 "형이상학의 은닉된 근본바탕"18)으로 귀환해 들어가 전승된 형이상학을 비판적으로 해체하여 극복하려는 근본물음인 셈이다.

4) 존재망각의 극복과 형이상학의 극복

이런 맥락에서 하이데거는 다음과 같이 말한다: "형이상학은 그 어느 곳에서도 존재의 진리에 대한 물음에 대답하지 않는다. 왜냐하면 형이상학은 도대체 그러한 물음을 제기하지도 않기 때

---

17) 하이데거, 『형이상학이란 무엇인가』, 11쪽 참조; 『이정표 1』, 신상희 옮김, 130쪽 참조.
18) 하이데거, 『형이상학이란 무엇인가』, 17쪽 참조; 『이정표 1』, 신상희 옮김, 139쪽 참조.

문이다. 형이상학은 존재자로서의 존재자를 표상함으로써만 존재
를 사유하기에, 형이상학은 그러한 물음을 던지지 않는다. 형이상
학은 존재자 전체를 생각하면서 존재에 관하여 말한다. 형이상학
은 존재를 언급하기는 하지만, 그것은 존재자로서의 존재자를 의
미하는 것이다. 형이상학의 발언은 그 시작에서부터 그 완성에
이르기까지 기이하게도 철저히 존재자와 존재를 혼동하고 있
다."19) 이러한 혼동은 존재자를 존재자로 현존하게 하기 위해 그
스스로 존재자에게로 건너오는 존재의 건너옴(Überkommnis des
Seins)과 존재의 열린 장에 도래하여 탈은폐되어 간직되는 존재
자의 도래(Ankunft des Seienden) 사이의 차이 자체에 대한 망
각, 다시 말해 존재와 존재자 사이의 존재론적 차이에 대한 망각
에 그 뿌리를 내리고 있다.20) 그런데 하이데거는 이러한 차이에
대한 망각을 단순히 인간 사유의 실수나 착오로 간주할 것이 아

---

19) 하이데거, 『형이상학이란 무엇인가』, 11쪽 이하 참조; 『이정표 1』, 신상
    희 옮김, 132쪽 참조.
20) 하이데거, 『동일성과 차이』, 56쪽 참조; 『동일성과 차이』, 신상희 옮김,
    56쪽 참조. 필자는 일찍이 형이상학의 역사 속에서 망각된 이 차이의 본
    질유래에 관하여 숙고하고 논의한 적이 있으므로(『시간과 존재의 빛』,
    한길사, 2000, 420-440쪽 참조), 여기에서는 이에 관한 상세한 담론은
    생략하기로 하고 핵심논점만 간략히 지적하고자 한다. 존재와 존재자 사
    이에서 망각된 차이는 존재의 탈은폐하는 건너옴과 존재자의 간직되는
    도래함 사이에 편재하는 긴밀한 공속적 연관관계로서의 품어-줌(Austrag,
    내어-줌)이며, 바로 이 품어-줌이 다른 시원적 사유의 영역 안에서 비로
    소 경험되고 사유된 차이로서의 차이 즉 사이-나눔이다. 그런데 존재의
    진리의 열린 장 안에서 펼쳐지는 이러한 품어-줌의 사태관계가 망각되
    고 은닉될 때, 형이상학의 시야 영역 안에서는 존재(존재자성)와 존재자
    사이의 차이가 단순히 근거짓는 존재와 근거지어진 존재자의 근거지음
    의 정초관계 혹은 인과관계로서 사색될 뿐이다.

144

니라 서양의 정신문명의 역사적 전개과정에서 끈질기게 일어난 하나의 역운적인 존재사건으로 사유할 것을 촉구하고 나선다. 즉 형이상학이 존재자를 표상하고 설명하여 장악해 나가는 그 자신의 사유방식으로 말미암아, 형이상학이 자기 자신도 모르게 '인간의 본질에 대해 스스로 생기하며 다가오는 존재 자체의 시원적 연관과 이러한 존재의 진리에 대해 생기된 채 기투하며 간직하는 인간본질의 시원적 관계'를— 즉 이 둘이 전회적으로 맞물려 있어서 결코 갈라낼 수 없는 불일불이적 공속적인 연관관계를— 인간에게서 가로막아 버림으로써, 존재가 존재자에게서 멀리 떠나가 버리고 그리하여 이러한 존재의 부재(Ausbleib, 밖에-머무름)가 인간으로 하여금 전적으로 존재자에게만 매달리게 함으로써 존재 자체가 그 자신의 고유한 진리의 본령 속에 철저히 은닉되고 감추어져 망각되고만 탈-생기(Ent-eignis)의 사건21)으로 사유할 것을 촉구한다. 탈-생기의 사건이란 '존재의 진리의 스스로-물러섬(Sich-Entzug)에 의한 존재자의 존재이탈(Seinsverlassenheit, 존재의 밖에-머무름)'과 '인간의 존재망각'이 상호공속적으로 어우러져 역사적으로 발생하는 생기(Ereignis)의 비본래적 생성방식을 가리킨다. 즉 존재자의 존재를 존재자성으로 표상하여 그것을 사유의 체계 속에 장악해 넣으려고 의욕하는 인간에 대해 자신의 고유한 진리의 본령 속으로 스스로 물러나 자기 자신을 내보이기를 완강히 거부하는 존재의 진리의 탈-생기하는 던져옴과 이렇게 스스로를 거부하며 감추는 존재의 진리에 대해 탈-생기된 채 기투하는 인간존재의 상호공속적 통일구조 속에서

---

21) 탈-생기의 사건에 대한 상세한 논의는 필자의 다음의 글을 참조하시오. 『시간과 존재의 빛』, 287-302쪽 및 333-338쪽 참조.

탈-생기의 사건은 역사적으로 발원하는데, 이것이 제1시원의 역사로서의 형이상학의 역사를 구성한다.

존재자 전체의 영역을 플라톤의 이데아, 아리스토텔레스의 우시아, 중세의 신, 그리고 근세의 자기의식의 자기확실성에 입각하여 표상하고 제작하며 장악 가능한 것으로 여겼던 인간의 탈-생기된 형이상학적 의지는 모든 것을 부품화하는 현대 기술문명에 이르러 그 극에 다다른다. 자연과 역사는 인간의 의지에 따라 얼마든지 예측 가능하며 이용, 채취할 수 있는 대상이 되었을 뿐아니라 이러한 작업에 인간은 모든 노동력을 총동원하여 노동의 산물을 교환하며 매우 분주하게 떠밀려 살아간다. 이런 과정에서 인간 역시 유희의 상품으로 여겨진다든지 혹은 기술화된 하나의 부품으로 전락됨으로써 인간의 자기상실은 가속화된다. 그런데 이러한 탈-생기의 사건이 현대인의 삶을 속속들이 지배하고 있음을 통찰하게 되었을 때, 사유가는 존재가 떠나가 버린 황량한 현실 앞에 경악스러움을 느끼며 소스라치지 않을 수 없을 것이다. 그래서 하이데거는 이러한 "존재의 망각을 경험하고 이 경험을 인간에 대한 존재의 연관 속으로 받아들이면서 그 연관 속에 참답게 간직하기 위해" 이러한 탈-생기의 역운적 사건을 불안 속에서 끝까지 견지해 내면서 존재사적으로 이러한 "존재의 망각에 주목하고자 애쓰는 노력"이야말로 형이상학을 극복하기 위한 사유의 필연적인 노력이라고 생각한다.22)

---

22) 하이데거, 『형이상학이란 무엇인가』, 13쪽 참조; 『이정표 1』, 신상희 옮김, 133쪽 참조. 이런 점에서 형이상학을 극복하기 위한 사유의 길은 탈-생기로부터 생-기에로의 역사적 이행과정을 뜻하는 데, 이러한 존재사적 이행과정을 조망하기 위한 전체적인 시각궤도는 1936-38년에 집필된

그런데 존재자와 존재의 존재론적 차이의 망각 속에 이미 깃들어 있는 이러한 존재의 망각은 터-있음으로서의 인간존재의 본질에 대한 망각을 처음부터 근원적으로 동반하고 있다. 그 이유는 다음과 같다. 즉 존재의 진리가 근원적으로 일어나는 그 터전은 인간이 죽을 자로서 "집 짓고 거주하고 사유하면서"[23] 탈자적으로 살아가며 사랑하고 감사하고 돌보고 헌신하는 시원적인 삶의 터전으로서의 터-있음의 개방된 터 이외에 다른 어떤 곳이 아니다. 그런데 바로 이러한 터-있음의 터가 무가 무화하는 비-은폐성의 열린 장이자 "존재 자체가 스스로를 알려오고 은닉하며 수여하고 물러나기도 하는"[24] 그런 열린 장인 한에서, 존재 자체의 망각이란 존재 자체가 고유하게 경험될 수 있는 이러한 열린 장에 대한 망각인 셈이며, 이러한 망각은 이러한 열린 장으로서의 존재의 진리의 터전에 개방적으로 서 있는 터-있음에 대한 망각, 다시 말해 "인간의 탈자적-실존론적 본질"[25]에 대한 망각을 필연적으로 동반하지 않을 수 없기 때문이다. 더욱이 존재의 진리가 생기하는 그 터전은 신적인 것이 우리에게 눈짓으로 알려오는 성스러운 자리이기에, 열린 장으로서의 터-있음의 터에 대한 망각은 니체가 예리하게 통찰하여 단언했듯 신이 떠나가고

『철학에의 기여(*Beiträge zur Philosophie*)』에서 처음으로 체계적으로 형성된다.

23) 하이데거, 「건축함 거주함 사유함(Bauen Wohnen Denken)」, 『강연과 논문(*Vorträge und Aufsätze*)』, Pfullingen, 1985 참조.

24) 하이데거, 『형이상학이란 무엇인가』, 15쪽 참조; 『이정표 1』, 신상희 옮김, 137쪽 참조.

25) 하이데거, 『형이상학이란 무엇인가』, 16쪽 참조; 『이정표 1』, 신상희 옮김, 137-138쪽 참조.

신성이 사라져버린 허무주의(Nihilism)의 시대상을 필연적으로 초래하지 않을 수 없다.

그러므로 하이데거가 『존재와 시간』 이래 형이상학을 극복하기 위해 걸어왔던 그의 유일무이한 사유의 길에서는 서양 사유의 역사적 전개과정 속에 점차적으로 심화되어 왔던 존재의 망각을 그 자체로서 경험하여 망각의 오랜 거미줄을 걷어내려는 다양한 사색의 노력과 아울러, 이성적 동물이라는 혹은 사유하는 정신 혹은 순수의식이라는 사유의 주체성으로부터 인간의 본질을 규정하려고 한 온갖 시도들의 한계를 넘어 늘 우리에게 시원적으로 말 걸어오는 존재 자체로부터 이러한 존재가 그 자체로서 본래 존재하고 있는 비-은폐성의 열린 장 안에서 인간존재의 고유한 본질을 길어내어 형이상학의 역사 속에 망각되고 구속되어 일그러진 인간의 본질을 자유롭게 해방시키려는 사유의 노력이 전개되고 있으며, 또한 자기원인으로서의 철학자의 신에 의해 이 땅에서 추방된 신적인 신이 존재의 진리가 드러나는 시원적인 삶의 자리에 다시금 도래할 수 있도록 초연히 개방된 마음가짐으로 "신을 기다리고"26) 죽음을 죽음으로서 흔쾌히 맞이하려는 부단한 노력이 펼쳐지는 것이다.

---

26) "나의 철학은 신을 기다리는 것"(*Partisan Review*, 511, 1948년 5월)이라는 하이데거 자신의 고백에 유념하며, 필자는 제1장에서 그의 존재물음의 신학적 유래에 관해 숙고하고 있다. 여기에서의 글은 신앙이 인도하는 시원적인 삶의 차원에 도달하기 위해 전승된 형이상학의 사유방식을 그 근본적 밑바탕에서 극복하려는 하이데거의 사유의 의도를 여실히 담아내는 데 그 목적이 있다.

2. 신적인 신에 대한 사유

1) 신적인 신의 망각

하이데거는 『동일성과 차이』에서 "어떻게 해서 신이 철학 속으로 들어와 문제로 등장하게 되는가?"라는 물음을 제기한다.27) 그런데 이 물음에 올바로 답하기 위해서는 먼저, 존재자로서의 존재자 속으로 관여해 들어가는 사유의 자유로운 행위로서의 '철학 속으로 신이 들어와 문제로 등장할 것'을 자발적으로 요구하면서 그러한 사태를 자기 안에서 규정하고 있는 철학 자체의 본질 성격에 대한 충분한 해명이 선행적으로 요구된다. 그런데 앞서 지적하였듯, 서구의 형이상학은 존재자로서의 존재자 전체를 이중적인 방식의 근거짓는 근거로서의 존재자성에 입각해 표상하며 사유하는 존재론인 동시에 신론이다. 따라서 이러한 존재-신-론으로서의 형이상학은 존재자의 존재를 철두철미 근거짓는 근거로서 사유하면서 이러한 근거에 관해 설명하고 이러한 근거의 해명을 궁극적으로 추궁해 들어가는 근거지음이다.

이러한 근거지음을 본질로 삼는 형이상학적 사유에서는 존재가 존재자를 현존자로서 앞에-놓여-있게-하는 근거라는 의미에서의 로고스(λόγος)로서 스스로를 역운적으로 드러내면서 존재자로서의 존재자를 그 일반적인 혹은 보편적인 특성 속에 근거짓고 있을 뿐 아니라, 또 이렇게 근거지어진 존재자는 저 나름의 방식으로 가장 잘 존재하는 것(das Seiendste, 최상의 존재자)으

---

27) 하이데거, 『동일성과 차이』, 47쪽 참조; 『동일성과 차이』, 신상희 옮김, 47-48쪽 참조.

로서의 최고 원인에 의하여 야기되는 존재자 전체의 작용연관의 정초를 필요로 하는 가운데, 이러한 존재자의 근거로서의 존재는 존재하는 모든 것을 모아들여 정초하며 통일하는 유일자(헨, Ἕν)로서 나타난다. 이러한 일자로서의 로고스는 어디에서나 가장 일반적인 것이라는 의미에서의 통일하는 일자인 동시에 최고의 존재자라는 의미에서의 통일하는 일자다. 형이상학은 이러한 로고스로서의 존재에 상응하여 응답하면서 존재자의 존재를 사유하지만, 존재와 존재자 사이의 존재론적 차이를 주목하지 못한 채 어디에서나 차이의 구별된 두 항에 입각하여 존재자를 표상하고 있을 뿐이다. 그런데 실은 이러한 "형이상학의 존재-신-론적 구성틀이 존재를 근거로서 그리고 존재자를 근거지어진-채-정초하는 것으로서 서로를 나누어놓으면서 서로에게 향하게 하는 그런 차이의 편재함에서 유래하고 있음"28)에도 불구하고, 이러한 차이의 구별된 두 항이 유래하는 차이 자체로서의 품어-줌(Austrag)에 관해서는, 그리고 더욱이 이러한 차이의 유래로서의 사이-나눔(Unter-Schied)29)에 관해서는 형이상학은 그 사유의 시야가 철저히 어둠 속에 가려져 있다고 하이데거는 비판한다. 그래서 신이 철학 속으로 들어와 문제로 등장하게 된 본질적 이유를 그는 근원적으로는 품어-줌의 망각에서 비롯된 것이라고 사유하면서 이렇게 말한다. "품어-줌은 존재를 내어주면서도 그것을 이쪽으

---

28) 하이데거, 『동일성과 차이』, 63쪽 참조; 『동일성과 차이』, 신상희 옮김, 63쪽 이하 참조.

29) 신상희, 「마르틴 하이데거의 사이-나눔: 동일성과 차이의 본질유래」, 『철학』 제43집, 1995 봄, 220-249쪽 참조; 『시간과 존재의 빛』, 제3부 제4장(수정된 논의) 참조.

로-이끌어-오는 (즉 산출하는) 근거로서 수여하기도 한다. 이때 근거는 자기 자신에 의해서 정초된 것으로부터 그것에게 합당한 정초를, 다시 말해 가장 근원적인 원인에 의해서 인과적인 관계를 정초할 것을 필요로 한다. 이 가장 근원적인 원인이 자기원인 (causa sui)이 되는 그런 원인이다. 이것이 철학에서 문제시되는 신에 대한 합당한 이름이다. 이러한 신에게 인간은 기도할 수도 없고 제물을 바칠 수도 없다. 자기원인 앞에서 인간은 경외하는 마음으로 무릎을 꿇을 수도 없고, 또 이러한 신 앞에서 그는 음악을 연주하거나 춤을 출 수도 없다."30)

형이상학은 존재를 그 자신의 고유한 진리 속에서 사유하지 못하고 망각하였을 뿐 아니라, 사유의 근본법칙으로서의 인과율 혹은 근거율에 따라 존재자로서의 존재자 전체를 근거짓고 정초하기 위한 최초의 근거(πρώτη ἀρχή, 제일원인)이자 궁극적 근거 (ultima ratio)로서 신을 표상하여 이러한 철학의 신을 사유의 체계 속에 끌어들여 자신의 사유체계를 완결시키려고 함으로써, 결국 지성의 논리에 의해서는 그 존재의 비밀스러움이 결코 경험되지 않는 신적인 신을 사유의 영역 밖으로 추방해 버렸고, 이로 인해 신적인 신이 떠나가 버려 '신이 부재하는 시대'를 낳고 말았다. 그러나 형이상학적으로 표상된 이러한 철학의 신은 존재의 진리 속에 임재하는 신적인 신의 신성에서 발원되어 나온 것이 아니라, 존재자로서의 존재자의 본질에서, 그것도 이러한 존재자가 단적으로 그 자체 지속적으로 현존하는 것으로서 사유되고 그리하여 무한자와 절대자로서 표상되는 한에서 이러한 존재자

---

30) 하이데거, 『동일성과 차이』, 64쪽 참조; 『동일성과 차이』, 신상희 옮김, 64쪽 이하 참조.

의 본질에서 발원되어 나온 것이다.31) 이렇게 형이상학적 사유의 필연적 귀결에 따라 최고의 존재자가 충분한 근거도 없이 신으로 지칭되면서 이러한 신이 철학의 영역 속으로 들어오게 되었다는 사실은 하이데거에겐 유럽 정신문화의 지평을 변화시킨 아주 기이한 사건으로 보였으며, 이러한 사건과 더불어 신적인 것 혹은 성스러운 것의 차원이 점차적으로 퇴색되어 사라지게 되었다고 그는 생각한다. 따라서 형이상학의 존재-신-론적 구성틀에 대한 하이데거의 비판은 존재자와 존재 사이의 존재론적 차이의 망각 및 그 안에 뿌리내리고 있는 **존재망각**에 대한 비판이자, **신적인 신의 망각**에 대한 비판 즉 신적인 신을 우리들 터-있음의 시원적인 삶의 터전에서 몰아내고 그 자리에 자기존재의 원인을 스스로 가지고 있는 최상의 존재자로서의 철학자의 신을 대체해 넣은 인간지성의 오만함에 대한 비판이기도 하다. 그러므로 이러한 자기원인으로서의 철학자의 신을 포기해야 하는 "신-없는 사유(das gott-lose Denken)가 어쩌면 신적인 신(der göttliche Gott)에게 더욱 가까이 있을지도 모르며" 신적인 신에게 한결 더 자유로울 수 있을 것이라고 그는 생각한다.32)

2) 구원자로서의 신적인 신에 대한 사유

이렇게 자기원인으로서의 신을 떠난 신-없는 사유로서의 신적인 신에 대한 하이데거의 사유는 일찍이 『종교적 삶의 현상학』

---

31) 하이데거, 『철학에의 기여』, 438쪽 참조.
32) 하이데거, 『동일성과 차이』, 65쪽 참조; 『동일성과 차이』, 신상희 옮김, 65쪽 참조.

(1918-21)에서 표명되었듯이 신을 사변적으로 해석하거나 규정하는 태도로부터 깨끗이 벗어나 있되 신 가까이에 머물러 있는 수고스러움을 떠맡고자 결의한 그의 탈-신론적(a-theistisch) 태도의 연장선상에 있는 것으로서, 이러한 그의 사유는 무신론(Atheismus)도 아니며 그렇다고 신의 현존을 긍정하지도 부정하지도 않는 일종의 무차별주의(Indifferentismus)나 무관심주의를 대변하는 것도 아니다. 그렇다면 신적인 신에 대한 하이데거의 사유는 어떠한 본질적 특성을 결정적으로 보여주고 있는 것일까? 우리는 이제 이에 대해 살펴보기로 한다.

형이상학적인 신-개념이 근원적으로는 존재 자체의 진리에 대한 물음의 부재에 의하여 규정되어 나온 것이라고 한다면, 이에 반해 신적인 신에 대해 사유하는 하이데거의 사유의 지평은 존재의 진리가 역사적으로 생기하는 생기의 영역 속에서 펼쳐져 나온다는 결정적 특징을 지니고 있다. 단적으로 말해서 신적인 신에 대한 그의 사유의 지평은 『휴머니즘에 관한 서한』에서 다음과 같이 표출되고 있다. "존재의 진리에 대한 물음으로부터 사유하는 사유는 형이상학이 물을 수 있는 것보다 더욱 시원적으로 묻는다. 이러한 존재의 진리로부터 비로소 성스러운 것의 본질이 사유될 수 있다. 성스러운 것의 본질로부터 비로소 신성의 본질이 사유될 수 있다. 신성의 본질의 빛 속에서 비로소 '신'이라는 낱말이 무엇을 이름하는지가 사유될 수 있고 말해질 수 있다."[33] 여기서 말해지듯, 신적인 신에 대한 하이데거의 사유는 오직 그 안에서만 존재자로서의 존재자가 그 자신의 존재에 있

---

33) 하이데거, 『휴머니즘에 관한 서한』, 36쪽 이하 참조.

어 있는 그대로 밝혀질 수 있는 그런 존재의 진리의 열린 장을 본질적인 기반으로 삼아 이를 토대로 하여 성스러운 것과 신성 그리고 신의 삼중적으로 엮어진 차원에 대해 숙고하는 것이다.

그러므로 존재와 존재자의 존재론적 차이로부터 존재를 사유하는 하이데거에게 있어서 신적인 신이란 모든 것을 근거짓는 최고의 존재자라는 형이상학적-신학적 의미에서의 일종의 존재자를 지칭하는 것은 물론 아니지만, 그렇다고 존재자와의 존재론적 차이 속에서 비로소 경험되는 존재 자체를 지칭하는 것도 아니다. 그러나 존재의 진리가 역사적으로 현성하는 생기의 가장 깊은 심연에 거하는 것으로서 사유되는 신적인 신은 이러한 존재와 무관한 것이 아니라 오히려 자신의 스쳐 지나감(Vorbeigang)을 위해서도 이러한 존재 자체를 필요로 하는데, 바로 이러한 신에게 무가 무화하면서 존재의 진리가 생기하는 그 터를 닦아가고 터를 다져 나가는 "터를 근거짓는 자(Dagründer)"로서의 인간이 귀속해 있다고 하이데거는 생각한다.34) 그렇다면 『철학에의 기여』(1936-38) 이래로 이러한 생기의 가장 깊은 심연 속에 태초적인 것(das Anfänglichste)으로서 거하면서 우리에게 눈짓으로 스스로를 알려온다고 여겨진 '궁극적 신'으로서의 신적인 신은 어떠한 신인가?

그간 하이데거를 깊게 탐구해 온 필자의 관점에 따르면, 그에게서 신적인 신이란 존재이탈과 존재망각으로 물든 탈-생기의 허무주의적 시대에 어둠 속을 헤매며 방황하는 인간에게 성스러운

---

34) 하이데거, 『철학에의 기여』, 409쪽 참조. 헤르만은 존재와 신 사이의 이러한 차이를 '신학적 차이'라고 부른다(F. W. von Herrmann, *Wege ins Ereignis*, Frankfurt a. M., 366쪽 참조).

빛을 눈짓으로 선사해 줌으로써 그를 그 자신의 고유한 본질적 처소 속으로 초대하여 인간의 시원적 본질을 되찾도록 구원해 주는 구원자로서의 신이다.35) 오직 이러한 신만이 고향을 상실한 채 살아가는 우리를 구원할 수 있다고 그는 생각한다.36) 여기서 언급된 '고향상실(Heimatlosigkeit)'이란 '존재의 가까이(Nähe des Seins)'에 탈자적으로 거주하지 못하고 오히려 존재의 아득한 멂(das fernste Ferne des Seins) 속에 머무는 탈-생기된 인간의 역사적인 삶의 상태를 가리킨다.37) 다시 말해 그 안에서 인간의 본질이 시원적으로 드러나는 터-있음의 탈자적-탈존적-개방적 터가 은닉되고 가려져 왜곡된 형태로 탈은폐됨으로써 존재가 그 터에서 스스로 물러나 멀어져 가고 그리하여 존재의 열린 장이 은닉되고 굳게 닫혀버린(verschlossen) 그런 삶의 터전에 거주하는 상

---

35) 구원자로서의 신이 우리들 각자를 각자의 고유한 본질 속으로 되돌려 보내어 만물과 어우러지는 참나를 찾도록 말없이 인도해 주는 그런 신이라는 점에서 롬바흐의 통찰은 사태를 제대로 헤아려본 올바른 통찰이지만, 그렇다고 해서 인간다운 삶을 보장해 주는 '새로운 신'을 하이데거가 찾고 있었다는 롬바흐의 지적은 온당한 것이 아니며, 더욱이 그러한 새로운 신이 이미 오래 전부터 존재하고 있던 도래하는 신으로서의 헤르메스를 지칭한다는 그의 단언은 인간의 지성으로서는 도저히 규정할 수 없는 존재로서의 신적인 신을 또다시 왜곡하는 신적인 신에 대한 자의적인 규정이라고 필자는 생각한다(H. 롬바흐, *Welt und Gegenwelt*, Freiburg i.Br., 1983;『아폴론적 세계와 헤르메스적 세계』, 전동진 옮김, 서광사, 2001, 156-157쪽 참조).

36) 1966년 9월 23일『슈피겔』과의 인터뷰에서 발언된 "오직 하나의 신만이 우리를 구원할 수 있다"는 하이데거의 이 말은 그가 죽은 후『슈피겔』(1979년 23호)에 실렸다. 필자는 여기서 하이데거가 기다리는 신적인 신을 구원자로서의 신으로 받아들인다.

37) 하이데거,『휴머니즘에 관한 서한』, 26쪽 참조.

태를 가리킨다. 이러한 고향상실의 시대에 존재자는 존재의 진리의 열린 장 가운데 참답게 보존되어 간직되지 못하고 오히려 표상하는 주체에 의해 표상된 대상으로 혹은 생산과정 속에 배달되는 상품이나 부품으로 탈은폐되어 나타날 뿐이며 인간은 이렇게 왜곡된 삶의 방식 속에서 스스로 부품화되는 것도 깨닫지 못한 채 여전히 존재자 전체를 지배하는 주인으로 행세하며 군림할 뿐이다. 그러나 현대인의 삶을 도처에서 위협하고 있는 이러한 고향상실의 위기는 실은 존재-신-론으로서의 형이상학과 여기서 자라난 형이상학적 신학의 지배하에 역사적으로 심화되어 온 존재이탈과 존재망각의 어두운 공속적 관계 속에 뿌리내리고 있는 것이며, 동시에 이러한 암울한 관계 속에 신이 떠나가 버린 신의 부재에서 비롯된 것이다. 따라서 우리를 구원해 줄 구원자로서의 신을 결정적으로 기다리는 하이데거의 철학은 이러한 위기(Not)에 대처해 나가는(wenden) 사유의 에움길을 필연적으로(notwendig) 거쳐 나가지 않을 수 없고, 이러한 길은 『존재와 시간』의 집필 이래로 서양의 전승된 형이상학을 극복하기 위한 오랜 비판적 숙고의 과정으로 이어진다. 그러므로 형이상학의 극복과 고향상실의 극복은 신의 도래를 기다리며 채비하는 하이데거의 심층적 사유 속에서 그 본질적인 맥락을 같이하고 있는 것이다.38)

---

38) 하이데거의 존재사유의 내면적 동기는 하느님의 역사적 구원에 관한 경건한 사유에 있다고 보고 있는 다음의 글들도 필자의 이러한 시각 속에서 참조할 만하다. R. Schaeffler, *Frömmlichkeit des Denkens? Martin Heidegger und Katholische Theologie*, Darmstadt, 1978; 심광섭, 「하이데거의 신의 문제」, 『하이데거 철학의 근본문제』, 철학과현실사, 1996, 418-454쪽 참조.

3) 고향상실의 극복

그렇다면 고향상실의 극복은 근원적으로 어떻게 가능한 것일까?[39] 하이데거에 따르면 고향상실의 극복은 먼저 존재 자체가 자기본질의 아득한 멂으로부터, 즉 존재자의 존재이탈의 시대에 스스로 물러나 멀어져 간 그 자신의 아득한 멂으로부터 스스로 전회하여 ─ 탈자적으로 살아가고자 결의한 인간본질을 향해 ─ 그 자신의 고유한 진리로서의 스스로를 환히 밝히는 비-은폐성 속으로 귀환하여 다가올 때, 오직 이러한 존재의 전향적인 다가옴(Zukehr)으로부터 시작될 수 있다는 것이다. 다시 말해 고향상실의 극복 및 형이상학의 극복은 스스로를 환히 밝히면서 다가오는 동시에 스스로를 그 자신의 가장 고유한 본령 속에 은닉하기도 하는 존재 자체의 진리에 대한 인간본질의 탈자적-탈존적-개방적 관계 속에서만 근원적으로 수행될 수 있다는 것이다. 그러므로 인간이 존재와의 아무런 관련도 없이 고향상실의 위기를 일방적으로 극복할 수는 없는 일이며, 또한 이러한 극복을 순전히 자신의 주체적 의지에 따라 강요할 수도 없는 것이다. 오히려 진정한 극복은 존재의 생기하는 던져옴과 인간의 생기된 채 기투하는 간직과의 전회적인 공속적 울림을 통해 가능한 것이며, 이러한 공속적인 울림 속에 펼쳐지는 존재와 인간의 시원적 만남의 장은 우리에게 비로소 성스러운 것이 출현할 수 있는 삶의 터전을 새롭게 열어놓는다. 이렇게 열어 밝혀지는 시원적인 삶의

---

39) '고향상실의 극복'에 관한 담론으로는 다음을 참조하라. 박찬국, 「현대에 있어서 고향상실의 극복과 하이데거의 존재물음」, 『하이데거의 존재사유』, 철학과현실사, 1995, 79-124쪽 참조.

터전이 곧 탈존적인 터-있음이 역사적으로 그때그때마다 거주하는 삶의 고향(Heimat)인데, 이 고향은 언제나 존재의 가까이에 머물러 있다.

그러므로 고향상실의 시대에 신적인 신이 스스로를 나타내 보이길 거부하여 세상의 밤이 계속 지속될 것인지, 혹은 언젠가는 "성스러운 것의 날이 밝아와" 이 성스러움이 피어오르는 가운데 신적인 신이 존재의 열린 장 속으로 들어와 새롭게 도래하여 나타날 수 있을 것인지, 또 도래한다면 어떻게 도래할 것인지 그 여부에 관해서는,40) 신을 떠나보낸 우리들 인간 자신이 결정할 수 있는 것이 아니다. 오히려 신적인 신의 도래 여부는 전적으로 "존재의 역사적 운명(Geschick)에 달려 있다."41) 따라서 인간에게 중요한 것은 이러한 존재의 역사적 운명에 상응하여 응답하는 그 자신의 숙명적인(schicklich) 본질을 그가 자신의 탈존적인 삶의 역사적 수행과정 속에서 발견할 수 있느냐는 것이며, 더 나아가 그가 존재의 가까이에 거주하는 '존재의 이웃'으로서 존재의 진리를 파수하며 살아가는 '존재의 목자'로 존재할 수 있느냐는 것이다.42) 그러므로 탈-생기의 시대에 신이 스스로를 거부하며 세계의 밤이 지속되는 한, 인간이 구원자로서의 신을 '맹목적으로' — 즉 존재와의 아무런 관련도 없이 — 기다리는 것은 아무런 소용도 없을 것이다. 참으로 신이 다시 도래하길 간절히 고대하면서 기다리고자 한다면, 우리들 인간이 먼저 신적인 신이 도래하여 체류할 그 **자리**를 예비하며 준비해 나가는 그런 삶의 자

---

40) 하이데거, 『휴머니즘에 관한 서한』, 19쪽 및 26쪽 참조.
41) 하이데거, 『휴머니즘에 관한 서한』, 19쪽 참조.
42) 하이데거, 『휴머니즘에 관한 서한』, 19쪽 및 29쪽 참조.

세를 갖추어야 할 것이다.43) 다시 말해 그 안에서 존재자로서의 존재자가 참답게 보존되고 간직되는 그런 존재의 진리의 열린 장 한가운데에 우리들 자신의 고유한 삶의 터전을 탈자적으로 수립해 나가는 탈존적인 삶의 자세를 늘 스스로 견지하면서 수행해 나가야 할 것이고, 따라서 죽을 자로서의 우리들 자신이 참나의 자유로운 발현을 구속하는 덧없는 자기중심적인 자기를 깨끗이 포기하고 무화하면서 존재의 가까이에서 탈자적-개방적으로 거주하고자 초연히 결의해 나갈 수 있어야 할 것이다. 왜냐하면 이러한 탈자적인 자기수행의 오랜 기다림 속에 존재 자체가 먼저 스스로를 환히 밝히면서 다가와 그 자신의 고유한 진리 속에서 경험되는 한에서만, 성스러운 것의 밝은 빛은 "무화하는 터-있음"44)의 터에서, 다시 말해 자기를 비우고 세상을 있는 그대로 온전히 맞이하는 터-있음의 환히 트인 터에서 밝게 드리워질 수 있기 때문이다. 그리하여 이렇게 존재의 진리가 시원적으로 생기하는 성스러운 터전만이 "존재하는 모든 것 속에 신성의 찬란한 광채가 비치기 시작하여"45) 우리에게 신성이 말없이 경험될 수 있는 그런 '신성의 본질공간(Wesenraum der Gottheit)'으로 밝혀지며, 이러한 신성만이 다시금 구원자로서의 신적인 신이 임재하는 '차원(Dimension)'을 우리에게 증여해 줄 수 있다고 하이데거는 생각한다.46)

---

43) 하이데거, 「무엇을 위한 시인인가(Wozu Dichter?)」, 『숲길(Holzwege)』, GA Bd.5, Frankfurt a. M., 1977, 270쪽(1950 초판, 249쪽) 참조.
44) 하이데거, 『휴머니즘에 관한 서한』, 44쪽 참조.
45) 하이데거, 「무엇을 위한 시인인가」, 『숲길』, 270쪽 참조.
46) 하이데거, 『휴머니즘에 관한 서한』, 26쪽 참조.

필자는 앞에서 존재의 근원이자 인간본질의 근원에서 발원되어 나오기 시작하는 시원적인 삶의 밑바탕에 이르기 위하여 전승된 서구 형이상학을 비판적으로 논의하는 가운데 형이상학의 근본바탕으로 파헤쳐 들어가는 하이데거의 사유의 길에 관해 숙고해 보았다. 여기서 '시원적인 삶의 밑바탕'이란 전승된 형이상학에게는 낯선 미지의 영역으로서, 그곳은 존재 자체가 그 자신의 고유한 진리 속에서 생기하는 생기의 영역을 가리킨다. 오직 이러한 존재의 근본바탕 위에 형이상학이 그 자신의 뿌리를 내릴 수 있을 때, 형이상학은 형이상학으로서 존립할 수 있다. 그러나 이러한 근본바탕으로서의 생기의 영역은 아직도 형이상학에게는 사유되지 않은 채로 남아 있는 형이상학의 은닉된 본질 영역이다. 그러므로 이러한 미지의 땅에 다가가는 길은 사유가가 존재의 진리를 그때마다 '시원적으로' 추구해 들어가는 사유의 길이다. 바로 이런 점에서 사유가에게는 존재의 진리에 이르는 첫걸음을 내딛는 일이 무엇보다 중요하다. 왜냐하면 이때 사유가가 내딛는 첫걸음은, 사유가에게 다가오는(an-gehen) 존재의 진리를 사유가가 있는 그대로 받아들이는(emp-fangen) 가운데 시작되는(an-fangen) 그런 첫걸음으로 존재하기 때문이다.

'사유한다'는 것은 이러한 미지의 땅에서 존재의 진리가 피어오르는 기름진 밭을 일구면서 그러한 터를 닦고 터를 다져나가 그 터에 탈자적으로 거주하는 삶의 행위다. 각각의 사유가에게는 저마다 자신이 걸어가야 할 사유의 길이 있지만, 그 길은 언제나 우리들 자신의 본질을 시원적인 무의 개방적 터전 속으로 모아들이는 존재 자체의 소리 없는 큰 부름[명령, Ge-heiß]에 이끌려 이에 응답하며 따라가는 그런 길이기에, 존재의 진리에 이르는 길은 사유가 자신의 소유물이 아니라 오히려 그 길에 사유가 자신이 귀속하는 그런 길일 뿐이다. 사유가는 이러한 단 '하나의 길' 위에서, 즉 존재의 진리에 응답하며 그 진리가 피어오르는 시원적인 삶의 터전에 다가가는 그런 유일무이한 길 위에서 신적인 신의 도래를 기다리며 채비하면서 탈자적으로 초연히 살아가는 것이요, 이러한 도상에서 그가 경험한 것을 더불어 살아가는 이웃과 함께-나누면서(mit-teilen) 그들이 저마다의 시원적인 삶의 자리로 귀환하도록 인도하는 것이다.

이 찰나에

영원을 느끼지 못하면

그에겐 자유가 없다.

그러니 칼날 위를 걷듯,

매순간 깨어 있으라.

존재의 진리에 이르는 열쇠는

지금 여기 환히 트인

터-있음의 터일 뿐이니…

제 5 장

사방세계와 신

"하느님의 나라는 바로 너희 가운데 있다."
— 「루가」, 17:21

후기 하이데거의 근본물음은 그의 초기 사유에서와 마찬가지로 여전히 존재에 대한 물음이지만, 이 물음은 단순히 존재자의 존재에 대한 물음이기 이전에 존재 자체에 대한 물음 즉 존재를 그 자신의 가장 고유한 진리 안에서 사유하는 물음이며 존재를 생기하는 사건(Ereignis)으로서 따라서 관계(Verhältnis)로서 사유하는 물음이다. 전통 형이상학의 존재물음이 존재를 실체로서 그리고 존재자의 근거로서 사유했다면, 하이데거는 이러한 실체론적-근거율적 사유를 비판적으로 해체하고 극복하면서 관계론적 사유를 전개하고 있다.1) 그에게 존재와 존재자 그리고 인간은 주

---

1) 실체론적 사유와 대비되는 관계론적 사유의 근본특성에 관해서는 다음의 책을 참조하라. 전동진, 『창조적 존재와 초연한 인간』, 서광사, 2002, 특히 25-36쪽 참조.

객이 분리된 근대적 사유의 전형적인 패러다임에서처럼 서로 근본적으로 분리된 채 놓여 있는 대립자가 아니다. 존재하는 일체의 것은 이미 존재의 열린 장 속에 공속하며 조화롭게 어우러져 있는 것으로서 그는 사유한다. 존재와 인간의 관계는 인간이 스스로를 감추기도 하고 드러내기도 하는 존재의 다가옴에 의해 시원적으로 생기된 채 대응투사하는 그의 탈존적인 기투행위 속에서 존재자와 개방적으로 관계하면서 그가 그때그때마다 만나는 존재자를 존재의 열린 장 가운데 현존하게 하면서 참답게 간직해 나가는 그런 개방적인 만남의 역동적 관계다. 하이데거에게 세계란 이러한 개방적 만남이 이루어져 펼쳐지는 역동적인 공속관계의 그물망이다. 이러한 세계 안에서 인간이 하늘 아래 그리고 땅 위의 온갖 사물들과 교섭하며 거주하는 그때마다의 현사실적인 삶의 방식 속에서는 언제나 이미 존재 자체가 생기하는 사건으로서 스스로를 내보이며 드러나고 있다. 다시 말해 존재가 인간의 탈존적 본질을 일깨워 개방된 장으로 인도하며 다가오고 이렇게 시원적으로 생기하는 근본연관 가운데 존재로부터 생기된 탈중심적인 인간존재가 자신의 종래의 비본래적 존재성을 깨끗이 비워버린 참나로서 즉 자신의 죽음을 흔쾌히 받아들이는 죽을 자로서 자기 본질의 근본변화를 경험하게 되는 사건이 일어나게 되는데, 이런 사건은 존재와 인간의 공속적인 연관관계 속에서 존재의 진리에 귀속할 뿐 아니라 존재자의 진리에 이르는 "길을 놓는(be-*wëgen*)"[2] 역동적인 운동(Be-*wëgung*)이다. 이렇게 길을 놓아 가는 운동이 **역동적인** 까닭은 무엇보다도 다음

---

2) 하이데거, 『언어로의 도상에서(*Unterwegs zur Sprache*)』, Pfullingen, 1986, 198쪽 참조.

과 같은 존재의 고유한 특성에서 연유한다. 즉 이러한 사건 속에서는 존재 자체가 인간의 은닉된 참 본질을 시원적으로 열어밝히며 고유화하는 그 자신의 진리 속에서 생-기하면서도(er-eignen), 자신의 비밀 속으로 즉 존재의 본령(*Eigen*tum) 속으로 스스로 물러서며(*entziehen*) 탈-생기하고(ent-eignen) 있는데, 바로 이러한 근본사실에서 관계의 역동성은 발원하는 것이다.

이런 관계의 역동성은 사방세계(das Weltgevierte)에 관한 그의 후기 사유에서 특히 두드러지게 드러난다. 하이데거는 세계의 어우러짐을, 이 세계를 구성하는 네 개의 방역들(Gegenden) ― 즉 땅과 하늘, 그리고 신적인 것들과 죽을 자들 ― 의 긴밀한 놀이관계로서 사유하면서, 그 세계를 실존하는 개별인간과 무관하게 존립하는 어떤 보편적인 우주(κόσμος)로서 혹은 존재하는 모든 것의 총체(mundus)로서가 아니라 그때그때마다 자신의 세계로 존재하는 그런 구체적이면서도 보편적인 ― 다시 말해 존재자적이면서도 존재론적인 ― 세계로서의, 존재자 전체의 존재(das Sein des Seienden im Ganzen)와의 탈존적 만남이 이루어지는 저마다의 거주지(Wohnort)로서 사유하고 있다. 인간은 그때마다 역사적으로 거주하는 자신의 세계 안에서 다양한 사물들과 생동적으로 교섭하는 가운데, 오직 이러한 사물들과의 개방적 관계 맺음 속에서만 ― 땅과 하늘과 그리고 신적인 것들과 죽을 자들 이 넷이 하나로 어우러져 포개지는 사방의 거울놀이로서 ― 세계화하는 개방적 관계의 역동적 그물망으로서의 세계를 구체적으로 경험하는 것이다.3) "세계가 세계화하면서"4) 존재의 열린 장이 탈존

---

3) 하이데거, 「사물(Das Ding)」, 『강연과 논문(*Vorträge und Aufsätze*)』, Pfullingen, 1985, 172쪽 이하 참조.

적인 터-있음의 환히 트인 터에서 밝아올 때, 서구 형이상학의
오랜 역사적 진행과정에서 철저히 존재의 짙은 어둠 속으로 물
러나 있던 신적인 신은 우리에게 스스로를 성스러운 눈짓으로
알려오면서 마침내 그의 현존 속에 다시 나타날 수 있다고 하이
데거는 생각한다. 이런 점에서 신적인 신의 성스러운 도래는 세
계가 세계화하는 현상과 긴밀히 관련되어 있다고 하겠다. 필자는
이 글에서 세계의 세계화와 관련된 신적인 신의 성스러운 도래
에 관해 숙고해 보고자 한다.

1. 세계의 세계화

「사물」 강연이나 「건축함 거주함 사유함」 강연 등 주로 하이
데거의 후기 사유작품에서 언어화된 세계의 세계화(das Welten
der Welt)는 단순히 시적인 미사여구가 아니라 하이데거 자신이
그의 소박한 토착적 삶의 밑바탕에서 언제나 생동적으로 경험했
던 하나의 근본적인 존재사건이다. 그러나 이러한 존재사건은 슈
바르츠발트의 목가적인 분위기에서 태어난 그의 극히 개인적인
사유경험으로 그치는 것이 아니라, 비록 그와는 문화적-역사적
배경이 다른 지역에 살아가는 사람들에게서도 저마다 자신의 죽
음을 떠맡는 탈자적-탈존적인 삶의 청정한 밑바탕에서는 언제나
새롭게 역사적으로 경험될 수 있는 보편적인 사건이라고 필자는
생각한다. 왜냐하면 사람들에게서 세계가 세계화하는 구체적인
존재방식은 사이-나눔(Unter-Schied)의 나눔 영역 속에서 존재자

---

4) 하이데거, 「사물」, 『강연과 논문』, 172쪽 참조.

적으로 그때마다 다른 것 — 즉 차별적인 것 — 으로 나타나겠지만, 세계의 네 방역들이 하나로 포개져 생기하는 존재의 진리는[5] 사이-나눔의 사이 영역 속에서는 존재론적으로 같은 것 즉 동일한 것(das Selbe)이기 때문이다.[6] 이런 점에서 세계가 사방의 거울놀이로서 세계화하면서 현성하는 존재사건은 그때마다 존재자적인 것인 동시에 존재론적인 것이라고 말할 수 있는데, 하이데거는 이렇게 세계의 네 방역들이 하나로 포개져 어우러져 생기하는 사방의 거울놀이에 대해 「사물」 강연에서 다음과 같이 서술하고 있다.

땅과 하늘, 신적인 것들과 죽을 자들은, 그 자체에서부터 서로서로 합일되어(von sich her zueinander einig), 합일된 사방의 하나로 포개짐에서부터 함께 속한다. 그 넷의 각각은 각자 나름의 방식으

---

5) 세계가 세계화하면서 현성하는 사방의 거울놀이를 하이데거는 『기술과 전향(Die Technik und Kehre)』(Pfullingen, 1985, 43쪽 참조)에서 '존재의 진리'라고 불렀다.

6) '사이-나눔'에 관해서는 필자의 다음 글을 참조하라. 「하이데거의 사이-나눔(동일성과 차이의 본질유래)」, 『시간과 존재의 빛』, 한길사, 2000, 407-440쪽 참조. 이런 맥락에서 하이데거는 이렇게 말한다: "똑같은 것(das Gleiche)은 모든 것이 그 안에서 일치할 수 있는 그런 차이 없는 것에 항상 몰두한다. 이에 반해 동일한 것은 차이를 통해 모아진 것으로부터 비롯되는 서로 다른 것의 공속이다. 차이가 사유될 때에만 동일한 것은 말해질 수 있다. 차별적인 것을 품어 나르는 가운데 동일한 것의 모아들이는 본질은 빛을 발한다. 동일한 것은 서로 다른 것을 항상 똑같은 것으로 평균화하려는 모든 열정을 추방한다. 동일한 것은 차별적인 것을 근원적 합일성을 향해 모아들인다."(『강연과 논문』, 187쪽) 여기서 말해진 동일한 것의 근원적 합일성(ursprüngliche Einigkeit)이란 사이-나눔의 사이 영역 안에서 생기하는 존재 자체의 불일불이적 전일성을 뜻하며, 이는 곧 전일적 존재의 단순소박한 차원을 가리킨다.

로 다른 셋의 본질을 다시 비춘다. 각각은 이때 각자 나름의 방식으로 넷의 하나로 포개짐 내에서 자신의 고유함(Eigenes)에로 되비추어진다. 이러한 비춤은 모사물의 제시가 아니다. 비춤은 넷의 각각을 환히 밝히면서 생기한다(ereignen). 이때 그들의 고유한 본질은 하나로 포개진 고유화(Vereignung) 속으로 서로서로 합일된다. 이렇게 생기하며 환히 밝히는 방식에 따라 비추면서 넷의 각각은 다른 셋의 각각에게 자신을 건네면서 놀이한다. 생기하는 비춤은 넷의 각각을 그것의 고유함에로 자유롭게 내어주지만, 자유로운 것들을 그것들의 본질적인 상호관계(Zueinander, 서로 어우러짐)의 하나로 포개짐 속으로 결속한다.7)

인용된 첫 문장에 따르면, 사방세계를 구성하는 네 방역들은 원래 각각 그 자체로 독립된 순수한 자립적 개체로 따로따로 분리되어 있다가 차후에 이러저러한 모종의 방식으로 결속되는 것이 아니라, 이미 근원적으로 어우러진 하나의 보이지 않는 은닉된 상생적 관계 속에 전체적으로 공속한 채 서로가 서로에게 고유하게 합일되어 존재한다는 것이다. 이 넷이 하나로 포개져 상생적으로 공속하는 "전적으로 무한한 관계(das ganze un-end-liche Verhältnis)"8)이자 "모든 관계 중의 관계"9)로서의 존재 자체의 시원적 차원은 어떤 다른 것에 의해 설명되거나 근거제시될 수 있는 인과관계적 차원이 아니라, 어떤 것의 원인과 결과를 추적하며 설명을 요구하는 인간의 표상적-논리적 사고방식에 의해서는 결코 도달될 수 없는 전일적인 존재의 비밀스러운 차원

7) 하이데거, 「사물」, 『강연과 논문』, 172쪽.
8) 하이데거, 『횔덜린 시의 해명(*Erläuterungen zu Hölderlins Dichtung*)』, Frankfurt a. M., 1971, 175쪽 참조.
9) 하이데거, 『언어로의 도상에서』, 267쪽 참조.

이다. 그래서 인과율적인 설명방식은 "세계화의 하나로 포개짐의 단순소박함에는 결코 미치지 못할 것이며", 또 "사람들이 합일하는 넷을 단지 개별화된 현실적인 것으로 표상할 경우 그 합일하는 넷은 질식해 버릴 것"이라고 하이데거는 말한다.10) 세계의 네 방역들은 이 넷을 "서로 함께 속하게 하는(zusammengehören-lassen)"11) 전일적인 존재의 시원적 차원으로부터 그리고 오직 이러한 차원 안에서 근원적으로 어우러져 각자 고유하게 생기하는 본질적인 상호관계의 상생적인 관계 맺음을 통해서만 서로가 서로에게 합일된 채 각각의 고유한 방역들로 존재하는 것이다. 이런 점에서 사방세계에 관한 하이데거의 관계론적 사유는 천지동근, 만물일체라는 구경각의 절대적 경지로부터 존재하는 모든 것의 긴밀한 내적 상호관계성을 통찰하는 노장적 사유12) 및 실체론적 사유를 철저히 거부하고 모든 것을 연기적 존재로 바라보는 불교적 사유13)와 상통하는 측면이 매우 크다고 하겠다. 어

---

10) 하이데거, 「사물」, 『강연과 논문』, 172쪽 참조.

11) 하이데거, 『동일성과 차이(Identität und Differenz)』, 신상희 옮김, 민음사, 2000, 29쪽 참조.

12) 하이데거와 노자의 사상을 비교논의한 글로는 다음을 참조하라. 윤병렬, 「도와 존재」, 『하이데거 철학과 동양사상』, 철학과현실사, 2001; 전동진, 『창조적 존재와 초연한 인간』, 259-308쪽.

13) 비록 아공법유(我空法有)를 주장하는 설일체유부의 부파불교적 견해도 있으나, 전체적으로 보았을 때 사성제, 연기법, 무아사상, 삼법인(諸法無我, 諸行無常, 一切皆空) 등으로 대변되는 불교적 진리의 근본교설은 색, 수, 상, 행, 식의 오온(五蘊)으로 이루어진 '나'를 비롯한 일체의 존재자가 모두 연기하는 무상한 존재로서 공(空)하기에 고정되거나 불변하는 실체가 없다고 보는 것이며, 따라서 이러한 진리에 대한 참된 이해는 철저히 관계론적 사유를 요구한다. 하이데거의 관계론적 존재사유와 불교의 공사상을 비교논의한 최근의 글로는 다음을 참조하라. 김종욱,

쨌든 사방세계의 네 방역들은 다른 셋에 대하여 어느 하나가 절대적 우위를 차지함이 없이 그때마다 유일무이한 것이며, 서로 비교되거나 교환될 수 없는 각자 자신들만의 고유함을 가지고 있다. 이 넷은 그 자체가 서로가 서로에 대하여 구별되고 차이가 있는 사이-나누어진 것(das Unter-Schiedene)들이지만, 이렇게 고유하게 각자 사이-나누어진 것들로서 이 넷을 서로서로 어우러지게 하는 근원적 차원으로서의 사이-나눔의 사이의 차원 안에 친밀하게 공속하며 머무른다. 하이데거는 이러한 공속이 "합일된 사방의 하나로 포개짐(Einfalt)으로부터" 일어난다고 말한다. 여기서 언급된 'Einfalt'는 전일적인 존재의 단순소박한 차원을 가리키는데, 이러한 차원은 서로 간의 차이를 완전히 배제한 순수한 동형의 차원이 아니라 오히려 서로 다른 다양한 것들이 그 안에서 '하나로 포개져(in Eines falten)' 어우러져 있는 합일의 차원이다.14)

이렇게 서로 근원적으로 합일되어 포개어져 있는 것이 펼쳐져 (entfalten) 나옴으로써 사방의 넷은 하나로 포개져 고유해지는 (vereignen) 공속의 차원을 떠남이 없이 서로가 서로에게 긴밀히 연관된 채 각각 고유한 자기 자신으로 탈-생기하며 고유하게 드러난다(enteignen).15) 따라서 'Einfalt'라는 용어가 지시하는 사태는 다음과 같다. 즉 전일적 존재의 단순소박함은 존재자의 존재

『하이데거와 형이상학 그리고 불교』, 철학과현실사, 2003.

14) 노자가 사유하는 도의 차원도 유무상생(有無相生)으로 접혀 있고 꼬여 있어 현묘(玄妙)하다고 일컬어지는 전일적 존재의 소박한 차원이다. 『도덕경』, 1장, 2장 참조.

15) 하이데거, 「사물」, 『강연과 논문』, 172쪽 참조.

의 다양성을 배제하는 것이 아니라 이미 자신 안에 복합성과 다양성을 근원적으로 함축하고 있으면서 이 모든 것을 조화롭게 어우러지게 하는 상생적 관계의 역동성을 지니고 있다는 사실이다. 따라서 전일적 존재의 단순소박한 차원 속으로 포개지면서 펼쳐져 나오는 사방세계란, 이미 사방(das Gevierte)이란 낱말이 시사하듯, 세계의 네 방역들이 존재의 심연적 밑바탕에 모여 있어 그때마다 일체만물을 생동적으로 일깨워 존재자의 존재를 고유하게 생기하게 하는 상생적인 역동적 관계망으로서의 세계를 뜻한다. 그러나 이러한 역동적 관계망으로서의 사방세계는 이 세계를 구성하는 네 방역들이 없어도 혹은 네 방역들의 존립 이전에 홀로 무시간적으로 존재하는 어떤 영구불변의 초월적 세계가 아니라, 언제나 이 네 방역들의 현존과 더불어 죽을 자로서의 우리들 각자에게 역사적으로 생기하는 것이다. 이런 점에서 사방세계의 전체적 단일성 혹은 단순소박한 통일성은 네 방역에 시간적으로 선행하는 즉자적 영역이 아니라, 자기 아닌 다른 세 방역들의 고유한 본질을 저마다의 방식으로 다시 비추는 가운데 형성되는 네 방역들 간의 떼어놓으려야 떼어놓을 수 없는 전일적인 상호관계성이다. 하나가 다른 것들을 비추고 다른 것들이 그 하나를 다시 비추어줌으로써 그 하나는 서로가 서로의 본질을 살리는 사방세계의 전체적인 친밀한 상생적 상호관계성 속에서 "자신의 고유함 속으로 되비추어지고", 이로써 넷 각각은 자신의 고유한 본질을 되찾게 된다. 다시 말해 세계의 네 방역들 각각은 자신의 고유한 본질을 마치 다른 것들과는 무관하게 그 자체로 지속적으로 존립하는 영구적인 실체와도 같이 고립된 자기 자신에게서 발견하게 되는 것이 아니라, 그때마다 자기 아닌 다른 것들과의 개방적인 관계 맺음 속에서 자신의 고유함을 발견하게 되는 것이다. 사방세계의 하나로 포개진 전체적 단일성 속에서 각각은 상생적-공속적인 본질적 상호관계를 통해 저마다 다른 것들을 비추는 거울인 동시에 다른 것들은 자기 자신을 비추어주는 거울인 셈이다. 이런 상호관계 속에서 각각의 거울들이 자기 자신으로 존립하는 까닭은, 각각이 자기 자신을 스스로 독립적으로 비추기 때문이 아니라, 그 각각이 자신이 비추는 다른 것들에 의해 반조되어 되비추어지기 때문이다. 각각의 거울들은 이처럼 그 자체로 모든 거울들을 비추되, 이러한 비춤은 분열된 개별자로서 일어나는 것이 아니라, 거울들 모두가 서로 다양한 관계 맺음 속에 전일적으로 존재하게 되는 공속적인 공존놀이를 통해서 일어난다.

그런데 네 개의 거울이 서로서로 비출 수 있기 위해서는 이러한 공속적인 공존놀이가 일어나는 자유로운 터전(das Freie)으로서의 하나의 빈 공간이 요구되는데, 이 빈 공간은 넷 이전에 초월적으로 존재하는 것도 아니요, 넷의 존립 이후에 "이 넷에 끼어들어" 차후에 이 넷을 포괄하는 식으로 존재하는 것도 아니다.16) 오히려 이 넷이 합일되는 통일적 공간은 넷이 하나로 포개져 서로가 서로를 살리는 가운데 비추기 시작하는 거울-놀이의 비춤과 더불어 생기하는 것이며, 이러한 거울-놀이(Spiegel-Spiel)로서 고유하게 공간화되는 것이다.17) 이런 거울-놀이의 고유한 공간화를 가리켜 하이데거는 'Vierung'이라고 부르는데, 이는 사

---

16) 하이데거, 「사물」, 『강연과 논문』, 173쪽 참조.
17) 하이데거, 「사물」, 『강연과 논문』, 173쪽.

방형의 통일적 공간 즉 넷이 합일되는 통일적 공간으로서의 "사방의 통일"을 가리킨다.18) 세계의 세계화로서 현성하는 사방의 통일은 네 방역들을 서로에게 도달하도록 가깝게 하면서 존재자의 존재를 드러내는 존재의 "가까움(Nahnis)"19)이다. 존재의 "한 가운데(die Mitte)"20)이자 사이-공간으로서의 이러한 존재의 가까움은 이 네 방역들의 공속과 더불어 비로소 **동시에** 현존하는 것이어서 넷 없이 그 자체로 존재하는 것은 물론 아니다. 그러므로 사방세계의 전체성은 넷을 함께 속하게 하는 사이-공간의 환히 밝히는 공간화와 더불어 생기하는 넷의 통일성이다. 여기서 사이-공간의 환히 밝히는 공간화란 존재의 열린 장으로서의 환한 밝힘(Lichtung)이 스스로 환히 밝히며 생기하는 현상을 가리키는데, 이러한 역동적인 현상을 하이데거는 인용된 앞 문장에서 "생기하는 비춤(das ereignende Spiegeln)"이라고 부르고 있다. 생기하는 비춤은 서로가 서로에 대해 열려 있는 세계의 네 방역들을 각각의 고유함 속으로 자유롭게 내어주면서도 그것들을 "끊임-없이(un-endlich)"21) 서로간의 본질적인 상호관계 속으로 결속하면서 하나로 어우러지게 한다. 이렇게 끊임-없이 고유화하는 상생적 관계 속에 어우러져 생기하는 비춤을 하이데거는 세계의 윤무하는(reigen) 놀이라고 부른다. 둥글게 어우러져 윤무하는 세계의 놀이는 넷 각각을 그것들의 하나로 포개진 상생적 공속관계 속에 환히 밝히면서도 "그것들을 어디에서나 자신의 본질의 수

---

18) 하이데거, 「사물」, 『강연과 논문』, 173쪽.
19) 하이데거, 『언어로의 도상에서』, 211쪽 참조.
20) 하이데거, 『횔덜린 시의 해명』, 163쪽 참조.
21) 하이데거, 『횔덜린 시의 해명』, 163쪽 참조.

수께끼 속으로 개방한 채 고유화한다."22) 여기서 세계의 네 방역들이 자신의 본질의 수수께끼 속으로 개방된다 함은, 각각이 서로의 고유한 본질을 비추되 그 본질을 완전히 남김없이 탈은폐하는 것은 아니라 "스스로를 은닉하는" 각자의 고유한 본질을 보존한 채 드러낸다는 점을 시사하고 있다.23) 이러한 세계의 거울놀이의 가장 고유한 본질은 무엇보다도 각자의 고유함 속으로 유연하게 엮어가며 친밀해지는 개방적 관계의 어우러짐에 있는데, 이렇게 서로의 본질을 침해하거나 지배하지 않는 거울놀이의 상생적 어우러짐으로부터 비로소 "사물의 사물화는 생기한다."24)

2. 세계의 네 방역들

사물은 사물화하면서 세계의 네 방역들을, 즉 땅과 하늘, 신적인 것들과 죽을 자들을, 사방의 하나로 포개짐 안에 머물게 한다. 우리는 여기서 사방세계의 통일성을 구성하는 네 방역들 각각의 고유성에 대해 숙고해 보고자 한다. 하이데거는 「사물」 강연에서 다음과 같이 말한다.

땅은 하천과 암석, 식물과 동물을 보살피면서, 건립하고 떠받치

---

22) 하이데거, 「사물」, 『강연과 논문』, 173쪽 참조.
23) 하이데거, 『언어로의 도상에서』, 211쪽 참조.
24) 하이데거, 「사물」, 『강연과 논문』, 173쪽 참조. 하이데거가 「사물」 강연에서 schmiegsam, geschmeidig, fügsam, leicht 등의 뜻을 지닌 고대 독일어 'gering'에 의거하여 'das Gering'이라고 부른 이 낱말의 참뜻은 이렇듯 '유연하게 엮어지며 친밀해지는 관계의 어우러짐'을 가리키는 것이라고 필자는 생각한다.

고 있는 것, 길러주며 결실을 맺어주는 것이다. 땅을 말할 때, 우리는 넷의 하나로 포개짐에 입각하여 이미 다른 셋을 함께 사유한다.

하늘은 태양의 운행, 달의 진행, 별들의 광채, 한 해의 계절들, 낮의 빛과 여명이며 밤의 어둠과 밝음이며 날씨의 은혜와 궂음이며 흘러가는 구름과 에테르의 푸른 깊이다. 하늘을 말할 때, 우리는 넷의 하나로 포개짐에 입각하여 이미 다른 셋을 함께 사유한다.

신적인 것들은 신성을 눈짓하는 사자(使者)들이다. 이 신성의 은닉된 주재함으로부터 신은 현존하는 것과의 모든 비교에서 스스로 물러서는 그런 자신의 본질 속으로 나타난다. 신적인 것들을 말할 때, 우리는 넷의 하나로 포개짐에 입각하여 이미 다른 셋을 함께 사유한다.

죽을 자들은 인간이다. 인간이 죽을 자들이라고 불리는 까닭은 그가 죽을 수 있기 때문이다. 죽는다는 것은, 죽음을 죽음으로서 흔쾌히 맞이할 능력이 있다(Tod als Tod vermögen: 죽음을 죽음으로서 받아들일 수 있다)는 것을 뜻한다. [⋯] 죽을 자들은 죽을 자들로서 존재의 산맥 안에 현성하면서 존재하는 그러한 자들이다. 죽을 자들은 존재로서의 존재에 대해 현성하는 관계다. 죽을 자들을 말할 때 우리는 넷의 하나로 포개짐에 입각하여 이미 다른 셋을 함께 사유한다.[25]

이와 매우 유사하게 그는 「건축함 거주함 사유함」 강연에서 다음과 같이 말한다.

땅은 봉사(헌신)하면서 떠받치고 있는 것, 혹은 꽃을 피우고 결실을 맺어주는 것이며, 하천과 암석에 이르기까지 확장되어 있고 식물과 동물에 이르기까지 솟아나고 있다. 우리가 땅을 말할 때, 우리는 이미 다른 셋을 더불어 사유하나, 넷의 하나로 포개짐을 숙고

---

25) 하이데거, 「사물」, 『강연과 논문』, 170-171쪽 참조.

제 5 장   사방세계와 신   177

하진 않는다.

하늘은 둥근 아치 모양으로 태양이 운행하는 길, 늘 모습이 변화하는 달의 궤도, 별들의 떠도는 광채, 사계절과 계절의 바뀜, 낮의 빛과 여명, 밤의 어둠과 청명, 날씨의 쾌청함과 궂음, 흘러가는 구름과 에테르의 푸른 깊이다. 우리가 하늘을 말할 때, 우리는 이미 다른 셋을 더불어 사유하나, 넷의 하나로 포개짐을 숙고하진 않는다.

신적인 것들은 신성을 눈짓으로 알려오는 사자들이다. 신성의 성스러운 주재함으로부터 신은 그의 현재 속으로 나타나거나 혹은 그의 감춤 속으로 스스로 물러난다. 우리가 신적인 것들을 명명할 때, 우리는 이미 다른 셋을 더불어 사유하나, 넷의 하나로 포개짐을 숙고하지 않는다.

죽을 자들은 인간이다. 인간이 죽을 자들이라고 불리는 까닭은 그가 죽을 수 있기 때문이다. 죽는다는 것은, 죽음을 죽음으로서 흔쾌히 맞이할 능력이 있다는 것을 뜻한다. 인간이 이 땅 위에서, 하늘 아래에서, 신적인 것들 앞에 머물러 있는 한, 오직 인간만이 죽고 혹은 정확히 말해서 늘 죽는다. 우리가 죽을 자들을 명명할 때, 우리는 이미 다른 셋을 더불어 사유하나, 넷의 하나로 포개짐을 숙고하진 않는다.[26]

1) 땅과 하늘

우리가 앞에서 비슷한 장문의 글을 모두 인용한 까닭은, 세계의 네 방역들에 관해 좀더 세심하게 숙고해 보기 위해서다. 먼저 세계의 한 방역으로서의 땅에 관해 살펴보도록 하자. 땅은 건립하면서 (혹은 봉사하면서) 떠받치고 있는 것이자 길러주면서 (혹

26) 하이데거, 「건축함 거주함 사유함(Bauen Wohnen Denken)」, 『강연과 논문』, 143-144쪽 참조.

은 꽃을 피우면서) 결실을 맺어주는 것이라고 말해지고 있다. 즉 땅은 자신이 자양분을 베풀어주고 길러주어 결실을 맺는 모든 것이자, 자신으로부터 산출된 이 모든 것들에게 봉사하는 만물의 어머니로서 사유되고 있다. 모든 것을 떠받치며 길러주는 만물의 어머니로서의 땅은 그 스스로 자신에 의해 산출된 모든 것들에게 말없이 헌신할 뿐, 그것들에게 어떤 대가를 요구하거나 자기 자신을 내세우지 않는다. 자신을 내세우며 드러내어 군림하기보다는 오히려 스스로를 은닉하면서 낮추는 땅은 자신의 품안에서 자라나는 모든 것들을 따뜻이 보살피면서 그것들이 각자 저마다 자신으로 자유롭게 존재하도록 지탱해 주는 신뢰의 기반이자 자비의 한없는 기반이다. 이러한 신뢰와 자비의 기반으로서의 땅은 그 스스로 산하에 이르기까지 확장되어 있고 동식물에 이르기까지 솟아나 성하고 있다. 다시 말해 그 스스로 산하이자 자신에 의해 산출된 온갖 동식물들로 성하기도 하는 땅은 그 자체가 사막의 모래알에서부터 험준한 산악의 거대한 암석에 이르기까지 이 모든 흙들이 함께 어우러져 속해 있는 은밀한 상호관계의 단단한 정적 지반이자, 암반수와 계곡의 샘에서 흘러나와 실개천과 하천을 이루며 흘러 강물을 이루고 거대한 바다로 흘러드는 이 모든 유수가 함께 어우러져 속해 있는 부단한 상호관계의 유동적인 지반이다. 이렇게 만물이 하나로 어우러져 공존하고 공생하는 전일적인 상호관계의 역동적인 지반으로서의 땅은 또한 자기 안에 지하의 모든 광물들과 미세한 생명들을 포괄하고 있을 뿐 아니라 자기 자신으로부터 산출된 지상의 모든 동식물들에게 알맞은 거처를 아낌없이 마련해 주고 건립하면서 보살펴주는 그 깊이를 헤아릴 수 없는 무한한 자비의 은닉된 지반으로서 사유되고 있다.

　이러한 땅과 개방적으로 관계하며 마주하고 있는 하늘은 무엇보다 먼저 죽을 자들로서의 인간이 이 땅 위에 거주하며 살아가는 그의 구체적인 삶의 경험 속에서 소박하게 이해되고 있는 세계의 한 방역을 가리킨다. 하이데거는 세계의 한 방역으로서의 하늘을 천문학적으로 이해되는 천체나 천구 혹은 일월성신의 총체 또는 이러한 것들이 차지하는 우주적인 기하학적 공간으로 이해하지 않는다. 그러기에 그는 하늘이란 단순히 태양과 달 그리고 별들이라고 말하지 않고 "태양이 운행하는 길"이라고 말한다. 지구가 태양을 중심으로 도는 것이지 태양이 지구 주위를 움직이는 것이 아니라는 과학적 사실을 그가 몰랐을 리 없겠으나, 그럼에도 불구하고 그는 태양이 운행하는 길이자 달이 흘러가는 길을 하늘이라고 부르고 있는 것이다. 이것은 곧 다음을 의미한다. 그에게서 하나로 포개져 어우러진 사방세계의 한 방역으로서의 하늘이란 죽을 자로서의 인간의 생활세계적인 삶의 경험과 긴밀하게 연관된 유동적인 존재관계의 열린 영역으로서의 하늘이라는 것이다. 즉 아침에 먼동이 트면 동녘 하늘을 붉게 물들이며 떠올라 한낮에는 중천에 떠 있다가 저녁이면 아름다운 노을과 함께 서산으로 저물어 가는 그런 구체적인 태양이, 다시 말해 우리의 생활세계 속에서 누구에게나 친근하게 경험되는 그런 태양이 대지 위에서 둥근 아치형으로 움직이는 길을 그는 하늘이라고 부르고 있다. 그러기에 이런 하늘은 해가 저문 다음에 주기에 따라 때로는 가냘프게 여윈 모습으로 나타나기도 하고 때로는 둥글게 가득 찬 모습으로 나타나 밤하늘을 밝히는 달이 흘러가는 길이기도 한 것이며, 저 나름의 질서정연한 자리를 차지한 채 어둠을 수놓으며 떠도는 온갖 별들이 뿜어내는 광채라고 말해지기도 하는 것이다. 이러한 태양의 운행과 달의 흐름 그리고 별들의 움직임에 따른 사계절의 순환과 변화도 하늘로 이해되며, 또한 낮과 밤의 교차 속에서 늘 되풀이되며 진행되는 하루하루의 가고 옴도 하늘의 현상이라고 이해된다. 사계절의 변화와 밤낮의 교차는 인간에게 그의 생활세계적 경험 속에서 시간의 무상한 흐름을 일깨우는 동시에, 이러한 것으로서의 하늘은 대지 위의 만물을 두루 공평히 밝히는 빛의 은혜로움으로 경험되기도 하고 이런 만물에게 휴식의 시간을 제공하는 어둠의 은혜로움으로 경험되기도 한다.

시간의 흐름으로서의 계절의 운동을 포함하는 이러한 하늘의 운동은 빛과 열의 은혜로운 방사를 통해 땅의 온갖 운동을, 즉 만물의 피어남과 성장, 꽃핌과 열매 맺음, 쇠함과 기나긴 휴식을 부단히 일어나게 하여 만물을 다양한 관계 맺음 속에 존재하게 하고, 이러한 땅의 운동과 결속된 인간의 삶의 양식을 — 즉 파종과 추수 등의 노동과 휴식을 — 보장해 준다. 이런 점에서 하늘은 사계절의 변화와 낮과 밤의 어둠과 청명이라고 말해지기도 하는 것이며, 이런 것으로서의 하늘은 "날씨의 쾌청함과 궂음"이라고 말해지기도 한다. 여기서 '날씨(die Wetter)'는 독일어 단수형이 아니라 복수형으로 씌어 있는데, 이것은 곧 이 땅 위에서 전개되는 온갖 기상현상들을 포괄함을 뜻한다. 즉 하늘은 동식물이 생존하고 인간이 거주하기에 적합한 날씨의 쾌청함(das Wirtliche) 과 동식물의 생존과 인간의 거주에 적합하지 못한 날씨의 궂음 (das Unwirtliche) 이 모두를 포괄한다.27) 따라서 날씨의 쾌청함과 궂음으로서의 하늘이란 청명함과 흐림, 따뜻함과 쌀쌀함, 건

조함과 습함, 무더위와 한파, 가뭄과 홍수, 비바람과 눈, 천둥과
번개, 미풍과 강풍, 폭우와 폭설 등 이 땅 위에 거주하는 인간과
생존하는 모든 동식물들의 삶에 영향을 미치는 모든 자연적 기
상현상들을 가리킨다. 이러한 자연적 기상현상들은 인간의 작위
(Machenschaft) 속에서 전개되는 것이 아니라, 오히려 이에 영향
을 끼치고 통제하려는 첨단과학으로 무장한 인간의 기술적 오만
을 여지없이 꺾어버리며 왜소하게 만든다. 하늘은 자신을 제압하
려는 인간의 지배의지에서 늘 스스로 물러나기(sich entziehen)
마련이다. 인간이 어떻게 하늘을 제압할 수 있겠는가? 그런 날은
결코 오지 않을 것이다. 인간의 기술은 비록 그것이 아무리 정교
하고 탁월한 것이라고 하더라도 대자연의 보이지 않는 거대한
섭리에 순응하고 응답하는(ent-sprechen) 방식으로만 정당하게 작
용할 수 있을 뿐이다. 이런 점에서 하이데거는 이렇게 말한다.
"죽을 자들은 땅을 구원하고" "하늘을 하늘로서 받아들이는(em-
pfangen) 한에서, 그들은 거주한다"28)고 말이다. 바로 이런 태도
는 "사람은 땅을 본받고, 땅은 하늘을 본받으며, 하늘은 도를 본
받고, 도는 자연을 본받는다"29)고 노래한 노자의 자연친화적인

---

27) 쾌청함과 궂음이라는 낱말 속에 깃들어 있는 독일어 'das Wirt'는 인간
의 거주 및 동식물의 숙주(宿主)와 긴밀한 관계가 있음에 주목해야 할
것이다.

28) 하이데거, 「건축함 거주함 사유함」, 『강연과 논문』, 144쪽 참조. 여기서
"땅을 구원하다"고 함은 땅을 착취하거나 지배하지 않고 땅을 땅의 고
유한 본질에로 자유롭게 놓아두는 것을 뜻한다. 따라서 이 말에는 인간
중심적인 근대적 휴머니즘을 발판으로 삼아 전 지구를 에너지의 창고로
여겨 땅을 무자비하게 착취하고 지배하려 했던 서구의 기술문명에 대한
비판이 담겨 있다.

29) 노자, 『도덕경』, 25장. "人法地, 地法天, 天法道, 道法自然"

삶의 태도와 상통하는 바가 크다고 하겠다.

아무튼 이러한 날씨의 쾌청함과 궂음은 "흘러가는 구름"과 밀접하게 연관되어 있으며, 또 "하늘을 가리는 맑은 덮개"30)로서의 흘러가는 구름의 변화무쌍한 모습은 존재의 무상함과 경이로움을 일깨우면서 하늘의 비밀스러움을 알려오는데, 이러한 비밀스러움은 "에테르의 푸른 깊이"와 관련되어 있다. 그리스 신화에서 에테르는 신들이 머무르는 지고의 장소로서 신성에 속해 있는 성스러운 영역이다.31) 하이데거는 그리스 신화에서부터 전승되어 횔덜린의 시에서 각인된 에테르의 시적인 의미를 수용하면서, 에테르를 "그 안에서 신들이 오로지 신들로 존재하는" "신성"의 영역32)이자 "정신의 열린 영역"33)이라고 사유하는데, 이렇게 "그 안에서 신성 자체가 여전히 현성하는 에테르의 기반은 성스러운 것"34)이라고 말한다. 이런 점에서 흘러가는 구름과 에테르의 푸른 깊이(die blauende Tiefe des Äthers)로서의 하늘은 "그 안에 신의 현존이 스스로를 감추고 있는" 신적인 것의 비밀스러운 영역이라고 할 수 있다.35) 천공의 깊이는 지상으로부터 멀어지면 멀어질수록 더욱 푸르러져(blauend), 결코 그 깊이를 잴 수

---

30) 하이데거, 『횔덜린 시의 해명』, 189쪽 참조.
31) Karl Philipp Moritz, *Götterlehre*, Frankfurt a. M., 1979, 80-81쪽 참조.
32) 하이데거, 「무엇을 위한 시인인가(Wozu Dichter?)」, 『숲길(*Holzwege*)』, GA Bd.5, Frankfurt a. M., 1977, 272쪽(1950 초판, 250쪽) 참조.
33) 하이데거, 『초연한 내맡김(*Gelassenheit*)』, Pfullingen, 1985, 15쪽 참조; 「초연한 내맡김」, 『동일성과 차이』, 신상희 옮김, 민음사, 2000, 125쪽 참조.
34) 하이데거, 「무엇을 위한 시인인가」, 『숲길』, 272쪽 참조.
35) 하이데거, 『횔덜린 시의 해명』, 166쪽 참조.

도 없고 아무런 한계도 가지고 있지 않은 무한한 공간이자 바탕
없는 고요한 심연(der bodenlose stille Ab-grund)이다. 그래서 그
깊이는 스스로를 철저히 은닉하고 있는 것이지만 그럼에도 불구
하고 하늘의 푸른빛으로 스스로를 내보이기도 하는 것이다. 하늘
의 푸름은 "성스러운 것의 깊이를 모아들이는" "어둠 속으로 [포
근히] 감싸인 밝음"이다.36) 이렇게 "모아들이면서 감춤 속에서
비로소 비추는 [하늘의] 깊이로 인해 푸름은 성스러운 것이다"37).
성스러운 것은 에테르의 푸른 깊이를 통해 스스로를 감추면서도
이러한 푸름으로부터 비로소 빛나는 것이다. 성스러운 것의 빛남
은 "성스러운 것이 스스로 물러나는 동안에 머무른다. 성스러운
것이 스스로 머무르는 내뻗 속에 참답게 존속함으로써 성스러운
것은 자신의 도래를 선사한다."38) 여기서 분명히 말해지고 있듯
이, 세계의 한 방역으로서의 하늘은 죽을 자들의 생활세계적 경
험 속에서 친근하게 경험되고 이해된 구체적 현상으로서의 하늘
일 뿐 아니라, 이러한 현상 속에서 비밀스럽게 현성하는 신적인
것의 차원을 아우르고 있다. 다시 말해 이러한 신적인 것의 차원
으로서의 하늘은 드러남과 감춤, 피어남과 저물음, 내보임과 은
닉함, 밝음과 어둠, 도래함과 물러남 등이 늘 교차하면서 생기하
는 존재의 비-은폐성의 성스러운 차원을 가리킨다.

---

36) 하이데거, 『언어로의 도상에서』, 44쪽 참조.
37) 하이데거, 『언어로의 도상에서』, 44쪽 참조.
38) 하이데거, 『언어로의 도상에서』, 44쪽 참조.

2) 신적인 것들과 죽을 자들

하이데거가 "신적인 것들(die Göttlichen)"이라고 부른 사방세계의 한 방역은 신(Gott)이 나타나기도 하고 물러나기도 하는 신성(Gottheit)의 영역으로서, 이는 존재하는 모든 것들의 현-존(An-wesen)과 부-재(Ab-wesen), 피어남과 저묾, 성함과 쇠함, 드러남과 감춤의 부단한 통일적 연관성 속에서 — 즉 음양의 조화로운 상생관계 속에서 — 비로소 전일적으로 경험되고 이해되는 자연의 역동적 영역으로서의 '땅과 하늘이 하나로 포개지는 세계방역들'과는 다른 존재방식을 갖는다. 땅과 하늘은 하나로 포개지는 사방세계 속에 서로 마주하며 관계하고 있는 한 쌍의 세계방역들이며, 이러한 땅 위에 그리고 하늘 아래 거주하는 죽을 자들은 신적인 것들과 관계하며 사방세계 속에서 하나로 포개지는 또한 쌍의 세계방역들을 구성한다. 즉 하늘이 땅에 마주하고 있듯이, 신적인 것들은 죽을 자들에게 마주하고 있다. 신적인 것들 앞에 죽을 자들로서 머무는 인간은 땅의 영역에 속해 있되, 신적인 것들은 하늘의 영역에 속해 있다. 신적인 것들은 "신성을 눈짓으로 알려오는 사자들"이다. 사자(使者, Bote)란 누구의 말이나 전갈을 타자에게 전달하는 중개자이자 매개자이며, 이 사자를 통해 분리된 둘은 서로 연결된다. 사자의 이런 언어적 의미에 주목해 보았을 때, 세계의 한 방역으로서의 신적인 것들은 "하늘의 모습"[39] 속에 감추어진 신성의 은닉된 영역으로부터 궁극적 신 (der letzte Gott)[40] 혹은 신적인 신(der göttliche Gott)[41]의 말을

---

39) 하이데거, 「인간은 시적으로 거주한다(Dichterisch wohnet der Mensch...)」, 『강연과 논문』, 194쪽 참조.

죽을 자들에게 알려오는 사자들이다. 다시 말해 신성의 사자들로서의 신적인 것들은 죽을 자들에게 존재의 성스러움을 눈짓으로 알려온다는 것이다.

하이데거가 시인 중의 시인이라고 칭송한 횔덜린의 시어에 따르면, "눈짓은 예로부터 신들의 언어다."42) 여기서 신들의 언어란 천둥소리, 바람소리, 빗소리 등의 "뇌우와 번개"43)를 가리키며, 나아가 하늘의 청명함과 포근함, 어둠과 밝음, 달빛과 별빛 등 이 모든 것을 통해 말 걸어오는 존재의 숨결들이다.44) 따라서 신적인 것들은 흘러가는 구름과 에테르의 푸른 깊이로서의 하늘의 모습 속에 감추어져 있는 신성의 본질영역으로부터 스스로를 은닉하고 있는 신과 신들의 언어를 죽을 자들에게 눈짓으로 알

---

40) 하이데거, 『철학에의 기여(*Beiträge zur Philosophie*)』, GA Bd.65 참조.

41) 하이데거, 『동일성과 차이』, 신상희 옮김, 65쪽 참조.

42) 하이데거, 『횔덜린의 송가(*Hölderlins Hymnen*)』, GA Bd.39, 32쪽 참조.

43) 하이데거, 『횔덜린의 송가』, 31쪽 참조. 이와 관련하여 모세가 하느님으로부터 십계명을 받을 때의 장엄한 순간을 기록한 성서의 다음 구절도 참조할 만하다. "천둥소리와 함께 번개가 치고 시나이산 위에 짙은 구름이 덮이며 나팔 소리가 크게 울려 퍼지자 […] 야훼께서 불 속에서 내려오셨다. […] 모세가 하느님께 말씀을 올리자 하느님께서 천둥소리로 대답하셨다."(「출애굽기」, 19:16-19)

44) "쾌청한 창공에 … 빛나고 있다"라는 횔덜린의 시를 숙고하면서 하이데거는 신들의 언어를 성스러운 자연의 현상들 속에서 찾고 있다. 이 시에는 다음과 같은 구절이 담겨 있다.
"신은 무엇인가? 알려져 있지는 않으나, 그럼에도 하늘의 얼굴은 신의 완전한 속성들이다. 말하자면 번개는 신의 노여움이다. 보여질 수 없는 것일수록 그것은 자신을 낯선 것 안으로 보낸다."
하이데거, 「인간은 시적으로 거주한다」, 『강연과 논문』, 194쪽 참조.

려오는 사자들이다. 존재의 성스러움이 주재하는 신성의 본질영역 속에 스스로를 은닉하고 있어서 알려져 있지 않은 "미지의 신 (der unbekannte Gott)"[45])으로서의 신적인 신은 신 자신에게는 낯선 것으로 남아 있으나 인간에게는 더할 나위 없이 친숙한 "하늘의 모습"을 통해 "자신을 보내오며, 그런 가운데 미지의 존재자로서 보호받은 채로 남아 있다."[46]) 여기서 신에게는 낯선 것이지만 인간에게는 친숙한 것으로서의 "하늘의 모습"이란, "하늘 아래에서, 그러므로 땅 위에서 번쩍이고 피어나며, 소리로 울리고 증발하며, 상승하고 다가오며, 그러나 또한 지나가고 떨어지며, 슬퍼하고 침묵하는, 그러나 또한 흐릿해지고 어두워지는 이 모든 것"이다.[47]) 이것은 에테르의 심연 속에 흘러가는 구름들의 변화무쌍한 모습들을 가리킨다.

하늘에서 가장 가깝고도 가까운 것은 구름이되, 구름은 하늘에만 속한 것이 아니라 땅에도 속해 있다. 구름은 대지에서 수증기로 증발하는 물의 입자들이 결집되어 생기는 것이므로, 땅과 하늘을 매개하며 이어주는 중개자다. 구름은 "뇌우의 지고한 현상들, 번개와 천둥, 폭풍과 빗줄기"를 자기 안에 간직하고 있고, "그 안에는 신의 현존이 은닉하고 있기에", 구름은 또한 신과 인간을 이어주는 중개자이기도 하다.[48]) 그러므로 번개와 천둥, 폭우와 폭풍 등 날씨의 온갖 현상들을 자기 안에 품고서 에테르의 푸른 심연 속에 흘러 다니는 구름들은 사방사계 안에서 존재의

---

45) 하이데거, 「인간은 시적으로 거주한다」, 『강연과 논문』, 191쪽 참조.
46) 하이데거, 「인간은 시적으로 거주한다」, 『강연과 논문』, 194쪽 참조.
47) 하이데거, 「인간은 시적으로 거주한다」, 『강연과 논문』, 194쪽 참조.
48) 하이데거, 『횔덜린 시의 해명』, 166쪽 참조.

성스러움으로서의 신성을 눈짓으로 알려오는 사자로서의 역할을 떠맡고 있는 셈이다.49) 이렇듯 세계의 한 방역으로서의 신적인 것들이란 흘러가는 구름과 에테르의 푸른 심연으로서의 하늘에 귀속해 있는 존재의 성스러운 영역이며, 이곳은 신들의 언어가 존재의 숨결로 드러나는 신성의 은닉된 본질영역이다. 이러한 신성의 은닉된 본질영역 안에서 궁극적 신 혹은 신적인 신의 나타남과 물러남이 일어난다. 따라서 신성의 본질영역은 알려지지 않은 미지의 신이 그의 현재 속으로 나타나거나 혹은 그의 감춤 속으로 스스로 물러나는 그런 현-존과 부-재의 가능성을 보증해 준다. 그러나 미지의 신이 스스로를 보내오는 낯선 것으로서의 하늘의 현상들을 통해 그의 현재 속으로 나타난다고 해서, 이러한 나타남이 신의 본질의 완전한 탈은폐는 아니며, 오히려 미지의 신은 하늘의 개방성을 통해 '스스로를 은닉하고 있는 것'으로서 스스로를 비밀스럽게 드러낼 뿐이라고 하이데거는 사유한다.50) 신은 자신의 본질을 결코 완전히 탈은폐하는 법이 없는데, 이렇게 완전히 탈은폐되지 않는다는 것, 달리 말해 "현존하는 모든 것과의 온갖 비교에서 스스로 물러선다"51)는 것은 신의 충만한

---

49) 카타리나 보만은 이러한 자연적 현상에 주목하여, 하이데거에게서 사방세계의 한 방역으로서의 신적인 것들이란 온갖 자연현상을 신으로 숭배하는 자연종교의 발생적 원천이 되는 '자연력(Naturkräfte)'을 단적으로 의미할 뿐이라고 단정하고 있으나, 이것은 잘못된 일면적 주장에 지나지 않는다(Katharina Bohrmann, *Welt als Verhältnis*, Frankfurt a. M., 1982, 90쪽 참조). 순전히(bloß) 물리적으로 현상하는 하늘과 땅의 모습으로서의 자연력 속에는 이미 존재의 성스러운 차원이 결여되어 있기 때문이다(하이데거, 『강연과 논문』, 194쪽 참조).

50) 하이데거, 「인간은 시적으로 거주한다」, 『강연과 논문』, 191쪽 및 194쪽 이하 참조.

본질에 속해 있는 것이다. 적어도 이런 점에 있어서 하이데거 자신도 신의 초월성을 인정하고 있는 셈이다. 그러나 이러한 초월성은 세계 밖의 초월성이 아니라 신성의 본질영역 속으로 물러서는, 따라서 존재의 비밀 속으로 물러서는 내재적 초월성이다.

사방세계의 한 방역으로서의 신적인 것들에 대한 하이데거의 이러한 사유에서 우리가 또한 주목해 보아야 할 사항은 다음과 같다. 「사물」 강연과 「건축함 거주함 사유함」 강연에서 신적인 것들은 "신성을 눈짓으로 알려오는 사자들"이며, 이러한 "신성의 성스러운 주재함으로부터 신은 그의 현재 속으로 나타나거나 혹은 그의 감춤 속으로 스스로 물러난다"고 말해질 때, 신적인 것들은 신성을 지시하고 신성은 다시금 신을 지시하면서 신에 대한 물음의 방향을 암시하고 있는데, 이러한 물음의 구조는『휴머니즘에 관한 서한』에서 표출된 신적인 신에 대한 그의 사유의 지평과 일치하고 있다.52) 하이데거가『동일성과 차이』에서 철학자들의 신에 대해 비판하면서 "신적인 신"을 명명할 때, 그 신은 탈-생기된 기술문명 속에 살고 있는 대부분의 사람들에겐 "알려지지 않은(unbekannt)" 신이요 그러기에 "은닉된 채 멀리 머무는 신"53)이지만, 그 신은 "하늘의 모습 속에"54) 스스로를 은닉하고 있어서 오직 "하늘의 개방성을 통해서"55) 우리에게 나타날 수 있다고 말해지는 그런 신이다. 존재하는 모든 것의 무한한 역동

---

51) 하이데거,「사물」,『강연과 논문』, 171쪽 참조.
52) 하이데거,『휴머니즘에 관한 서한』, 36쪽 이하 참조.
53) 하이데거,『횔덜린 시의 해명』, 26쪽 및 166쪽 참조.
54) 하이데거,「인간은 시적으로 거주한다」,『강연과 논문』, 194쪽 참조.
55) 하이데거,「인간은 시적으로 거주한다」,『강연과 논문』, 191쪽 참조.

적 관계망으로서의 세계 안에서 이러한 세계의 한 방역을 이루
며 현-존하기도 하고 부-재하기도 하는 이러한 신적인 신은 땅과
하늘의 창조자로서 이 세계 밖에 초월적으로 군림하면서 스스로
를 개시하는 아브라함의 아버지로서의 유대교적-그리스도교적인
신과 비교될 수 있는 것이 아니지만, 그렇다고 이러한 신을 완전
히 배제하는 것도 아니다.56) 이러한 필자의 시각은 신의 부재에
대한 하이데거의 다음과 같은 견해에서 비롯된다. "신과 신적인
것의 결여는 부재함이다. 물론 부재함은 아무것도 아닌 것이 아
니라, 오히려 그것은 이제 비로소 자기 것으로 수용해야 할 다음
의 현존함이다. 즉 있어 온 것의, 그래서 그렇게 집결된 채 현성
하는 것의 은닉된 충만의 현존함이며, [다시 말해] 그리스 정신
문화에서 그리고 예언적 유대교에서 또한 예수의 설교에서 [나타
난] 신적인 것의 현존함이다."57) 여기서 잘 드러나고 있듯이, 신
적인 것의 영역은 자연종교와 계시종교 등 지상의 다양한 종교
를 배제한 채 아주 새롭게 개시되는 하이데거 자신만의 독특한

---

56) 그리스도교에서의 하느님은 세계 밖의 초월자일 뿐 아니라, 세계 안에
   내재하는 '생명의 심연' 혹은 '존재의 궁극적 기반'으로서의 하느님이다
   (폴 틸리히, 『흔들리는 터전』, 김천배 옮김, 1999, 69-84쪽 참조). 이런
   점에서 배타적인 초자연적 유신론과는 달리, 하느님은 존재하는 모든 것
   을 둘러싸면서도 만물에 임재하는 영이자 존재의 숨결로 이해하면서 하
   느님의 초월성과 내재성을 모두 인정하는 범재신론(Panentheism)은 하
   이데거의 신적인 신에 대한 사유와 대화할 수 있는 긍정적인 길을 열어
   놓고 있다.
   범재신론에 대해서는 다음의 책을 참조하라. 마커스 보그, 『새로 만난
   하느님』, 한국기독교연구소, 2001; 마커스 보그, 『예수의 의미』, 한국기
   독교연구소, 2001.
57) 하이데거, 「사물」, 『강연과 논문』, 177쪽.

개인적 경험영역이 아니라58) 오히려 지상의 모든 종교의 근원적 경험 속에서 하나로 집결된 채 현성하는 성스러운 존재의 영역이며,59) 이 영역은 신적인 것의 고갈되지 않는 본질이 죽을 자들로서의 탈중심적-탈존적인 인간에게 이제 비로소 도래하여 자기 것으로 수용해야 할 그런 존재 자체의 근원적 영역을 가리키고 있다. 이러한 도래는 사라진 옛 신들의 단순한 재림을 뜻하는 것이 아니라, "그 안에 고뇌와 죽음과 사랑이 함께 공속하는"60) 존재의 심연 속으로의 죽을 자들의 다가옴을 기다리면서(warten) 이 죽을 자들에 대해(gegen-) 마주하여 있어 왔던 그런 현-재적 (gegen-wärtig)인 신들의 은닉된 도래다.61) 이러한 신들의 은닉된 도래는 존재의 "위대한 역사적 운명",62) 즉 "있어 왔으며 다가오고 있는 존재의 역사적 운명(das gewesend-kommende Geschick des Seins)"63)이다. 죽을 자로서의 인간은 존재의 말 걸어옴에 귀 기울이고 주목하면서 신적인 것의 영역 속에 신과 신들이 도

---

58) 그러기에 하이데거는 이렇게 말한다: "죽을 자들은 신적인 것들이 도래하는 눈짓을 기다리며 신적인 것들이 부재하는 징표를 오인하지 않는다. 죽을 자들은 그들의 신들을 만들어내지 않으며 우상을 숭배하지 않는다"고 말이다(『강연과 논문』, 145쪽 참조).

59) "우리가 종교의 근원에 이르면 모든 종교는 하나라는 사실을 발견한다"고 고백한 마하트마 간디의 말에 필자는 전적으로 동감한다(간디, 『날마다 한 생각』, 함석헌 옮김, 호미출판사, 2001, 160쪽 참조). 종교의 근원은 우리들 자신의 시원적인 삶의 밑바탕이 되는 존재의 성스러운 차원을 떠나서는 결코 존립하지 않는다고 필자는 보기 때문이다.

60) 하이데거, 『숲길』, 271쪽 참조.

61) 이러한 신을 하이데거는 『철학에의 기여』에서 '궁극적 신(der letzte Gott)'이라고 불렀다.

62) 하이데거, 『횔덜린 시의 해명』, 184쪽 참조.

63) 하이데거, 「사물」, 『강연과 논문』, 177쪽 참조.

래하는 그런 존재의 역사적 운명에 대해 깨어나야 하며, 이런 점에서 존재의 파수꾼이 되어야 한다.

여기서 인간이 존재의 파수꾼이 되어야 한다는 것은 무엇을 뜻하는가? 이것은 곧 사방세계를 그것의 본질 안에서 소중히 보살피며(schonen) 수호해야(hüten) 한다는 것을 뜻한다. 인간은 그가 죽을 자로서 "이 땅 위에서, 하늘 아래에서, 신적인 것들 앞에서 머무르고 있는 한에서", 사방세계 안에 존재한다. 사방세계 안에 존재하는 인간은 서구 형이상학에 의해 이성적 동물로서 규정되기 이전에 이미 그의 시원적인 본질에 있어서 본래 '죽을 자들'이다. 그러기에 이성적 동물로서의 인간이 자신의 근원적인 참 본질을 되찾고자 한다면, 그는 우선 죽을 자들로서의 인간이 되지 않으면 아니 된다고 하이데거는 말한다.[64] 그렇다면 죽을 자들로서의 인간이란 누구인가? 여기서 죽는다(Sterben)는 것은 무엇을 의미하는가? 인간의 죽음은 동식물들의 죽음과는 다르다. 동식물들은 삶의 과정에 있어서 죽음과의 어떠한 유의미한 관계도 갖지 못하기에, 그것들은 단지 생을 마감하며 사멸할(enden) 뿐이다. 그러나 인간에게서 죽음은 동식물들의 죽음과는 달리 생의 단순한 종식이나 종말(Ende)이 아니라, 그것은 "무의 관"[65]이다. 다시 말해 죽음은 무를 자기 안에 간직하고 있는 관이요, 존재의 비밀을 자기 안에 감싸 간직하고 있는 존재의 거대한 산맥(das Gebirg des Seins)이다. 무는 초대받지 않은 섬뜩한 손님으로 언제 어디에서나 우리의 현실적인 삶 이면에서 서성거리고

---

64) 하이데거, 「사물」, 『강연과 논문』, 171쪽 참조.
65) 하이데거, 「사물」, 『강연과 논문』, 171쪽 참조.

있다. 그러나 인간이 진정 인간이 되고자 한다면, 그는 무화하는 무의 출현을 외면하거나 물리치지 말고, 오히려 그것이 자기에게 다가와 관계하도록 허용해야 하며 개방해야 한다. 이럴 때 무는 우리의 개방된 마음의 자리에 들어와 헛된 생각과 허망한 욕망 그리고 부질없는 이기심 등을 깨끗이 비워버리고 청정하게 한다. 이렇게 청정해진 마음의 자리에서는 무가 존재의 비밀로서 현성하면서 밝은 빛을 충만하게 선사한다. 그러기에 무는 그 깊이와 근원을 알 수도 없고 헤아릴 수도 없는 존재의 충만한 빛이다. 죽음이 무의 관이라는 것은 인간이 이러한 무의 깊이를, 따라서 존재의 비밀을 들여다 볼 수 없음을 함축하고 있다. 죽음 속에서 우리들 자신에게 말 걸어오는 것은 이렇게 비밀스럽게 현성하는 것으로서의 무인 것이다.

따라서 '죽는다'는 것은 지상의 삶을 마감한다는 것이 아니라, '죽음을 죽음으로서 흔쾌히 받아들인다'는 것을 뜻한다. 오직 인간만이 매순간 '늘 죽는다'고 말해질 때, 이러한 죽음의 경험에서는 은닉된 존재로서의 무가 우리에게 말 걸어오는데, 이러한 말 걸어옴에 우리가 순수하게 응할 때, 인간은 자신의 본질 가까이에 이르게 된다. 왜냐하면 인간의 본질은 "존재로서의 존재와 본원적으로 관계하며 현성하는 그런 관계(das wesende Verhältnis zum Sein als Sein)"66)이기 때문이다. 그러므로 죽음을 죽음으로서 흔쾌히 받아들인다는 것은, 존재의 비밀을 간직하고 있는 것으로서의 죽음에 대해 늘 개방적인 태도로 임한다는 것, 따라서 존재의 비밀에 대해 스스로를 언제나 초연히 내맡긴다는 것

---

66) 하이데거, 「사물」, 『강연과 논문』, 171쪽 참조.

을 뜻한다. 이렇게 초연히 내맡긴다는 것은 그때그때마다 자기 존재의 비본래적 자아성 — 여기에는 이기적이고 욕망적이며 자기중심적이고 배타적인 인간존재의 온갖 형이하학적인 규정들뿐 아니라, 세계와 분리된 자기의식의 자발적 주체로서의 사유하는 자아 등의 형이상학적 규정들도 포함된다 — 을 철저히 부정하고 불살라 비워버림으로써67) 존재 자체와 본원적으로 관계하는 참다운 **관계적 존재로서의 참나**가 된다는 것,68) 그래서 존재의 열린 장 가운데 탈존하면서 개방적으로 존재하는 참나가 된다는 것, 그리고 이러한 참나로서 깨어나 개방적이며 상생적인 역동적 관계망으로서의 사방세계 안에 거주하며 존재한다는 것을 뜻한다. 그러므로 결국 '죽는다'는 것은 이렇게 사방세계 안에서 신적인 것들 앞에 늘 깨어 있는 참나로서 거주하며 살아간다는 것을 뜻한다고 하겠다.69)

---

67) 이렇게 비워졌을 때만이, 사방세계의 한 방역으로서의 죽을 자들은 비로소 다른 셋을 비추는 거울이 된다. 이러한 거울 속에 신적인 신은 그의 현재 속으로 도래한다. 그러기에 예수 그리스도도 자기를 따르려는 제자들에게 말하길, "누구든지 자기를 버리고 제 십자가를 짊어지지 않고서는"(「마태오」, 16:24) 하느님 나라에 이를 자가 없다고 했다. 하지만 이렇게 거울 같은 존재로 비워졌을 때, "하느님의 나라는 바로 너희 가운데 있다."(「루가」, 17:21)

68) 폴 틸리히는 이렇게 죽음을 기꺼이 떠맡으려는 용기야말로 자기부정을 통해 자기긍정에 이르는 진정한 '존재의 용기'이며, 이러한 용기를 통해 인간은 존재의 궁극적 기반에 참여하게 되면서 신적인 신을, 다시 말해 철학자의 신과 유신론의 신 너머에 계신 하느님(God above God)을 만나게 되는 절대적 신앙의 차원에 이르게 된다고 역설하고 있다. 폴 틸리히, 『존재의 용기』, 차성구 옮김, 예영커뮤니케이션, 2004, 특히 194-226쪽 참조.

69) 사람이 죽어야 산다는 말처럼 진리에 가까운 말이 또 있을까 생각해 본다.

하지만 사방세계 안에 거주하며 존재하는 죽을 자들로서의 인간이 자신에게 고유한 죽음의 참된 의미를 깨닫지 못하고 또 그런 죽음을 기꺼이 떠맡으려고 하지 않는 한, 이 시대는 여전히 궁핍하고 어두울 수밖에 없을 것이며, 따라서 신적인 신의 도래는 요원할 수밖에 없을 것이다.

모든 것은
텅 비어 있고
하늘처럼
열려 있고
숨김없이
드러나 있다.
어디에나
은총의 빛은
가득하다.

제 6 장

사방세계 안에 거주함 :

자연친화적 삶의 방식에 대한 모색

오늘날 대다수의 한국인들은 '거주한다'는 의미를 부의 가치의 척도나 기타 사회적 여건에 따라 어떤 지역의 어떤 집에 살고 있다는 정도로 이해할 뿐 이에 대해 더 이상 생각하지 않는다. 이 경우에 거주함의 의미는 거주지와 자신의 거처에 완전히 종속되어 있을 뿐이다. 그러나 이러한 통속적 이해는 거주함의 참된 의미를 철저히 망각하고 있는 왜곡된 현상에 불과하다. 그렇다면 거주한다는 것은 무엇을 의미하는가? 거주한다는 것은 단순히 살아가고 생활하기 위해 숙식의 문제를 해결하는 정도에 불과한 것인가? 아니다. 집에서 기르는 애완견이나 농가에서 사육되는 소와 돼지에게도 숙식은 하등의 문젯거리가 되지 않는다. 우리는 애완견과 소 그리고 돼지에게 그것들이 어떻게 거주하는지 묻지 않는다. 왜냐하면 인간만이 거주하기 때문이다. 동식물은 거주하지 않는다.

인간이 이 땅 위에서 인간답게 거주한다는 것은 도대체 그 본질에서 무엇을 의미하는가? 거주한다는 것은 단지 주택을 소유하는 것에 불과한 것인가? 주택 공급률이 90%를 웃도는 이 시대에도 특정 지역의 분양 열기는 하늘을 찌를 듯 뜨겁게 달아오르고 있다. 주택 공급률이 100%를 넘으면 주거문제는 완전히 해결될 것인가? 그렇지 않다. 거주함의 본래적 곤경은 그런 것에 달려 있는 것이 아니기 때문이다. 거주함의 본래적 곤경은 우리가 거주함의 의미를 철저히 망각하고 살고 있기에 이제 그것의 의미를 비로소 배워야 한다는 점에 놓여 있다. 인간이 거주함의 본래적 의미를 망각하고 살고 있다는 바로 그 점에서 현대인의 고향상실이 더욱 심화되고 있다고 한다면, 이제 우리가 해야 할 시급한 일은 무엇보다도 인간이 인간답게 거주해야 할 근원적 처소로 귀환하기 위해 노력해야 하는 것이 아닐까? 이에 필자는 현대인의 고향상실을 극복하기 위한 하나의 방안으로 거주함의 본질의미에 대해 숙고해 보고자 한다.

1. 사방세계 안에 거주함

하이데거는 1951년 다름슈타트에서 행한 그의 강연 「건축함 거주함 사유함」에서 거주함의 의미에 대해 숙고하면서 터-있음으로서의 인간존재의 근본특성은 거주함에 있다고 말한다. 여기서 거주함이란 인간이 살아가면서 어떤 거처에 머물고 숙박하면서 가사 일을 돌보거나 직업에 종사하는, 혹은 누구를 만나거나 여가를 즐기는 등의 다양한 삶의 방식들 가운데 어느 특정한 하나의 일상적 방식을 가리키는 것이 아니며, 더욱이 주택의 소유를 의미하는 것이 아니다. 거주함이 터-있음으로서의 인간존재의 근본특성이라고 할 때, 여기서의 거주함이란 그것의 일상적 의미가 문제시되는 것이 아니라 그에 앞서 그 안에 은닉된 그것의 망각된 본질적 의미가 문제시되고 있는 것이다. 단적으로 말해서 그에게 거주한다는 것은, 터-있음의 터 안에 탈자적으로 존재한다는 것을 의미한다. 즉 거주한다는 것은 죽을 자들로서의 인간 각자가 그때그때마다 거주하며 살아가는 저마다의 생활세계 안에 개방적 관계로서 존재한다는 것을 의미하며, 이것은 다시 말해 존재의 진리가 그때그때마다 생기하는 열린 터전으로서의 사방세계 안에 그가 탈자적-개방적으로 존재한다는 것을 의미한다. 그래서 "거주함이란 죽을 자들이 이 땅 위에 존재하는 방식"[1]이라고 그는 힘주어 말한다.

거주함(Wohnen)의 본래적 의미에 대하여 좀더 깊이 숙고하기 위해, 그는 우선 이 낱말이 유래해 나온 고대 작센어 'wuon'과 고트어 'wunian'의 어원적 의미에 귀 기울이기 시작하는데, 그 까닭은 우리가 사유해야 할 사태 — 여기에서는 '거주함' — 의 본질에 대해서는 언어가 언제나 이미 우리에게 말 건네고 있다고 그는 생각하기 때문이다. 'wuon'과 'wunian'은 고대 독일어 'buan'과 마찬가지로 '…에 머물러 있음', '…에 체류하고 있음'을 뜻한다. 특히 고트어 'wunian'은 이러한 머물러 있음이 해악과 위험으로부터 해방된 자유로운 터전에 머무르고 있음을 좀더 명확히 말해 주고 있다. 그는 언어가 건네는 이러한 말에 귀 기

---

1) 하이데거, 「건축함 거주함 사유함(Bauen Wohnen Denken)」, 『강연과 논문(*Vorträge und Aufsätze*)』, Pfullingen, 1985, 142쪽 참조.

울이면서 거주함의 근본특성은 어떤 것을 아끼며 사랑하며 소중히 보살피는 이러한 "보살핌(Schonen)"2)의 긍정적 의미 속에 깃들어 있다고 사유한다. 우리가 어떤 것을 진정으로 보살핀다면, 그것은 우리가 우리 자신의 이익을 위해 어떤 것의 본질을 억압하거나 침해함이 없이 오히려 "어떤 것을 처음부터 그것의 본질 안에 그대로 놓아둘(belassen) 때" 자연스레 일어나며, 다시 말해 우리가 어떤 것을 오로지 그것의 본질 안으로 되돌려놓아 [소중히] 간직하며(zurückbergen) 보호할 때 참답게 일어날 것이다.3)

그런데 이러한 보살핌의 본래적인 의미가 인간이 죽을 자로서 이 땅 위에 거주하는 이러한 거주함의 모든 방식과 전 범위를 철저히 관통하고 있다고 하이데거는 생각한다. 그의 이러한 통찰에 따르면, 인간이 죽을 자들로서 이 땅 위에 참으로 거주한다는 것은, 이 땅 위에 존재하는 각각의 것들을 그것들의 고유한 본질에 있어서 침해함이 없이 오히려 그것들 각자가 각각의 고유한 본질 속에 있는 그대로 피어날 수 있도록 소중히 보살피는 가운데 서로 공존하고 공생하는 상생적 방식으로 살아가면서 탈자적-개방적으로 체류하는 것을 뜻한다고 하겠다. 그런데 인간이 '이 땅 위에서' 탈자적-개방적-상생적으로 체류한다는 것은 이미 '하늘 아래에서' 체류한다는 것을 의미한다. 그리고 이 양자는 '신적인 것들 앞에 머물러 있음'을 의미하는 동시에, 이와 더불어 '인간이 관계적 존재로서 죽을 자들과의 상생적 상호관계 속에 더불어-있음'을 의미한다. 인간이 이 땅 위에서, 하늘 아래에서, 신적

---

2) 하이데거, 「건축함 거주함 사유함」, 『강연과 논문』, 143쪽 참조.
3) 하이데거, 「건축함 거주함 사유함」, 『강연과 논문』, 143쪽 참조.

인 것들 앞에서 머물러 있는 한에서, "오직 인간만이 죽고 혹은 정확히 말해서 늘 죽는다(fortwährend sterben)."4)

땅과 하늘, 신적인 것들과 죽을 자들, 이 넷은 근원적으로 하나로 포개져 펼쳐져 나오는 사방세계 안에 언제나 이미 함께 귀속해 있다. 따라서 인간이 죽을 자들로서 이 땅 위에 거주한다는 것은 곧, 인간이 다른 셋과 더불어 이미 이 넷이 하나로 포개져 펼쳐지는 사방세계 안에 거주한다는 것을 뜻한다. 그런데 앞에서 지적했듯, 거주함의 근본특성은 소중히 보살핌이다. 그러므로 인간은 자기가 그 안에 존재하는 사방세계를 그것의 본질 속으로 소중히 보살피는 탈자적 방식으로 거주하는 것이며, 이에 따라 사방세계 안에 거주한다는 것은 사중적 방식을 갖는다. 하이데거는 거주함의 사중적 방식에 대해 이렇게 말한다. 죽을 자들은 "땅을 구원하고" "하늘을 하늘로서 받아들이고" "신적인 것들을 신적인 것들로서 기다리며" "죽을 자들을 인도하는" 한에서 사방세계 안에 거주한다고 말이다.5) 사방세계 안에 거주하는 이러한 사중적인 방식이 전일적으로 사유될 때에만, 비로소 사방세계를 구성하는 각각의 개별적 방역들 속에서 다른 셋이 함께 사유될 수 있으며, 또 이럴 때에만 넷이 하나로 포개지는 근원적 통일성으로부터 다른 세 방역들이 함께 사유될 수 있다. 따라서 우리는 먼저 죽을 자들이 사방세계 안에 거주하는 사중적 방식들 각각에 대해 순차적으로 살펴보고자 한다.

---

4) 하이데거, 「건축함 거주함 사유함」, 『강연과 논문』, 144쪽 참조.
5) 하이데거, 「건축함 거주함 사유함」, 『강연과 논문』, 144-145쪽 참조.

1) 이 땅 위에 그리고 하늘 아래 거주함

우선 "죽을 자들이 땅을 구원하는 한에서 거주한다"6)는 말은 무슨 뜻인가? 여기서 '구원한다'는 말은 어떤 것을 그것이 처해 있는 위험으로부터 구해 낸다는 통상적 의미를 넘어서 "어떤 것을 그것의 고유한 본질에로 자유롭게 놓아둠(freilassen)"을 뜻한다.7) 이렇게 자유롭게 놓아둔다는 것은 그저 아무렇게나 방임하는 태도가 아니라 어떤 것이 자기 자신으로 존재하도록 지극히 배려하는 태도이며, 이는 다시 말해 어떤 것이 자신의 고유한 본질영역 속에 참답게 존속하도록 보호하고 지키며 소중히 아끼는 태도를 가리킨다. 따라서 땅을 구원한다는 것은 땅을 에너지의 창고나 보고로 여겨 에너지를 채굴하고 변형하고 저장하고 이용하는 가운데 그것을 지배하거나 무자비하게 착취하려는 현대인의 고삐 풀린 기술적 의지를 포기하고, 땅이 땅의 고유한 본질영역 속으로 되돌아가 세계의 한 방역으로서의 땅이 사방세계 안에 참답게 간직되도록 소중히 보살피는 태도를 말한다. 사방세계의 한 방역으로서의 땅은 다른 세 방역과 무관하게 그저 홀로 스스로 존립하는 하나의 독립된 실체가 아니다. 따라서 자유롭게 놓아두어야 할 땅의 '고유한' 본질이란 자기 자신 안에 확고하게 확정되어 있는 어떤 닫힌 본질이 아니라, 다른 세 방역 및 이 방역에 속해 있는 모든 것들에게 스스로 개방되어 있어서 다시금 땅 자신의 편에서 다른 것의 도움을 필요로 하는 열려 있는 본질이다. 이런 개방적 관계망의 한 방역으로서의 땅이란, "건립하면

---

6) 하이데거, 「건축함 거주함 사유함」, 『강연과 논문』, 144-145쪽 참조.
7) 하이데거, 「건축함 거주함 사유함」, 『강연과 논문』, 144-145쪽 참조.

서 (혹은 봉사하면서) 떠받치고 있는 것이자 길러주면서 (혹은 꽃을 피우면서) 결실을 맺어주는 것"이며, "하천과 암석에 이르기까지 확장되어 있고 식물과 동물에 이르기까지 솟아나 있다"고 하이데거는 말한다.8) 즉 땅은 자신이 자양분을 베풀어주고 길러주어 결실을 맺는 모든 것이자, 자신으로부터 산출된 이 모든 것들에게 봉사하며 헌신하는 만물의 어머니로서 사유되고 있다.9)

모든 것을 떠받치며 길러주는 만물의 어머니로서의 땅은 그 스스로 자신에 의해 산출된 모든 것들에게 말없이 헌신할 뿐, 그 것들에게 어떤 대가를 요구하거나 자기 자신을 내세우지 않는다. 자신을 내세우며 드러내어 군림하기보다는 오히려 스스로를 은닉하면서 가장 낮추는 땅은 자신의 품안에서 자라나는 모든 것들을 따뜻이 보살피면서 그것들이 각자 저마다 자신으로 자유롭게 존재하도록 지탱해 주는 신뢰의 기반이자 자비의 한없는 기반이다. 이러한 신뢰와 자비의 기반으로서의 땅은 그 스스로 산하에 이르기까지 확장되어 있고 동식물에 이르기까지 솟아나 성하고 있다. 다시 말해 그 스스로 산하이자 자신에 의해 산출된 온갖 동식물들로 성하기도 하는 땅은 그 자체가 사막의 모래알에서부터 험준한 산악의 거대한 암석에 이르기까지 이 모든 흙들이 함께 어우러져 속해 있는 은밀한 상호관계의 단단한 정적 지반이자, 암반수와 계곡의 샘에서 흘러나와 실개천과 하천을 이

---

8) 하이데거, 「건축함 거주함 사유함」, 『강연과 논문』, 143쪽 참조; 「사물 (Das Ding)」, 『강연과 논문』, 170쪽 참조.
9) 사방세계에 관해 논의를 전개함에 있어, 불가피하게 앞장의 내용과 중복되는 부분이 있다. 이 점에 대해서 필자는 독자들에게 양해를 구하고자 한다.

루며 흘러 강물을 이루고 거대한 바다로 흘러드는 이 모든 유수가 함께 어우러져 속해 있는 부단한 상호관계의 유동적 지반이다. 이렇게 만물이 하나로 어우러져 공존하고 공생하는 전일적인 상호관계의 역동적 지반으로서의 땅은 또한 자기 안에 지하의 모든 광물들과 미세한 생명들을 포괄하고 있을 뿐 아니라 자기 자신으로부터 산출된 지상의 모든 동식물들에게 알맞은 거처를 아낌없이 마련해 주고 건립하면서 보살펴주는 그 깊이를 헤아릴 수 없는 무한한 자비의 은닉된 지반으로서 사유되고 있다. 따라서 인간이 죽을 자들로서 자신들의 체류를 위해 이러한 땅을 구원한다는 것은, 이렇게 무한한 자비의 은닉된 지반이자 전일적 상호관계의 역동적 지반으로서의 땅의 고유한 존재를 깨닫고 이에 감사하면서 이러한 관계적-개방적 존재에 응답하는 자연친화적인 삶의 방식을 되찾아 나서는 것을 뜻한다고 하겠다.

사방세계의 한 방역으로서의 이러한 땅에 대한 인간의 참된 관계 맺음은, 인간이 죽을 자로서 이 땅 위에 거주하기 위해 삶의 자리를 지어 나가는 그의 행위 즉 짓기(Bauen, 지음, 건축함)를 통해 구체적으로 실현된다. 거주함이 짓기 혹은 건축함을 통해 실현된다고 할 때, 이 양자는 마치 목적과 수단의 관계 속에 서로 결정적으로 연관되어 있는 것처럼 보인다. 이 경우에 우리는 이 양자를 두 개의 분리된 활동으로 간주하면서 이 둘의 관계를 올바로 표상하고는 있지만, 그럼에도 불구하고 우리는 동시에 목적-수단의 도식을 통해 거주함과 건축함의 본질적인 관련을 은밀히 왜곡하고 있는 셈이다. 왜냐하면 짓는다는 것은 단지 거주하기 위한 수단이나 방법에 불과한 것이 아니라, 삶의 자리를 짓는 행위 그 자체가 이미 거주하는 행위이기 때문이다.10)

짓는다는 것은 하이데거에게서 좁게는 이중적 의미를 갖지만, 넓게는 더 근본적인 의미를 포함하여 삼중적 의미를 갖는다. 이 낱말은 첫째, 농부가 밭을 갈거나 농경지를 경작하거나 과수를 재배하거나 목초지를 가꾼다는 뜻에서의 '돌본다(hegen)' 혹은 '보호한다(pflegen)'의 의미를 갖는다. 둘째, 이 낱말은 성장하는 자생적 사물들을 돌보거나 그가 기른 것을 보호하는 것과는 달리, 집을 짓거나 사원을 건축하거나 작품을 만드는 등의 건립함(errichten) 혹은 제작함(herstellen)을 뜻한다. 이런 이중적 방식의 짓기는 이 땅 위에 거주하기 위해 삶의 **구체적인** 자리를 지어 나가는 그런 행위다. 그러나 이러한 이중적 방식의 짓기를 통해 이룩된 모든 것들이 이 땅 위에 체류하기 위한 죽을 자들의 거주함의 시원적 본질을 채우는 것은 아니며, 오히려 이러한 것들은 거주함의 본질적 결과로서 주어질 뿐이다. 성장을 돌보거나 건축물을 건립한다는 이중적 의미에서의 짓기와는 달리, 이 낱말은 더 본질적인 의미를 가지고 있는데, 그것은 거주함을 시원적으로 근거짓는 그런 지음으로서의 시 짓기 혹은 시 지음(dichten)을 뜻한다.11) 이런 것으로서의 시 지음은 인간이 죽을 자들로서 이 땅

---

10) 하이데거, 「건축함 거주함 사유함」, 『강연과 논문』, 140쪽 참조. 하이데거는 독일어 'Bauen(짓기, 건축함)'의 고어인 'buan'의 의미 — 즉 머물러 있음, 체류하고 있음 — 에 주목하면서, 이 낱말의 본래적 의미는 거주함이라고 말한다. 더 나아가 '내가 있다(bin)' 혹은 '네가 있다(bist)'라는 표현에서의 동사 '있다'도 고대 독일어 'buan'에 귀속하기에, 이 표현의 참뜻은 원래 '내가 거주한다' 혹은 '네가 거주한다'를 의미한다고 강조한다. 즉 내가 있고 네가 있는 그 방식, 다시 말해 인간이 이 땅 위에 존재하는 그 방식은 '거주함'이기에, 인간존재의 근본특성은 거주함에 있다고 그는 말한다.

11) 하이데거, 「인간은 시적으로 거주한다(Dichterisch wohnet der Mensch...)」,

위에 그리고 하늘 아래 거주하기 위한 **시원적인** 삶의 장소를, 다시 말해 거주함의 본질차원을 근거지어 나가는 아주 탁월한 방식의 지음이다. 여기서 시 지음이 아주 탁월한 방식의 지음이라고 불리는 까닭은, 그것이 거주함의 본래적 처소로의 귀환을 노래하면서 시원적인 삶의 밑바탕을 찾아 나서는 행위이자, 이런 근원적 처소로서의 고향에 머물기 위해 사방세계를 수호하는 그런 집을, 즉 존재의 집을 지어 나가는 시원적 행위이기 때문이다. 이런 점에서 시 지음은 거주함을 거주함으로서 존재하게 하는 "시원적인 짓기(das anfängliche Bauen)"인 셈이다.12) 그러므로 시 짓는다는 것은 이 땅 위에서의 인간의 체류를 공허한 상상력의 산물로 만들어내는 것이 아니라, 오히려 인간을 거주함의 본질차원으로 초대하면서 그를 이러한 차원 안에 시원적으로 거주하게 하는 것이다.

그런데 우리가 이 땅 위에 거주한다는 혹은 더 나아가 존재하는 모든 것들의 전일적인 상호관계망으로서의 사방세계 안에 거주하고 있다는 이런 원초적이고도 시원적인 삶의 개방적 연관성을 망각하게 될 때, 짓기 혹은 건축함의 행위는 거주함의 본래적 의미차원을 상실한 채 단순히 주거문제를 해결하기 위한 혹은 다른 어떤 목적(예를 들면 이득의 성취)을 이루기 위한 하나의

『강연과 논문』, 185쪽 이하 참조. 거주함을 시원적으로 근거짓는다는 의미에서의 시 지음은 "본래적으로 거주하게 함"이며, 이런 것으로서의 지음은 "아주 탁월한 지음" (183쪽)이라고 하이데거는 말한다.
12) 하이데거, 「인간은 시적으로 거주한다」, 『강연과 논문』, 196쪽 참조 "시 지음은 거주함의 차원을 본래적으로 가늠하는 활동으로서 시원적인 짓기다. 시 지음은 인간의 거주함을 비로소 그것의 본질 안으로 들어서게 한다. 시 지음은 근원적으로 거주하게 함이다."

독립된 활동으로 간주되어 수단적 위치로 전락하게 된다. 이렇게 될 때, 짓기 혹은 건축함의 본래적 의미는 철저히 망각 속에 빠지게 된다. 하지만 짓는다는 것은, 그것이 인간의 생존을 위해 동식물의 성장을 돌보는 행위든 혹은 집을 짓기 위해 돌과 원목을 마련하는 행위든, 인간이 죽을 자들로서 이 땅 위에서 그리고 하늘 아래에서 그리고 신적인 것들 앞에서 체류하며 거주하는 가운데 이 거주함을 실현시켜 나가는 그의 구체적인 삶의 행위들이다. 그러기에 사방세계 안에 거주한다는 것은 — 그것이 자생적인 사물이든 인위적인 사물이든 — 사물들 곁에 체류하는 그의 구체적인 삶의 방식을 통하여 완수된다고 하이데거는 보고 있다. 사물들 곁에 체류한다는 것은 사물이 사물화하도록, 다시 말해 사물이 자신 안에 사방세계를 가까이 모아들이는 그런 사물로서 현성하도록 각각의 사물을 소중히 돌보고 보살피는 가운데, 인간이 그때그때마다 사방세계 내에서의 죽을 자로서의 자신의 역할을 충분히 깨닫고 다른 세 방역들과의 개방적 관계를 구체적으로 실현해 나가는 그런 삶의 방식을 가리킨다.

죽을 자들은 이런 방식으로 땅을 구원하는 한에서 거주할 뿐 아니라, 이와 동시에 "하늘을 하늘로서 받아들이는 한에서 거주한다." "죽을 자들은 태양과 달에게 그것들의 운행과정과 별들에게는 그것들의 궤도를, 또한 사계절에게 그것들의 축복과 매정함을 일임하며(lassen), 그리고 밤을 낮으로 만들거나 낮을 고달픈 부산함으로 만들지 않는다."[13] 여기서 땅과 개방적으로 관계하며 마주하고 있는 하늘은 천문학적으로 이해된 천체나 천구 혹은

---

13) 하이데거, 「건축함 거주함 사유함」, 『강연과 논문』, 144쪽 참조.

이러한 것들이 차지하고 있는 물리적-기하학적 공간으로서의 하늘이 아니라, 무엇보다 먼저 인간의 생활세계적인 삶의 경험 속에서 누구에게나 소박하게 이해되고 있는 세계의 한 방역으로서의 하늘을 가리킨다. 즉 하늘은 땅과 마주하고 있는 유동적인 존재관계의 열린 영역을 가리킨다. 그러기에 그는 하늘이란 단순히 태양과 달 그리고 별들이라고 말하지 않고 대지 위에서 "둥근 아치 모양으로 태양이 운행하는 길이자 늘 모습이 변화하는 달의 궤도"14)라고 말한다. 즉 아침에 먼동이 트면 동녘 하늘을 붉게 물들이며 떠올라 한낮에는 중천에 떠 있다가 저녁이면 아름다운 노을과 함께 서산으로 저물어 가는 그런 구체적인 태양이, 다시 말해 우리의 생활세계 속에서 누구에게나 친근하게 경험되는 그런 태양이 대지 위에서 둥근 아치형으로 움직이는 길을 그는 하늘이라고 부르고 있다. 그러기에 이런 하늘은 해가 저문 다음에 주기에 따라 때로는 가냘프게 여윈 모습으로 나타나기도 하고 때로는 둥글게 가득 찬 모습으로 나타나 밤하늘을 밝히는 달이 흘러가는 길이기도 한 것이며, 저 나름의 질서정연한 자리를 차지한 채 어둠을 수놓으며 떠도는 온갖 별들이 뿜어내는 광채라고 말해지기도 하는 것이다. 이러한 태양의 운행과 달의 흐름 그리고 별들의 움직임에 따른 사계절의 순환과 변화도 하늘로 이해되며, 나아가 낮과 밤의 교차 속에서 늘 되풀이되며 진행되는 하루하루의 가고 옴도 하늘의 현상이라고 이해된다. 사계절의 변화와 밤낮의 교차는 인간에게 그의 생활세계적 경험 속에서 시간의 무상한 흐름을 일깨워주는 동시에, 이러한 것으로서의 하늘

---

14) 하이데거, 「건축함 거주함 사유함」, 『강연과 논문』, 144쪽 참조.

은 대지 위의 만물을 두루 공평히 밝히는 빛의 은혜로움으로 경험되기도 하고 이런 만물에게 휴식의 시간을 제공하는 어둠의 은혜로움으로 경험되기도 한다. 시간의 흐름으로서의 계절의 운동을 포함하는 이러한 하늘의 운동은 빛과 열의 은혜로운 방사를 통해 땅의 온갖 운동을, 즉 만물의 피어남과 성장, 꽃핌과 열매 맺음, 쇠함과 기나긴 휴식을 부단히 일어나게 하여 만물을 다양한 관계 맺음 속에 존재하게 하고, 이러한 땅의 운동과 결속된 인간의 삶의 양식을 보장해 준다.

이러한 것으로서의 하늘은 더 나아가 "날씨의 청명함과 궂음"15)이라고 말해지는데, 이것은 곧 이 땅 위에서 전개되는 온갖 기상현상들을 포괄함을 뜻한다. 즉 하늘은 동식물이 생존하고 인간이 거주하기에 적합한 날씨의 쾌청함과 적합하지 못한 날씨의 궂음 이 모두를 포괄한다. 따라서 날씨의 쾌청함과 궂음으로서의 하늘이란 청명함과 흐림, 따뜻함과 쌀쌀함, 건조함과 습함, 무더위와 한파, 가뭄과 홍수, 비바람과 눈, 천둥과 번개, 미풍과 강풍, 폭우와 폭설 등 이 땅 위에 거주하는 인간과 생존하는 모든 동식물들의 삶에 영향을 미치는 모든 자연적 기상현상들을 가리킨다. 이러한 자연적 기상현상들은 인간의 작위 속에서 전개되는 것이 아니라, 오히려 이에 영향을 끼치고 통제하려는 첨단과학으로 무장한 인간의 오만한 기술적 의지를 여지없이 꺾어버리며 왜소하게 만든다. 하늘은 자신을 제압하려는 인간의 지배의지에서 늘 스스로 물러나기 마련이다. 인간의 기술은 비록 그것이 아무리 정교하고 탁월한 것이라 하더라도 대자연의 보이지 않는 거대한

---

15) 하이데거, 「건축함 거주함 사유함」, 『강연과 논문』, 144쪽 참조.

섭리에 순응하고 응답하는 방식으로만 정당하게 작용할 수 있을 뿐이다. 이런 점에서 죽을 자들은 하늘을 하늘로서 받아들이는 한에서 거주한다고 말해진다. 하늘을 하늘로서 받아들인다고 함은, 곧 하늘이 하늘 자신으로 존재하는 그대로 존재하도록 일임해 두면서 하늘에 순응한다는 것을 뜻한다. 죽을 자들은 하늘이 베풀어주는 공간을 그들이 거주하기에 적합한 공간으로 받아들이고 또 하늘이 베풀어주는 시간을 그들이 거주하기에 적합한 시간으로 받아들이면서, 하늘의 현상에 따라 제때에 씨를 뿌리고 경작하고 추수하며 저장하는 등 일할 때 일하고 쉴 때 쉬는 그런 자연친화적인 삶의 태도를 뜻한다.

2) 신적인 것들 앞에 죽을 자들과 더불어 거주함

죽을 자들은 이렇게 땅을 구원하고 하늘을 받아들이는 가운데 거주할 뿐 아니라, 동시에 "신적인 것들을 신적인 것들로 기다리는 한에서 거주한다." "희망에 부풀어 죽을 자들은 한동안 기대하지 못했던 것을 신적인 것들을 향해 갈구한다. 죽을 자들은 신적인 것들이 도래하는 눈짓을 기다리며 신적인 것들이 부재하는 징표를 오인하지 않는다. 죽을 자들은 그들의 신을 만들어내지 않으며 우상을 숭배하지 않는다. 불행 속에서도 아직 죽을 자들은 뒤로 물러났던 구원(Heil, 행복)을 기다린다."16) 여기서 사방세계의 한 방역으로서의 신적인 것들이란, 그 안에서 신이 스스로 나타나기도 하고 혹은 그의 감춤 속으로 스스로 물러서기도

---

16) 하이데거, 「건축함 거주함 사유함」, 『강연과 논문』, 145쪽 참조.

하는 신성의 성스러운 영역을 가리킨다. 신성의 성스러운 영역으로서의 신적인 것들은 스스로를 감추기도 하고 드러내기도 하는 존재의 환한 밝힘(Lichtung) 안에, 즉 존재의 진리의 열린 장 안에 드리워져 있다고 하이데거는 사유하는데, 그는 이러한 현상을 시적으로 표현해서 신적인 것들은 "하늘의 모습"[17] 속에 즉 "에테르의 푸른 깊이"[18] 속에 감추어져 있다고 말한다.

그리스 신화에서 에테르는 신들이 머무르는 지고의 장소로서 신성에 속해 있는 성스러운 영역이다. 하이데거는 그리스 신화에서부터 전승되어 횔덜린의 시 작품 속에서 각인된 에테르의 시적인 의미를 수용하면서, 에테르를 "그 안에서 신들이 오로지 신들로 존재하는" 신성의 열린 영역이라고 사유하는데, 이렇게 "그 안에서 신성 자체가 여전히 현성하는 에테르의 기반은 성스러운 것"이라고 말한다.[19] 성스러운 것은 에테르의 푸른 깊이를 통해 스스로를 감추면서도 이러한 푸름으로부터 비로소 빛난다. 성스러운 것이 밝아와 빛나기 시작할 때, 그 순간은 신들과 인간이 서로 대면하는 역사적 시간, 즉 "축제"의 시간이다.[20] 그러나 성스러운 것의 빛남은 "성스러운 것이 스스로 물러나는 동안에 머무른다. 성스러운 것이 스스로 머무르는 내뺌 속에 참답게 존속함으로써 성스러운 것은 자신의 도래를 선사한다."[21] 이렇게 성

17) 하이데거, 「인간은 시적으로 거주한다」, 『강연과 논문』, 194쪽 참조.
18) 하이데거, 「건축함 거주함 사유함」, 『강연과 논문』, 143쪽 참조.
19) 하이데거, 『숲길(Holzwege)』, GA Bd.5, Frankfurt a. M., 1977, 272쪽 참조.
20) 하이데거, 『회상(Andenken)』, GA Bd.52, Frankfurt a. M., 1992, 77쪽 참조.
21) 하이데거, 『언어로의 도상에서(Unterwegs zur Sprache)』, Pfullingen, 1986,

스러운 영역으로서의 신적인 것들은 그에 따르면, "신성을 눈짓으로 알려오는 사자(使者)들"이다.[22] 사자란 누구의 말이나 전갈을 타자에게 전해 주는 전달자이자 매개자다. 따라서 세계의 한 방역으로서의 신적인 것들은 하늘의 지고한 모습 속에 감추어진 신성의 은닉된 영역으로부터 신과 신들의 말을 죽을 자들에게 눈짓으로 알려오는 사자들이다. 존재의 성스러움이 주재하는 신성의 본질영역 속에 스스로를 은닉하고 있어서 알려져 있지 않은 "미지의 신(der unbekannte Gott)"으로서의 신적인 신은 신 자신에게는 낯선 것으로 남아 있으나 인간에게는 더할 나위 없이 친숙한 하늘의 모습을 통해 — 예를 들어 흘러가는 구름들의 변화무쌍한 모습들을 통해 — 자신을 보내오며, "그런 가운데 미지의 존재자로서 보호받은 채로 남아 있다."[23] 구름은 신들의 언어로서의 "뇌우의 지고한 현상들, 번개와 천둥, 폭풍과 빗줄기"를 자기 안에 간직하고 있고, "그 안에는 신의 현존이 은닉하고 있기에", 날씨의 온갖 현상들을 자기 안에 품고서 에테르의 푸른 심연 속으로 흘러 다니는 구름들은 사방세계 안에서 존재의 성스러움을 눈짓으로 알려오는 사자로서의 역할을 떠맡고 있는 셈이다.[24] 그러므로 세계의 한 방역으로서의 신적인 것들이란 흘러가는 구름과 에테르의 푸른 심연으로서의 하늘에 귀속해 있는 존재의 성스러운 영역이며, 이곳은 신들의 언어가 존재의 숨결로

44쪽 참조.

22) 하이데거, 「건축함 거주함 사유함」, 『강연과 논문』, 144쪽 참조.

23) 하이데거, 「인간은 시적으로 거주한다」, 『강연과 논문』, 194쪽 참조.

24) 하이데거, 『횔덜린 시의 해명(Erläuterungen zu Hölderlins Dichtung)』, Frankfurt a. M., 1971, 189쪽 참조.

드러나는 신성의 은닉된 본질영역이다.

이러한 신성의 은닉된 본질영역 안에서 알려지지 않은 미지의 신은 그의 현재 속으로 나타나거나 혹은 그의 감춤 속으로 스스로 물러나기도 한다. 그러므로 죽을 자들이 신적인 것들을 신적인 것들로서 기다린다고 함은, 세계가 세계화하면서 성스럽게 펼쳐지는 하늘의 지고한 현상들을 통해 미지의 신으로서의 신적인 신이 스스로 은닉한 가운데 자신을 알려오며 현상하는 신성의 거룩한 눈짓을 고대하면서 이러한 신의 도래에 대해 채비하는 태도를 가리킨다. 이렇게 부재하는 신의 도래를 기다리며 묵묵히 채비하는 죽을 자들의 깨어 있는 삶의 태도란, 달리 말해서 세계가 세계화하는 존재의 열린 장 가운데 자기 자신을 초연히 내맡기는 그런 내맡김(Gelassenheit)의 태도를 가리킨다.25) 왜냐하면 신이 세상에 진실로 존재할 경우, 그 신은 세계의 세계화로부터 생기하는 존재의 본질영역 가운데 오로지 존재할 것이기 때문이다.26)

---

25) 하이데거, 『초연한 내맡김(Gelassenheit)』, Pfullingen, 1985, 50쪽 이하; 「초연한 내맡김」, 『동일성과 차이』, 신상희 옮김, 민음사, 2000, 167쪽 참조. "기다림의 본질은 [세계가 세계화하는] 사역에 이르는 초연한 내맡김이다."

26) 하이데거, 『기술과 전향(Technik und Kehre)』, Pfullingen, 1985, 45쪽 참조. 그래서 그는 이에 덧붙여, "신이 살아 있는지 죽었는지 그 여부는 인간의 종교심에 의해서 결정되는 것이 아니며 더구나 철학이나 자연과학의 신학적 영감에 의해서 결정되는 것도 아니다. 신이 신으로 존재하는지 그 여부는 존재의 형세에서부터 생기하며 또 그 안에서 생기한다"(같은 책, 46쪽 참조)고 말한다. 물론 그는 신이 존재한다고, 다시 말해 "신은 죽지 않았다"고 생각한다. "왜냐하면 그의 신성이 살아 있기 때문이다."(하이데거, 『사유의 경험으로부터(Aus der Erfahrung des Denkens)』, GA Bd.13, Frankfurt a. M., 1983, 154쪽 참조)

세계가 세계화하는 존재의 열린 장 가운데 자기 자신을 초연히 내맡기는 죽을 자들은 "스스로를 무 속으로 풀어놓아" "우상들로부터 자유로워진다."27) 그러기에 그들은 신적인 신이 부재하는 궁핍한 시대의 징표를 오인하지 않으며, 그들 자신의 신을 만들어내지 않고 우상을 숭배하지도 않는다. 오인한다는 것은 "누구나 가지고 있는 우상들 속으로 슬그머니 잠입해 들어가"28) 궁극적으로 신이 아닌 어떤 것을 신으로 여기거나 귀신을 섬기는 것이며, 나아가 자기 존재의 안정을 위해 이를 보장해 줄 가공의 신을 만들어내거나 혹은 인간을 신격화하는 그런 태도를 말한다. 이는 더 나아가 현대 기술의 도발적 본질에 의해 철저히 구속된 채 미래의 과학이 인류를 구원할 것이라는 낙관적 전망 속에 종교적 신앙의 자리를 과학적 신앙의 자리로 대체하려는 맹목적 삶의 태도를 가리킨다. 그러나 "언제나 이미 마지막 다리로 가는 도상에 있는"29) 죽을 자들은, 비록 그들이 신이 부재하는 궁핍한 시대에 척박하게 살아갈지라도, "신적인 것의 구원 앞으로"30) 즉 신적인 것이 치유해 주는 행복한 삶 앞으로 자신을 가져오기 위해서 여태껏 타성에 젖어 살아 왔던 자신의 불행한 삶을 넘어서려고 노력하는 가운데, 한동안 기대하지 못했던 구원의 성스러운 손길을 신적인 것들을 향해 묵묵히 갈구한다. 그러기에 그들은

---

27) 하이데거, 『이정표(*Wegmarken*)』, GA Bd.9, Frankfurt a. M., 1976, 122쪽 참조; 「형이상학이란 무엇인가」, 『이정표 1』, 신상희 옮김, 한길사, 2005, 174쪽 참조.

28) 하이데거, 『이정표』, 122쪽 참조; 「형이상학이란 무엇인가」, 『이정표 1』, 신상희 옮김, 174쪽 참조.

29) 하이데거, 「건축함 거주함 사유함」, 『강연과 논문』, 147쪽 참조.

30) 하이데거, 「건축함 거주함 사유함」, 『강연과 논문』, 147쪽 참조.

아직 미처 치유되지 못한 불행한 삶 속에서도 그냥 낙담하지 않고 오히려 뒤로 물러났던 행복을, 다시 말해 구원의 성스러운 손길에 의해 치유되어 자기 존재의 본질을 회복하는 그런 온전한 삶을 기다린다. 우리는 이런 맥락에서 "나의 철학은 신을 기다리는 것"(*Partisan Review*, 511, 1948년 4월)이라고 말하면서 "오직 하나의 신만이 우리를 구원할 수 있다"(『슈피겔』, 1966년 9월 23일, 인터뷰)고 고백하는 하이데거의 심중을 비로소 깊게 이해할 수 있게 된다.

죽을 자들은 이렇게 신적인 것들을 기다리는 한에서 거주할 뿐 아니라, 동시에 "죽을 자들을 죽음의 본질로 인도하는" 한에서, 다시 말해 "죽음을 죽음으로서 흔쾌히 맞이할 능력이 있다는 그의 고유한 본질로 하여금 이러한 능력을 사용하도록 인도하는 한에서, 그리하여 그 결과 훌륭한 죽음이 존재하도록 인도하는 한에서 거주한다."[31] 그런데 존재하는 모든 것들이 서로 상생적으로 어우러져 조화를 이루고 있는 무한한 역동적 관계망으로서의 세계 속에서 유독 인간만이 '죽을 자들'이라고 불리는 까닭은 어디에 있는가? 인간 이외의 다른 존재자, 즉 동식물적 존재자들은 죽지 않는가? 하이데거에게서 죽음이란 어떤 의미를 가지고 있는가? 우리는 이런 일련의 물음들을 살펴보기 위해서 다음과 같이 말하는 그의 말에 귀 기울여 보기로 한다.

죽을 자들은 인간이다. 인간이 죽을 자들이라고 불리는 까닭은 그가 죽을 수 있기 때문이다. 죽는다(Sterben)는 것은 죽음을 죽음으로서 흔쾌히 맞이할 능력이 있다(Tod als Tod vermögen: 죽음을

---

31) 하이데거, 「건축함 거주함 사유함」, 『강연과 논문』, 145쪽 참조.

죽음으로서 받아들일 수 있다)는 것을 뜻한다. 오직 인간만이 죽는
다. 동물은 그저 끝날(verenden) 뿐이다. 동물은 죽음을 죽음으로서
대면하지도 못하고 또 받아들이지도 못한다. 죽음은 무의 관이다.
즉 어떤 관점에서도 결코 단순히 존재하는 것이 아니나, 그럼에도
불구하고 현성하고 있는, 그것도 더욱이 존재 자체의 비밀로서 현
성하고 있는 무의 관이다. 죽음은 무의 관으로서 존재의 현성하는
것을 자기 안에 간직하고 있다. 죽음은 무의 관으로서 존재의 산맥
이다. 죽을 자들을 우리가 이제 죽을 자들이라고 부르는 까닭은, 그
들의 지상의 삶이 끝나기 때문이 아니라, 오히려 죽음을 죽음으로
서 흔쾌히 맞이할 능력이 있기 때문이다. 죽을 자들은 죽을 자들로
서 존재의 산맥 안에 현성하면서 그들 자신으로 존재한다. 죽을 자
들은 존재로서의 존재와 본원적으로 관계하며 현성하는 관계다.32)

  인간은 죽을 자들로서 이 땅 위에서, 하늘 아래에서, 신적인
것들 앞에서 머무르고 있는 한에서, 사방세계 안에 존재한다. 사
방세계 안에 존재하는 인간은 서구 형이상학에 의해 이성적 동
물로서 규정되기 이전에 이미 그의 시원적 본질에 있어서 본래
'죽을 자들'이다. 그러기에 이성적 동물로서의 인간이 자신의 근
원적인 참 본질을 되찾고자 한다면, 그는 우선 죽을 자들로서의
인간이 '되지(werden)' 않으면 아니 된다고 하이데거는 강조한
다.33) 그렇다면 죽을 자들로서의 인간이란 누구인가? 여기서 죽
는다는 것은 무엇을 의미하는가? 인간의 죽음은 동식물들의 죽
음과는 다르다. 동식물들은 삶의 과정에 있어서 죽음과의 어떠한
유의미한 관계도 갖지 못하기에, 그것들은 단지 생을 마감하며

---

32) 하이데거, 「사물」, 『강연과 논문』, 171쪽 참조.
33) 하이데거, 「사물」, 『강연과 논문』, 171쪽 참조.

사멸할 뿐이다. 그러나 인간에게 죽음은 동식물들의 죽음과는 달리 생의 단순한 종식이나 종말이 아니라, 그것은 '무의 관'이다. 다시 말해 죽음은 무를 자기 안에 간직하고 있는 관이요, 존재의 비밀을 자기 안에 감싸 간직하고 있는 존재의 거대한 산맥이다. 무는 초대받지 않은 섬뜩한 손님으로 언제 어디에서나 우리의 현실적인 삶 이면에서 서성거리고 있다. 그러나 인간이 진정 인간이 되고자 한다면, 그는 무화하는 무의 출현을 외면하거나 물리치지 말고, 오히려 그것이 자기에게 다가와 관계하도록 허용해야 하며 개방해야 한다. 이럴 때 무는 무화하면서 우리의 개방된 마음의 자리에 들어와 헛된 생각과 허망한 욕망 그리고 부질없는 이기심 등을 깨끗이 비워버리고 청정하게 한다. 이렇게 청정해진 마음의 자리에서는 무가 존재의 비밀로서 현성하면서 밝은 빛을 충만하게 선사한다. 그러기에 무는 그 깊이와 근원을 알 수도 없고 헤아릴 수도 없는 존재의 충만한 빛이다.

이러한 존재의 빛에 힘입어 우리는 비로소 존재하는 것을 존재하는 것으로서, 즉 사물을 사물로서 온전히 맞이할 수 있고 각각의 사물을 그것의 고유한 본질에서 자유롭게 풀어놓을 수 있다. 있는 것을 있는 그대로 초연히 맞이하며 소박하게 꾸밈없이 살아가는 인간존재의 시원적인 삶의 밑바탕은 언제나 이미 스스로 무화하면서 우리에게 말 건네 오는 시원적인 무의 텅 빈 충만으로부터 유래하는 것이기에, 인간존재의 근본바탕은 이렇게 무화하는 무의 심연 속에 터잡고 있는 셈이다.34) 무의 심연은 "그 안에서 인간이 마치 상주하는 고향에 머무는 듯한 아늑함을 느

---

34) '시원적인 무'에 관해서는 제4장의 논의를 참조하라.

끼게 되는 장소이자, 인간의 본질이 거주하는 근원적 장소"이기에, 이러한 무의 심연은 우리가 저마다 자기 자신으로 존재할 수 있고 또 그렇게 존재하는 참나의 발현장소다.35) 그런데 죽음이 무의 관이라는 것은 인간이 이러한 무의 심연적 깊이를, 따라서 존재의 비밀을 환히 들여다 볼 수 없음을 함축하고 있다. 그러나 이러한 발언은 부정적인 것을 의미하기보다는 오히려 긍정적인 것을 암시하고 있다. 왜냐하면 인간에게 죽음이라는 현상은 바로 거기로부터 존재가 비로소 개시되어 나오는 비-은폐성으로서의 진리의 시원적 본령(Eigentum)이자 존재 개시성의 시원적 근원이 되기 때문이다. 비-은폐성으로서의 존재의 진리는 언제나 시원적으로 은닉된 것을, 즉 존재의 비밀을 자기 안에 간직한 채 바로 이러한 시원적 본령으로부터 드러날 뿐이다.

죽음이라는 본질현상 속에서 우리들 자신에게 말 걸어오는 것은 이렇게 비밀스럽게 현성하는 것으로서의 무인 것이며, 우리는 깊은 침묵이나 묵상 혹은 선정 속에서 이러한 무의 현성을 경험하게 된다. 따라서 '죽는다'는 것은 지상의 삶을 마감한다는 것이 아니라, '죽음을 죽음으로서 흔쾌히 받아들인다'는 것을 뜻한다. 오직 인간만이 매순간 '늘 죽는다'고 말해질 때, 이러한 죽음의 경험에서는 은닉된 존재로서의 무가 우리에게 말 걸어오는데, 이러한 말 걸어옴에 우리가 순수하게 응할 때, 인간은 자신의 본질 가까이에 이르게 될 뿐 아니라, 존재의 본질 가까이에 이르게 된다. 왜냐하면 인간의 본질은 "존재로서의 존재와 본원적으로 관계하며 현성하는 그런 관계"이기 때문이다. 그러므로 죽음을

---

35) 하이데거, 「형이상학이란 무엇인가」, 『이정표 1』, 신상희 옮김, 180쪽 이하 참조.

죽음으로서 흔쾌히 받아들인다는 것은, 존재의 비밀을 간직하고 있는 것으로서의 죽음에 대해 늘 개방적인 태도로 임한다는 것, 따라서 존재의 비밀에 대해 스스로를 언제나 초연히 내맡긴다는 것을 뜻한다.36) 이렇게 초연히 내맡긴다는 것은 그때그때마다 자기 존재의 비본래적 자아성 — 여기에는 이성적 동물로서의 실체적인 자기규정, 세계와 분리된 자기의식의 주체성 등 형이상학적 규정들뿐 아니라, 이기적이고 욕망적이며 자기중심적이고 배타적인 인간존재의 형이하학적인 온갖 규정들이 속한다 — 을 철저히 부정하고 불사라 비워버림으로써 존재 자체와 본원적으로 관계하는 참다운 관계적 존재로서의 참나가 된다는 것, 그래서 존재의 열린 장 가운데 탈존하면서 개방적으로 존재하는 참나가 된다는 것, 그리고 이러한 참나로서 깨어나 개방적이며 상생적인 역동적 관계망으로서의 사방세계 안에 거주하며 존재한다는 것을 뜻한다. 그러므로 '죽는다'는 것은 이렇게 사방세계 안에서 신적인 것들 앞에 늘 깨어 있는 참나로서 거주하며 살아간다는 것을 뜻한다고 하겠다. 신적인 것들 앞에 이렇게 깨어 있는 참나로서 살아가는 인간은 자기와 더불어 살아가는 이웃을 외면하는 법이 없으며, 오히려 그들이 그들 자신의 고유한 본질을 되찾도록 배려하고 인도하지 않을 수 없다. 이러한 배려와 인도는 무엇보다도 그들 각자가 자기에게 고유한 죽음의 본질의미를 깨닫도록 인도하는 것이며, 이러한 깨달음을 통해 존재 자체와 개방적으로 관계하는 가운데 사방세계 안에서 저마다 참답게 거주하도록 그들을 소중히 보살피는 것이다.

---

36) 하이데거, 『초연한 내맡김』, 24쪽 참조; 「초연한 내맡김」, 『동일성과 차이』, 신상희 옮김, 민음사, 2000, 134쪽 이하 참조.

3) 사물들 곁에 거주함

이렇게 소중히 보살필 때, "우리는 사물 속에서 사물화하면서 세계를 가깝게 하는 그런 가까움의 본질에 이르게 되며", 또한 "이러한 가까움 속에서 마치 고향에 있는 듯 거주하게 됨으로써, 우리는 하늘과 땅, 죽을 자들과 신적인 것들의 사방[세계] 속에 시원적으로 속하게 된다."37) 따라서 인간이 사방세계 안에 시원적으로 거주한다는 것은 이렇게 땅을 구원하고, 하늘을 받아들이고, 신적인 것들을 기다리고, 죽을 자들을 인도하는 가운데, 사방세계의 네 방역들을 소중히 보살피는 전일적 방식으로 살아간다는 것을 의미한다. 여기서 소중히 보살핀다고 함은 사방세계를 그것의 본질 속으로 파수하고 수호하며 참답게 간직해 나가는 것을 의미한다. 그렇다면 인간은 과연 어디에서 사방세계의 본질을 참답게 간직하며 보존할 수 있는가? 혹은 달리 묻는다면, 인간은 사방세계의 사중적 보살핌으로서의 거주함을 어떻게 완수하며 구체적으로 실현해 나갈 수 있는가? 만일 인간이 단지 땅 위에서, 하늘 아래에서, 신적인 것들 앞에서, 죽을 자들과 더불어 체류하는 방식으로만 머물러 있다고 한다면, 그는 결코 거주함의 본래적 의미를 실현할 수 없을 것이다. 왜냐하면 "거주함은 언제나 이미 사물들 곁에서의 체류(Aufenthalt bei den Dingen)이기"38) 때문이다. 다시 말해서 사방의 사중적 보살핌으로서의 거주함은 사방세계를 "죽을 자들이 체류하고 있는 그것 안에, 즉 사물들 안에 참답게 보존할"39) 경우에만, 그것의 본래적 의미에

---

37) 하이데거, 『기술과 전향』, 46-47쪽 참조.
38) 하이데거, 「건축함 거주함 사유함」, 『강연과 논문』, 145쪽 참조.

있어서 구체적으로 실현되는 것이기 때문이다. 그러기에 하이데거는 말하길, 사물들 곁에서의 체류야말로 "사방 안에서의 사중적 체류가 그때마다 통일적으로 실현되는 유일한 방식"이라는 것이다.40) 우리는 앞에서 이미 사방세계에 대한 인간의 참된 관계 맺음은, 인간이 이 땅 위에서 하늘 아래에서 신적인 것들 앞에서 죽을 자들과 더불어 시원적으로 거주하기 위해 삶의 구체적인 자리를 지어 나가는 그의 행위 즉 짓기(Bauen)를 통해 구체적으로 실현된다고 말한 바 있다. 우리가 사방세계의 본질을 사물들 안으로 가져와 그것을 참답게 보존하면서 사물들 곁에 체류할 수 있는 유일한 경우는, 오로지 우리가 짓기의 본래적 의미를 망각하지 않고 구현해 나갈 때 일어날 수 있을 뿐이다. 그러므로 "거주함은 사방을 사물들 안으로 참답게 보존하는 한에서, 이러한 참다운 보존으로서의 일종의 짓기"41)인 셈이다. 따라서 죽을 자들이 사물들 곁에 체류하며 거주한다는 것은 곧, 사물이 자기 안에 세계의 네 방역들을 가깝게 모아들이는 그런 사물로서 현성하도록 — 즉 "사물이 세계를 사물화하도록"42) — 각각의 사물들을 그것들의 고유한 본질로 자유롭게 풀어놓는 가운데 그것들을 소중히 돌보고 보호하며 건립하는 것을 뜻한다. 이럴 경우에만 사물은 사방세계를 자기 안에 참답게 간직할 수 있으며, 또 이와 동시에 사방세계는 사물 안에 결집된 채 참답게 보존될 수 있다.

---

39) 하이데거, 「건축함 거주함 사유함」, 『강연과 논문』, 145쪽 참조.
40) 하이데거, 「건축함 거주함 사유함」, 『강연과 논문』, 145쪽 참조.
41) 하이데거, 「건축함 거주함 사유함」, 『강연과 논문』, 146쪽 참조.
42) 하이데거, 「사물」, 『강연과 논문』, 173쪽 참조.

사방세계의 네 방역들이 사물 안으로 결집될 때, 사물은 이런 넷의 하나로 포개짐으로부터 자신의 본질에 이르게 된다. 이렇게 될 때, 넷은 사물 안에서 조화롭게 서로 만나게 되고 사물은 넷의 본질을 자기 안에 간직할 수 있게 된다. 사물은 이렇게 자기 안에 사방을 결집하며 모아들인다. 하지만 이 경우에 사물은 사방에게 그것이 머무를 하나의 터전(Stätte)을— 즉 존재의 열린 자리를— 허락하는 방식으로 모아들인다.43) 이러한 터전으로부터 비로소 인간의 체류를 위한 근원적 공간(Raum)이 개시되고 마련된다. 그런데 "그 스스로가 장소인 그런 것만이" 사방이 머무를 하나의 터전을 허용할 수도 있고 또 이러한 터전으로부터 근원적 공간을 마련할 수도 있다.44) 그래서 하이데거는 말하길, 사물은 단순히 지각 가능한 물질적 덩어리로 존재하기 이전에, 오히려 그 자신의 고유한 본질에 있어서 사방을 결집하는 장소(Ort)로서 존재한다는 것이다. 사물은 자기 안에 사방이 결집되는 장소를 수립하고 사방이 머무르는 터전을 허용함으로써 인간이 거주할 근원적 공간을 열어놓는다. 이렇게 근원적으로 개시되는 공간의 토대 위에서 비로소 기하학적으로 추상화된 물리적 공간이 산출된다. 사방을 모아들이는 장소로서의 사물은 자기 안에 사방이 머무르는 터전을 "허용하면서(zulassen)", 근원적으로 개시되는 공간 안에 사방을 "설립한다(einrichten)."45) 이렇게 허용함으로써 공간을 마련한다(einräumen)는 것과 설립함으로써 공간을 마련한다는 것은 서로 공속한다. 이렇게 이중적 방식으로

---

43) 하이데거, 「건축함 거주함 사유함」, 『강연과 논문』, 148쪽 참조.
44) 하이데거, 「건축함 거주함 사유함」, 『강연과 논문』, 148쪽 참조.
45) 하이데거, 「건축함 거주함 사유함」, 『강연과 논문』, 153쪽 참조.

공간을 마련하는 장소로서의 사물은 사방세계를 수호하는 "일종의 집"이며, 이런 양식으로 존재하는 사물들은 사람들이 체류할 거처를 제공한다.46)

인간은 죽을 자들로서 이러한 사물들 곁에 체류하며 사방세계 안에 거주한다. 그러므로 사물들을 산출한다(hervorbringen)는 의미에서 '짓는다'는 것은, — 즉 그것이 자생적 사물들을 돌보거나 보호한다는 의미에서든, 혹은 인위적 사물들을 건립하거나 제작한다는 의미에서든 — 이 땅 위에서 하늘 아래에서 신적인 것 앞에서 죽을 자들과 더불어 인간답게 거주하기 위한 시원적인 삶의 장소를 열어 밝혀 나가는 근원적 행위다. 따라서 이렇게 거주할 공간을 열어놓는 행위로서의 짓기는 거주함에서 비롯된 하나의 파생적 방식에 불과한 것이 아니라, 거주함이 설립되고 실현되는 본질적 방식이다. 이런 점에서 "짓기의 본질은 거주하게 함"47)에 있다. 이렇게 사방세계를 사물들 속으로 간직해 들어가면서 인간이 거주할 삶의 자리를 지어 나가는 본질적 수행방식으로서의 짓기를 통해서 인간은 "사방의 말 걸어옴"48)에 응답하는 가운데 인간이 인간답게 거주할 근원적 장소로 귀환할 수 있게 된다.

그러므로 우리가 사방의 말 걸어옴에 응답하면서 세계를 사물화하는 사물 자신의 고유한 본질에서 사물이 현성하도록 내맡겨(gelassen) 둘 때, 우리는 비로소 사물로서의 사물에 의해 부름받은 채 사물을 사물로서 사유할 수 있으며, 또 이럴 경우에만 우

46) 하이데거, 「건축함 거주함 사유함」, 『강연과 논문』, 153쪽 참조.
47) 하이데거, 「건축함 거주함 사유함」, 『강연과 논문』, 154쪽 참조.
48) 하이데거, 「건축함 거주함 사유함」, 『강연과 논문』, 154쪽 참조.

리는 사물의 본질을 그것이 현성하는 본질영역 안에서 소중히 보살필 수 있다. 따라서 사방세계를 소중히 보살피는 거주함의 본질은 사물들을 소중히 보살피는 체류방식을 통해 구체화된다. 사물을 소중히 보살핌은 사물이 사물화하도록, 즉 사물이 세계화하는 세계를 자기 안에 모아들이며 가깝게 하도록 배려하는 것이다. 이렇게 "가깝게 함이 가까움의 본질이다. 우리가 사물을 사물로서 소중히 보살피는 한에서, 우리는 가까움 안에 거주하게 된다."[49] 이와 관련하여 하이데거는 이렇게 말한다.

> 사물은 땅과 하늘, 신적인 것들과 죽을 자들을 머물게 한다. 머물게 하면서 사물은 그 넷을 그것들의 멂 안에서 서로에게 가까이 데려온다. 이러한 가까이 데려옴이 곧 가깝게 함(Nähern)이다. 가깝게 함은 가까움(Nähe)의 본질이다. 가까움은 먼 것을 가깝게 하는데 그것도 먼 것으로서 가깝게 한다. 가까움은 멂을 보존한다. 가까움은 멂을 보존하면서 그것을 가깝게 하는 가운데 현성한다. 이와 같은 방식으로 가깝게 하면서 가까움은 자기 자신을 은닉하며 나름의 방식으로 가장 가까이에 남아 있다. [⋯] 가까움은 가깝게 함에서 사물의 사물화로서 주재하고 있다.[50]

사물은 사물화하면서 아득히 멀리 떨어져 있는 사방세계의 네 방역들을 자기 안으로 가까이 모아들이는 가운데, 그 넷 각각의 고유함과 멂을 없애는 것이 아니라 오히려 각각의 고유함을 은밀하게 보존하면서 사방의 하나로 포개짐 안에 서로 상생적으로 머물게 한다. 우리가 이렇게 사물화하는 사물들 곁에 체류하게

---

49) 하이데거, 「사물」, 『강연과 논문』, 174쪽 참조.
50) 하이데거, 「사물」, 『강연과 논문』, 170쪽 참조.

될 때, 우리는 비로소 사방세계의 네 방역들을 친밀하게 모아들이며 가깝게 하는 그런 가까움의 본질차원51)에 이르게 되는데, 이러한 가까움의 본질차원이야말로 우리가 죽을 자들로서 거주해야 할 **시원적인 삶의 밑바탕**이자 고향을 상실한 이 시대의 인간들이 귀향해야 할 삶의 근원적 처소가 될 것이라고 필자는 생각한다. 그러므로 인간이 이 땅 위에서 진정 인간으로 거주하길 희망한다면, 그는 무릇 이러한 시원적인 삶의 밑바탕에 이르기 위하여, 다시 말해 **근원적 고향**에 이르기 위하여 자신의 모든 정열을 소진해야 할 것이다. 여기서 소진한다고 함은 순전히 공허한 무의 차원에 귀속함을 뜻하지 않는다. 오히려 그것은 망각된 삶의 시원적 장소로 귀환하기 위하여 기꺼이 자기 자신을 내맡기면서 사물이 사물로서 현성하는 존재의 소리 없는 부름에 묵묵히 응하는, 그리하여 신적인 것이 도래하는 눈짓에 늘 깨어 있는 그런 명정의 상태로 밝게 개방되어 있음을 뜻한다. 이렇게 밝게 개방되어 있음은 인간이 인간 자신의 고유한 본질로 귀환하여 비로소 자유롭게 되었음을 의미할 것이다.

그러므로 결국 죽을 자들로서의 인간이 자기 자신의 고유한 본질로 귀환하여 망각된 인간본질을 회복할 수 있는 유일한 길은, 인간존재의 근본특성이 어디에 놓여 있는지 철저히 깨달아 사방세계 안에 자연친화적으로 거주하는 그런 거주함의 참된 의미를 구현해 나가는 데 있다고 하겠다. 이것은 무엇보다도 우리들 각자가 그 깊이를 잴 수도 없는 존재 자체의 성스러운 심연적 밑바탕 속에, 즉 시원적인 삶의 밑바탕 속에 이미 탈자적-개방적-

---

51) 하이데거, 「사물」, 『강연과 논문』, 174쪽 참조. "가까움의 가깝게 함은 세계의 거울-놀이의 본래적이고도 유일무이한 차원이다."

상생적으로 거주하고 있다는 사실을 마음속 깊이 자각함으로써 우주만물과 개방적으로 초연히 관계하는 가운데, 사방세계를 모아들이며 사물화하는 사물들 곁에 체류하면서 저마다 자신의 구체적인 삶의 자리를 죽을 자들과 더불어 그때그때마다 열어 밝혀 나가는 것을 의미한다고 하겠다.

2. 숲 가까이에 거주함

우리가 하이데거의 이런 사유방식에 주목해 볼 때, 인간이 숲 가까이에 거주한다는 것은 무엇을 의미하는가? 숲 가까이에 거주한다는 것은 단순히 숲 근처에 살고 있음을 뜻하지 않는다. 숲 근처에 사는 사람보다 혹은 심지어 숲 안에서 장사하며 사는 사람보다 오히려 숲 멀리에 살고 있는 사람이 더욱더 숲 가까이에 거주하며 살 수도 있다. 숲 가까이에 거주한다는 것은 숲과의 거리적 간격이 멀고 가까움에 달려 있는 것이 아니다. 인간과 숲 사이의 관계를 가깝게 하는 이 '가까이'란 무엇인가? 서울에 살고 있는 우리 대부분은 숲 가까이에 머물고 있다. 숲은 우리에게 자기 '가까이' 오라고 늘 말없이 손짓한다. 이런 부름에 이끌려 우리는 종종 숲으로 들어간다.

숲 속을 조용히 거닐다 보면, 존재하는 모든 것들이 서로 조화롭게 하나로 어우러져 펼쳐지는 하나의 소박한 세계를 만나게 되고, 바로 그런 세계 속에 자기가 지금 숨쉬고 있다는 순수한 기쁨을 생생하게 경험하게 된다. 온갖 동식물과 암석, 밭과 초지, 계곡의 샘과 실개천, 하늘의 밝은 빛과 구름, 바람과 향기, 그리고 알 수 없는 정령의 기운 등이 서로 공존 공생하는 숲은 일종의 자생적 사물로서 인간에게 삶과 휴식의 공간을 허락하는 장소다. 이러한 장소로서의 숲은 땅과 하늘, 그리고 신적인 것들과 죽을 자들을 자기 안에 머물게 한다. 이렇게 머물게 하면서 숲은 그 넷을 서로에게 가까이 데려오며, 그런 가운데 이 넷이 하나로 포개져 펼쳐지는 사방세계를 자기 안에 들어오도록 허용한다. 그러기에 숲은 사방이 그 안에 머무르는 열린 터전이자 사방을 저 나름의 방식으로 수호하는 하나의 커다란 집이다. 이러한 숲 안에는 사방이 머무는 작은 집들이 헤아릴 수 없을 만큼 많이 있다. 예컨대 숲에는 샘이 머물고 있다. "샘에는 암석이 머물고 있고 암석에는 하늘의 비와 이슬을 받는 땅의 어두운 선잠이 머물고 있다. 샘의 물에는 하늘과 땅의 결혼식이 머물고 있다."[52] 하늘과 땅의 결혼식은 땅의 자양분과 하늘의 빛의 은혜로운 선사로 인해 생성되는 수액을 받으며 자라나는 숱한 나무들의 풀잎과 꽃 그리고 열매에도 머물고 있다. 또한 이러한 꽃잎과 열매로 빚어낸 갖가지 음료와 향기로운 과실주에도 하늘과 땅의 축복은 머물고 있다. 음료와 과실주는 죽을 자들의 갈증을 풀어주기도 하고 그들의 여흥을 돋우어 주며 교제의 즐거운 시간을 선사해 주기도 한다. 곡주와 과실주 혹은 샘에서 길어온 한 잔의 맑은 물은 때때로 산신령에게 바치는 정성스런 헌주가 되기도 한다. 이러한 헌주의 선사에는 하늘과 땅의 만남이 머물고 있는 동시에 죽을 자들과 신적인 것들의 만남이 그 나름의 성스러운 방식으로 머물고 있다. 헌주로서의 곡주 혹은 샘물의 이러한 선사에는 넷이 하나로 포개진 사방세계가 머물고 있다.

---

52) 하이데거, 「사물」, 『강연과 논문』, 164-165쪽 참조.

이렇듯 도처에서 사방세계를 저 나름의 방식으로 모아들이며 (Ge-) 간직하고(bergen) 있는 거대한 집이 산맥(Ge-birge)으로서의 숲이다. 숲은 본래 이런 양식으로 존재하기에, 인간이 체류할 거처를 제공해 주면서 삶의 근원적 공간을 열어놓는다. 따라서 인간이 숲 가까이에 거주한다는 것은, 무엇보다도 이렇게 숲이 숲 자신으로 현성하도록 숲을 아끼고 사랑하며 소중히 보살피는 가운데 숲을 참답게 보존하며 돌보는 것을 의미한다. 다시 말해 숲이 사방세계를 결집하며 모아들이는 그런 장소로서 존재하도록 숲을 숲 자신의 고유한 본질 속으로 자유롭게 놓아두면서 그것을 인위적으로 침해하지 않는 것이며, 동시에 그 안에 사방세계가 머물 터전을 마련해 주는 식으로 숲을 소중히 보살피고 가꾸는 것이다. 인간이 이런 방식으로 숲을 친밀히 대하며 숲 가까이에 거주하게 될 때, 인간은 비로소 숲의 말없는 부름에 제대로 응답하며 살아가는 것이요, 동시에 사방세계의 네 방역들을 모아들이며 가깝게 하는 그런 숲 '가까이'에, 즉 인간이 인간 자신을 위해 거주해야 할 그런 가까움의 본질차원 속에 머물면서 비로소 인간답게 살아가게 되는 것이다.

세상에서
가장 고귀한 강물은
맑은 마음에서 흘러나오는
사랑의 강물입니다.

제 7 장

기술시대의 자연에 대한 하이데거의 숙고 :

대지의 위험과 대지의 구원

요즘 지구촌 곳곳에서는 산업화된 기술문명에 의해 황폐화된 자연환경의 회복에 대한 관심이 상당히 고조되어 가고 있으며, 이러한 관심은 한동안 무분별한 개발정책에 밀려 전국토가 훼손된 우리나라에서도 뜨겁게 달아오르고 있다. 매스컴에서는 시시각각으로 환경보호 캠페인을 벌이고 있으며, 환경운동연합, 녹색연합 등 시민단체도 활발히 움직이고 있다. 또 정부에서도 환경친화적인 물품의 생산과 소비를 적극 권장하면서 폐수의 무단방류 및 오염물질의 불법폐기에 대해서는 법적으로 단호히 대처하기도 하고, 원자력발전소의 안전관리와 환경영향평가 등에 다각적으로 힘쓰고 있다. 물론 이렇게 우리 사회의 각 방면에서 실천적으로 행해지는 다양한 노력은 가능한 한 시민 전체가 다 같이 참여하여 공동적으로 해결해 나가야 할 꼭 '필요한' 작업이라는 점에 대해서는 아무런 이의도 없을 것이다. 그러나 필자의 시각으로는 단순히 이러한 생태학적인 연구작업과 실천적인 노력만으로는 당면한 지구촌의 환경문제를 극복할 수도 없고 해결할 수도 없으며, 따라서 그러한 작업과 노력은 오늘날 황폐화된 자연환경의 진정한 회복을 위한 '충분한' 태도가 아니라고 보인다. 이런 견지에서 필자는, 기술시대를 살아가는 오늘날의 우리가 자연환경의 참다운 회복을 바란다면, 단순히 자연환경을 보호하려는 주체적 인간의 실천적인 행위 이전에 우리가 무엇을 진실로 통찰하고 깨달아야 하는지를, '기술시대의 자연에 대한 하이데거의 숙고'를 통해 비판적으로 사색해 보려고 한다.

1. 기술세계에 있어서의 자연과 인간

주지하다시피, 하이데거는 기술의 본질적 특성을 단순히 자연과학의 실천적 이용의 관점에서 바라보고 있지 않다. 오히려 그는 '기술의 본질'을 '존재 자체의 고유한 진리가 그 자신의 고유한 본질영역으로부터 벗어나 탈-생기된 채(ent-eignet) 일어나는 비본래적인 탈은폐의 한 방식'으로 이해하고 있다. 그에 따르면, 현대의 기술을 근본적으로 지배하고 있는 탈은폐는 존재하는 모든 것을 부품(Bestand)으로 주문하고 마련하도록 인간에게 도발적으로 요청하는 총체적인 닦달함이며, 이러한 총체적인 닦달함의 존재론적인 구성틀로서의 "몰아세움(Ge-stell)"[1]이 "자연에게

---

1) 하이데거, 『기술과 전향(*Technik und Kehre*)』, Pfullingen, 1985, 19쪽 이하 참조. 하이데거에게 '몰아세움'은 존재역사적인 시각 속에서 현대 기술의 본질을 지칭하기 위한 이름이다. 이에 대한 상세한 논의는 다음

숨겨져 있는 에너지를 채굴하고, 캐낸 것을 변형시키고, 변형된 것을 저장하고, 저장한 것을 다시 분배하고, 분배된 것을 다시 한번 전환해 사용하는 가운데",2) 지구의 주인이라고 스스로 자처하는 현대인의 삶을 속속들이 지배하면서 이끌어 나가고 있다는 것이다. 채굴한다는 것, 변형한다는 것, 저장한다는 것, 분배한다는 것, 전환한다는 것 등의 이러한 모든 행위는 자연을 탈은폐하는 현대인의 기술적인 삶의 태도이며, 다시 말해 그것은 자연과 관계하는 현대인의 탈-생기된 관계방식이다. 이러한 관계방식 속에서 자연은 땅과 하늘, 초목과 동물, 바위와 이끼, 실개천과 바다 등으로 어우러진 자신의 비밀스러움으로 가득 찬 시원적인 생명의 개방적인 존재연관을 잃어버리고, 단순히 지구촌을 유지하기 위한 거대한 에너지원으로, 각종 물품을 생산하고 가공하기 위한 원료공급원으로, 60억 인구를 먹여 살리기 위한 산업화된 ─ 심지어 유전공학적으로 변형된 ─ 식량생산과 식품가공의 거대한 창고로, 혹은 레저산업을 위한 관광과 휴양의 장소로 간주되면서 도처에서 무분별하게 남용되고 몰아세워지고 있다. 그리하여 자연은 그 자체 자생적으로 존재하던 본원적인 상태를 상실한 채, 어떤 것을 개발하고 산출하기 위한 이용목적의 관점에 따라 그것의 본질이 규정되기에 이른다. 예컨대, 발전소가 들어선 강물은 더 이상 수백 년 동안 흘러온 예전의 강물이 아니라, 발전소의 본질에 의해 강물 자신의 본질이 변조되고 탈바꿈

의 글을 참조하라. 이선일, 「기술의 본질과 극복」, 『하이데거의 존재사유』, 철학과현실사, 1995; 신상희, *Wahrheitsfrage und Kehre*, §12-13, 1993.

2) 하이데거, 『기술과 전향』, 16쪽 참조.

된 채 단순히 수력공급원으로서 존재하고 있는 셈이다.3)

이와 같이 도발적으로 요청하는 기술의 탈은폐의 본질적 방식에 따라 탈은폐되는 존재자의 현대적인 본질방식을 하이데거는 "부품(Bestand, 비축되어-있음)"이라고 부른다.4) 자연적인 존재자 및 그것을 변형시키거나 가공해서 만들어진 모든 존재자는 어디에서나 지정된 특정한 자리에 놓여 있도록 주문되고 있으며, 그것도 또 다른 양식의 주문요청에 대비하기 위하여 언제든지 주문될(bestellen) 수 있는 상태로 존립한다(stehen). 이렇게 부품으로 존립하는 현실적인 존재자의 본질방식이 현대사회의 도발적인 요청에 따라 언제든지 신속히 탈은폐되어 공급될 수 있고 소비될 수 있는 모든 현실적인 존재자들의 현존방식을 특징짓고 있다. 따라서 부품의 방식으로 존재하고 있는 존재자는, 그것이 가공된 도구적 존재자든 아니면 아직은 인간의 기술적 손길이 미치지 않은 자연적 존재자든, 더 이상 자립적으로 존재하고 있는 것이 아니다. 심지어 오늘날 산업자원, 노동인력, 두뇌인력, 교육상품, 박수부대 등등으로 도처에서 주문적으로 요청되고 있는 현대인은 언제든지 상품화되고 부품화될 위험에 처해 있다.5)

---

3) 하이데거, 『기술과 전향』, 15쪽 참조.
4) 하이데거, 『기술과 전향』, 16쪽 참조.
5) 요즘 경제논리에 의해 압도되고 있는 우리나라의 교육현실을 지켜보면 경악스럽기 짝이 없다. 학생과 교사의 관계는 더 이상 인격적 관계가 아니라 소비자와 공급자 사이에서 주고받는 거래 관계로 거침없이 불리는 가운데, 학교는 질 좋은 상품을 생산하기 위한 공장이자, 이러한 상품을 사회에 내다 팔기 위한 시장처럼 간주되고 있다. 인간의 인간다움, 즉 인간존재의 참다운 본질을 깨우쳐야 할 학교가 교육논리에 따르기보다는 오히려 철저한 이익추구의 경제논리 속에 약삭빠르게 자신을 편승시킴으로써 학교의 황폐화와 교육의 황폐화를 더욱 가속화시키고 있다. 이

이러한 현대 기술사회의 탈은폐방식들은 단순히 인간의 주체적인 결단행위에 의해서 규정될 수 있거나 극복될 수 있는 성질의 것이 아니라, 그 근본에 있어서 아직도 충분히 경험되지 않고 있는 비은폐성이 존재역운적으로 생기하는 방식들이다.6) 비은폐성이 존재역운적으로 탈-생기된 채 탈은폐되는 이러한 기술적인 방식들 속에는 자연을 무엇보다도 먼저 정밀하게 계산 가능한 힘의 물리적인 인과관계 및 이러한 관계들의 총체적인 작용연관으로 탈은폐시키면서 연구에 몰두하는 근대적 자연과학이 속해 있다. "자연에 대한 근대 물리학적 이론은 단지 기술의 선구자일 뿐만 아니라, 현대 기술의 본질의 선구자다. 왜냐하면 주문요청하는 탈은폐로의 도발적인 모아들임이 이미 물리학 속에 편재하고 있기 때문이다."7) 근대 물리학뿐만 아니라 현대의 양자물리학에 있어서도 자연은 계산적으로 확정될 수 있는 모종의 방식속에서 좀더 과학적으로 변형된 인과율에 의해 규정된 정보의 체계로서 언제든지 주문될 수 있는 것으로 탈은폐되고 있다. 이

러한 학교교육의 황폐화 속에는 경제논리 이전에 이미 기술적인 힘의 마력에 의해 철저히 지배된 채 부품화·상품화되어 가는 인간본질의 황폐화가 숨어 있다. 따라서 학교교육의 황폐화와 인간본질의 황폐화는 서로 단짝을 이루고 있으며, 이 둘의 황폐화 속에는 존재의 참다움에 대한 오랜 망각과 존재이탈의 위험이 편재하고 있는 셈이다. 필자가 이 글의 후반부에서 말하는 '자연환경의 황폐화와 인간본질의 황폐화'는 학교교육의 이러한 황폐화와 결코 무관하지 않다.

6) 하이데거, 『기술과 전향』, 20쪽 참조. 특히 '몰아세움'과 '탈-생기(Ent-eignis)'의 구조연관에 관해서는 필자의 다음 글을 참조하라. 신상희, *Wahrheitsfrage und Kehre*, §13; 신상희, 『시간과 존재의 빛』, 한길사, 2000, 제3부 제1장 및 제2장.
7) 하이데거, 『기술과 전향』, 21쪽.

러한 주문요청의 방식으로 전개되는 탈은폐의 역사적 운명 (Geschick, 역운)은 단지 자연과학의 영역을 속속들이 지배하고 있을 뿐만 아니라, 기술화된 현대 인간의 삶을 도처에서 완전히 장악하고 있다. 이러한 탈은폐의 역사적 운명으로 말미암아 "인간은 그저 주문요청 속에서 탈은폐된 것만을 추적하여 그것을 활용하고 거기에서부터 모든 것의 척도를 받아들이는 그런 가능성의 언저리를 끊임없이 헤매게 되며", 그리하여 그가 비은폐된 것의 본질 및 그것의 비은폐성과 좀더 시원적으로 관계 맺으며 (sich-einlassen auf) 살아갈 수 있는 그런 시원적인 삶의 가능성은 더욱더 멀어지게 된다.8) 그러므로 오늘날 현대사회를 지배하고 있는 기술적인 탈은폐의 역사적 운명은 그 자체가 이미 위험한 것이며, 따라서 위험 그 자체다. 이러한 탈은폐의 역사적 운명이 위험 그 자체이자 최고 위험이라고 말해지는 까닭은, 자연적으로 존재하는 모든 것을 그것의 본연적인 존재 속에서 드러내는 종래의 탈은폐의 고유한 방식들을 모두 숨겨놓고 있을 뿐만 아니라, 더 나아가 심지어 "비은폐성이 생기하는 존재의 열린 장 자체"를 아예 숨겨버리고 있기 때문이다.9)

이러한 위험 앞에서 기술화된 현대인은 오늘날 — 그가 언제 어디에서 어떤 식으로 살아가든지 간에 — 더 이상 자기 자신의 참다운 존재를 만나지도 못하며 또 그의 고유한 자연스러운 본질을 경험하지도 못하고 있다. "인간은 결정적으로 몰아세움의 도발적 요청에 끌려 다님으로써, 이러한 몰아세움을 [존재의] 말

---

8) 하이데거, 『기술과 전향』, 25쪽 참조.
9) 하이데거, 『기술과 전향』, 27쪽 참조.

건넴(Anspruch, 요구)으로 인지하지도 못하며, 또 그 자신이 말 건넴을 받고 있는 자라는 사실도 간과하고 있다. 그래서 그는 그 자신의 본질로부터 [존재의] 말 걸어옴(Zuspruch)의 영역 속에서 탈존하고 있는 [자기 자신의 고유한] 모든 방식을 흘려버리고 있으며, 또 바로 그 때문에 그는 결코 자기 자신을 만날 수조차 없는 것이다."10)

이러한 위험 앞에서 기술화된 인간이 인간 자신으로서 거주하기 위한 그의 본연적인 삶의 자리를 되찾고자 한다면, 우리는 어떻게 해야 하는가? 하이데거는 무엇보다 먼저, 이와 같이 현실적으로 존재하는 모든 것을 부품으로 탈은폐시키도록 도발적으로 요청하면서 인간을 ― 시원적인 비은폐성의 영역으로부터 소외시킨 채 ― 삶의 왜곡된 관계망 속으로 몰아세우는, 이 시대의 존재의 도발적인 부름에 조용히 귀 기울여 보아야 한다고 촉구하고 있다. 하이데거가 현대 기술의 본질에 대해 숙고하면서, 그것의 본질을 존재의 몰아세움이라고 규정하였을 때, 그의 이러한 성찰은 기술화된 현 시대의 존재의 몰아세움 속에서 은닉되고 감추어진 인간 본연의 삶의 시원적인 장소를 되찾기 위함이었으며, 동시에 이러한 삶의 참다운 거주지 속에서 '존재이탈(Seinsver-lassenheit)의 방식으로 현존하는 사물'을 ― 그것이 자연사물이든 인공사물이든 ― 사물 자신의 본래적인 자리로 되돌려놓음으로써 자연친화적인 혹은 더 나아가 사물친화적이며 환경친화적인 삶의 방향을 모색해 보려는 시도였다고 우리는 말할 수 있다.

존재의 몰아세움이 지구촌을 장악하고 있는 그곳은, 인간과 사

---

10) 하이데거, 『기술과 전향』, 27쪽. 꺽쇠 괄호 속의 낱말은 필자가 임의적으로 삽입한 것임.

물을 존재의 열린 장으로부터 소외시키면서 인간의 본질과 자연의 본질을 근본적으로 뒤흔들어 버리며 어둠 속으로 몰아가는 극단적인 위험이 지배하고 있는 곳이다. 오늘날 우리의 삶에서 '최고로' 위험한 것은 단순히 기술의 오용이나 남용 혹은 이로 인한 환경파괴에 있는 것이 아니라, 몰아세움이라는 기술의 본질이 인간과 자연의 본질을 덮어씌우며 지배하고 있다는 점에 있고, 또 이런 위험을 위험 자체로서 아직도 전혀 주시하지 못하고 있다는 바로 그 점에 있다. 몰아세움의 지배는 현대인으로 하여금 주문요청하는 도발적인 탈은폐의 다양한 요구에 가능한 한 신속하게 응답하도록 정신없이 재촉함으로써, 그가 위험 자체를 주시할 수 있는 숙고의 시간과 기회마저도 앗아버릴 듯이 덮쳐오고 있다. 이러한 몰아세움의 본래적인 위협으로 말미암아, 오늘날 사람들은 그가 시원적인 존재의 열린 장 속으로 귀환하여 좀더 근원적인 진리의 부름을 경험할 수 있는 본래적인 가능성마저도 거의 송두리째 빼앗긴 채 살아가고 있다.

2. 대지의 위험과 구원의 가능성

이러한 위험이 현대인의 현사실적인 삶과 지구 전체를 위협하고 있다면, 우리는 과연 어디에서 이러한 위험으로부터 벗어날 가능성을 되찾을 수 있을까? 우리는 이 물음에 대답하기 위하여, 「파트모스(Patmos)의 송가」에서 다음과 같이 노래하는 횔덜린의 잘 알려진 시구에 조용히 귀 기울여 보고자 한다.

그러나 위험이 있는 곳에는,

구원의 힘도 자라난다네.

이렇게 노래하는 시인은 또한 다음과 같이 말하고 있다.

인간은 이 땅 위에서 시적으로 살아간다네.
(dichterisch wohnet der Mensch auf dieser Erde)

위험이 도처에 도사리고 있는 곳, 그러나 구원의 힘도 함께 자라나고 있는 곳, 바로 그런 곳으로서의 대지 위에서 인간은 시적으로 살아간다고 이 시인은 노래하고 있다. 시적으로 살아가는 인간의 삶이란 과연 어떤 삶일까? 그것은 존재하는 것의 참됨을 진리(비은폐성)의 한가운데 속에서 맑은 눈과 섬세한 마음가짐으로 순수하게 경험하면서 그것의 참됨을 소중히 간직하며 이웃과 더불어 참답게 지켜 나가고 감사하는 그런 삶이 아닐까? 그러나 지구 위에 거주하고 있는 오늘날의 인간들은 이러한 '시적인 삶'과는 한없이 멀리 동떨어진 '기술적인 삶'의 휘황찬란한 늪에 빠진 채 기술적인 힘에 매료되어 자기 자신을 무기력하게 이러한 힘의 총체적인 지배연관 ― 즉 국제적인 시장질서, 경제논리의 체계, 전세계의 정보화, 인터넷의 사이버공간 등 ― 에 내어주고, 그리하여 기술적인 힘의 마력에 눈이 멀어 자신도 모르는 사이에 기술적인 힘에 의해 철저히 지배된 채 급기야는 그 힘의 노예로 전락하여, 결국은 기술적인 힘의 고삐 풀린 지배의지의 위험으로부터 그 힘을 제어할 안전장치를 마련하느라 허우적대면서 살아가고 있지는 않을까? 현대의 기술문명 속에 은닉되어 있는 이런 힘이, 즉 무제약적인 지배의지가 사실상 "존재하고 있는 그

것(das, was ist)"에 대한 오늘날의 인간의 관계를 규정하면서, 지구 전체를 지배하고 있는 것은 아닐까?11)

이렇게 기술화된 비-자연적인 삶으로부터 인간에게 인간 자신의 시적인 삶, 다시 말해 때 묻지 않은 자연적인 삶을 되돌려주는 '길'은 어떻게 마련될 수 있을까? 그 길은 인간 자신만의 일방적인 주체적 노력에 의해서 개척될 수 있을까? 아니다. 시적인 삶의 한가운데 이르는 길, 더 나아가 존재의 진리에 이르는 길은 기술적인 삶의 연관들 속에 스스로를 은닉하고 있는 존재 자체의 역운적인 부름에 귀 기울이며 그 부름에 합당하게 응답할 수 있을 때에만 비로소 우리에게 개시될 수 있다. 다시 말해 진리에 이르는 길은 존재의 진리의 부름에 의해 이끌린 채 우리 자신이 존재의 열린 장 속으로 인도되는 한에서만 참답게 수립될 수 있다. 이런 점에서 진리에 이르는 길은 존재의 진리 자체에 의해 스스로 밝혀지며 터닦아지는 것이요, 이렇게 스스로 터닦으며 (sich-gründen) 길을-닦아가는(weg-bahnen, 道를 닦아가는) '그 길' 위에서 인간은 기술적인 삶으로부터 시적인 삶으로의 전향을 사유적으로 준비하고 구성하면서 터를 열어 밝혀 나갈(ergünden) 수 있다. 이렇게 터를 열어 밝혀 나가는 구성작업을 하이데거는, 인간이 인간답게 거주할(Wohnen) 수 있는 그런 집을 짓는(Bauen) 행위라고 사유하고(Denken) 있다.

시인에게 시적인 삶이란, 사유가에게는 집 짓는 삶이다. 집 짓는 삶이란, 존재자의 한가운데에서 존재 자체가 자신의 고유한

<hr />

11) 하이데거, 『초연한 내맡김(*Gelassenheit*)』, Pfullingen, 1985, 18쪽 참조; 「초연한 내맡김」, 『동일성과 차이』, 신상희 옮김, 민음사, 2000, 129쪽 참조.

242

진리 속에서 현성할 수 있도록 존재의 본질에게 시원적인 자리를 마련해 주는 삶이며, 다시 말해 존재 스스로가 자신의 본질을 언어로 가져올 수 있는 그런 열린 자리를 마련해 놓는 삶을 뜻한다.12) 여기서의 언어란, "그 안에서 인간의 본질이 전적으로 비로소 존재 및 존재의 말 건넴에 응답하면서, 이러한 응답함 가운데 존재에 귀속할 수 있게 되는 그런 시원적인 차원"을 가리킨다.13) "인간에게 세계를 처음으로 열어주고, 그리하여 세계 속에 거주할 자리를 마련해 주는 것이 언어"14)라고 한다면, 대지 위에서 인간이 시적으로 살아가면서 집을 짓는 그런 삶은, 이러한 언어의 시원적인 차원 속에 거주하면서 말하고 응답하고 발언하며 대화하는 그런 삶인 셈이다. 우리가 이렇게 집 짓고 거주하는 자연스러운 삶의 방식을 사유하며 배울 때, 우리는 비로소 오늘날의 존재의 형세(Konstellation), 즉 몰아세움에 의해 지배된 기술적인 삶의 존재망각(Seinsvergessenheit)으로부터 벗어나 자연과의 친밀한 만남이 일어나는 세계 속에 존재할 수 있을 것이다. 세계-안에-존재하는(In-der-Welt-sein) 진정한 인간이란, 이 땅의 위험을 더욱 위험스럽게 몰아가거나 혹은 그 위험을 방관하는 자가 결코 아니며, 오히려 이러한 "위험을 위험으로서(die Gefahr als die Gefahr)"15) 직시하여 "대지를 구원하려고(Erde retten)"16)

---

12) 하이데거, 『기술과 전향』, 40쪽 참조.

13) 하이데거, 『기술과 전향』, 40쪽

14) 하이데거, 「현상학과 신학(Phänomenologie und Theologie)」, 『이정표 (Wegmarken)』, GA Bd.9, Frankfurt a. M., 1976, 75쪽 참조; 『이정표 1』, 신상희 옮김, 한길사, 2005, 119쪽 참조.

15) 하이데거, 『기술과 전향』, 41쪽 참조.

16) 하이데거, 「건축함 거주함 사유함(Bauen Wohnen Denken)」, 『강연과 논

자신을 존재의 진리의 참됨(Wahrnis)에 초연히 내맡기는(gela-ssen) 자일 것이다.

여기서 위험을 위험으로서 직시한다는 것은 어떠한 태도를 가리키며, 대지를 구원한다는 것은 무엇을 의미하는가? 또한 존재의 진리의 참됨에 초연히 내맡기는 태도는 대지의 구원 및 황폐화된 자연환경의 회복과 어떤 연관을 갖는가?

먼저 "대지를 구원한다"는 표현에서 하이데거는 '구원한다'는 말의 참뜻을, 일찍이 레싱(Lessing)이 사용한 바 있던 독일어의 옛 의미에 따라 다음과 같이 이해하며 해석하고 있다. 즉 어떤 것을 구원한다는 것은, 단순히 어떤 것을 그것이 처해 있는 위험으로부터 구해 낸다는 통상적인 의미를 넘어서, 어떤 것을 그것 자신으로 존재하게-함(sein-lassen)이며, 다시 말해 어떤 것을 자유롭게 풀어주어(freien, freilassen, freimachen), 그것이 그것 자신의 고유한 본질영역 속으로 되돌아가게 하고(zurückstellen), 그리하여 그것을 그것 자신의 고유한 본질영역 속에 되감싸며(zurückbergen) 참답게 머물게 하고 존속하게 함(wahren)이다. 이러한 행위로서의 구원함은 어떤 것을 그것의 본질영역 속에서 보호하고 지키며(in die Hut nehmen, hüten) 소중히 아끼는(schonen) 그런 태도를 가리킨다.17) 이런 의미상의 맥락에 따르면, 대지를 "본래적으로 구원하는 자"는 인간 자신이기 이전에 — 만일 인간이 본래적인 구원자라면 이러한 생각 속에는 마치 인간이 대지의 주인이라는 거만함이 담겨 있을 것이다 — '거기'

문(*Vorträge und Aufsätze*)』, Pfullingen, 1985, 144쪽 참조.

17) 하이데거, 「건축함 거주함 사유함」, 『강연과 논문』, 143쪽 참조. 또한 『기술과 전향』, 41쪽 참조.

를 향해 인간이 스스로를 초연히 내맡김으로써 '그 안'에서 그가 그 자신의 가장 고유한 본질을 비로소 획득하게 되는 "존재의 본질의 참됨 자체"다.18) 인간의 본질과 존재의 본질이 서로 함께-속해-있는 근원적인 공속의 차원으로서의, 생기가 생기하는 생기의 차원 속에는 탈-생기된 존재의 몰아세움이라는 이 시대의 위험 자체가 맴돌고 있을 뿐만 아니라, 동시에 이러한 위험 자체의 존재론적인 역운적 본질구조를 존재사적으로 통찰하는 사유에게는 탈-생기(Ent-eignis)로부터 생-기(Er-eignis)의 참됨으로 전향해 들어가는(einkehren) 존재 자체의 고유한 본질의 전회적인 도래(die kehrige Ankunft)가 맴돌고 있다.19) 따라서 위험을 위험으로서 직시한다고 함은, 생기의 차원 속에 맴돌고 있는 존재망각의 위험으로부터 깨어나 존재 자신이 스스로 물러나면서 완강한-거부(Verweigerung)의 방식으로 스스로를 내보이고 있는 존재망각의 진리를 꿰뚫어 봄을 의미한다.20)

---

18) 하이데거, 『기술과 전향』, 41-42쪽 참조.
19) 신상희, 『시간과 존재의 빛』, 제3부 제1장 및 제2장의 논의를 참조할 것.
20) 하이데거, 『사유의 사태에로(*Zur Sache des Denkens*)』, 32쪽 및 57쪽 참조. 여기서 하이데거는 존재망각을 단순히 사유가의 나태함이나 혹은 소홀함(Versäumnis)으로 인해 생긴 우연적인 결과로서 간주하지 않고, 오히려 그에 앞서 형이상학적인 사유방식 속에서 스스로 물러나며 숨기는 '존재의 자기은닉'에 따른 필연적인 결과로서 사유하고 있으며, 따라서 "존재망각은 […] 존재 자체의 본질 속에 속해 있다"고 말하고 있다. 그러므로 존재망각으로부터 "깨어나(Erwachen)" 존재망각을 존재망각 자체로서 경험한다는 것은 "생기 속으로 자라나오는(Entwachen in das Ereignis)" ─ 다시 말해 생기의 차원 속에서 일어나는 존재의 진리를 꿰뚫어 보는─ 그런 행위이자, "생기 속에 체류하고자 전향해 들어가는(Einkehr in den Aufenthalt im Ereignis)" 그런 행위다.

인간이 오늘날 자연과 환경세계 그리고 인간 자신의 시원적인 삶의 거주지로서의 대지를 나날이 황폐하게 하는 존재망각의 극단적인 위험으로부터 진실로 깨어나게 된다면, 그리하여 이러한 위험 속에서 자신을 숨기면서도 자신을 내보이고 있는 존재 자체의 비밀스러운 말 건넴에 참답게 귀 기울이게 된다면,21) 그때 망각은 더 이상 망각이 아니며 위험은 더 이상 극단적인 위험이 아니다. 왜냐하면 존재의 망각이 망각의 진리로서 깨어나고 위험이 위험으로서 생기하는 바로 그 자리에서는— 다시 말해 생기의 본령(Eigentum des Ereignisses) 속에서는— 존재의 열린 장 속으로 귀환해 들어가 대지를 구원할 수 있는 구원의 가능성이 인간에게 홀연히(jäh, 갑자기) 밝아오기 때문이다. 이와 관련하여 하이데거는 다음과 같이 말하고 있다. "이렇게 귀환하여 [그 자리에] 머무를 경우에 존재의 참됨의 망각은 더 이상 존재의 망각이 아니며, 오히려 그 망각은 귀환하면서 존재의 참됨 속으로 전향해 들어간다. 만일 위험이 위험으로서 존재한다면, 망각의 전향과 함께 존재의 참됨이 스스로 생기하며, 세계가 스스로 생기할 것이다."22)

세계가 세계로서 생기한다면, 세계-안에-있음으로서의 인간은 비로소 그 자신의 삶의 거주지에 본연적으로 존재하게 될 것이며, 이러한 본연적인 거주지에서 "대지를 대지로서 구원하고"

---

21) 이러한 귀 기울임의 태도를, 하이데거는 『초연한 내맡김』에서 "비밀을 위한 개방성(Offenheit für das Geheimnis)"이라고 부른다. 『초연한 내맡김』, 24쪽; 「초연한 내맡김」, 『동일성과 차이』, 신상희 옮김, 134쪽 이하 참조.
22) 하이데거, 『기술과 전향』, 42쪽.

"하늘을 하늘로서 받아들이며", 또 "신적인 것을 신적인 것으로서 기다리는" 가운데 죽을 자로서 사방-세계(das Welt-Gevierte) 속에 거주하며 존재하게 될 것이다.23) 대지(Erde, 땅)와 하늘 그리고 신적인 것과 죽을 자를 가깝게 모아들이는 이러한 사방-세계 속에 인간이 시원적으로 속하게 될 때, 존재의 몰아세움이라는 역사적 운명 속에서 자신의 존재의 참됨을 상실하였던 종래의 사물들은 잃어버린 그것들 자신의 존재의 참됨을 존재 자체의 열린 장 속에서 되찾은 채 다시금 사물로서 깨어날 것이고, 다시 말해 사물화될 것이다. 그 안에서 세계가 세계화하며 생기하는 존재의 열린 장이란, "사물 속에서 사물화하며 세계를 가깝게 모아들이는 그런 가까움의 본질(장소)"이다.24)

3. 구원의 손길을 기다림

사방-세계가 펼쳐지는 존재의 열린 장 가운데 인간이 죽을 자로서 거주하면서 자신의 죽음을 죽음으로서 참답게 맞이할 채비를 하고 있는 한, 그는 존재상실의 시대에 마치 자신이 대지의 주인이나 되는 듯 거들먹대면서 마음대로 대지를 파헤치고 남용하며 대지를 지배하던 자신의 해악함(Unheil)에서 벗어나 이러한 해악함을 치유해 줄(heilen) 수 있는 "사라진 구원(das entzogene Heil)"25)의 성스러운(heilig) 손길을 "기다리고"26) 있는 셈이다.

---

23) 하이데거, 「건축함 거주함 사유함」, 『강연과 논문』, 144-145쪽 참조.
24) 하이데거, 『기술과 전향』, 46쪽 참조.
25) 하이데거, 「건축함 거주함 사유함」, 『강연과 논문』, 145쪽.
26) 하이데거, 「건축함 거주함 사유함」, 『강연과 논문』, 145쪽

여기서 사라진 구원의 성스러운 손길이란 무엇인가? 그것은 구원자로서의 신적인 신이 어둠 속에 은닉된 존재의 열린 장 속으로 자신의 빛을 다시 선사해 줌으로써, "존재의 망각이 존재의 진리 안으로 전향되는 그런 호의(die Gunst der Kehre der Vergessenheit des Seins in die Wahrheit des Seins)"[27]라고 말할 수 있다. 우리가 존재의 망각을 망각으로서 경험하고 있는 한, 어쩌면 우리는 이미 이러한 구원의 손길이 드리우는 그늘 속에 살고 있는지도 모른다. 그러나 이러한 구원의 손길이 언제 어떻게 우리에게 구체적으로 다가올지는 아무도 모른다. 구원의 손길은 사물처럼 표상될 수 있는 성질의 것이 아니기 때문에, 우리들의 단순한 지욕(Wissenwollen)이나 의지(Wille)에 의해서는 결코 알려지지 않는다. 그러하기에 죽을 자로서의 우리들 인간은 신적인 신이 물러나 세계의 밤이 깊어진 이 시대에 다시금 구원의 성스러운 손길이 우리에게 도래하기를 기다리지 않을 수 없다. 하지만 이러한 '기다림(Warten)'은 아무런 채비도 없는 맹목적인 기다림이 아니다. 오히려 여기서의 이러한 기다림은 신적인 신의 도래를 기다리며 존재의 "열린 장 자체 속으로 관여해 들어가는 (in das Offene selbst sich einlassen)"[28] "초연한 내맡김(Gelassenheit)"의 태도이기에, 그것은 근대문명의 과학화와 산업화 그리고 기술화와 정보화의 시대 이래로 한없이 손상되었고 아직도 손상되고 있는 대지의 상처를 근본적으로 치유하며 아물게 할 수 있는 적극적인 채비라고 말할 수 있다.[29]

---

27) 하이데거, 『기술과 전향』, 42쪽.
28) 하이데거, 『초연한 내맡김』, 42쪽 참조; 「초연한 내맡김」, 『동일성과 차이』, 신상희 옮김, 156쪽 참조.

대지를 구원하기 위한 사유의 적극적인 채비로서의 '기다림'은 사라진 구원의 성스러운 손길이 우리에게 도래하도록 우리 자신이 밝게 깨어 있는 상태이며, 동시에 이러한 깨어-있음(Wach-bleiben) 속에서 고요한 적막의 울림으로서 우리에게 말 걸어오는 존재의 부름에 귀 기울이는 태도다. 바로 이러한 기다림 속에서 '사라진 구원의 손길'은 "존재의 섬광(Blitz des Seins)"[30]처럼 스스로를 밝게 비추며 우리에게 드러나게 될 것이다. 따라서 이런 의미에서의 기다림은 사유해야 할 사태로서의 존재 자체가 그 자신의 고유한 참됨 속에서 스스로를-내보이게-하는(sich-zei-gen-lassen) 사유의 적극적인 기투행위인 셈이다. 이런 점에서 인간의 본질은 존재의 본질을 사유하며 지키며 망보는 가운데 그것을 기다리는 '기다림' 속에 있는 셈이다. "인간이 존재의 목자로서 [그리고 동시에 무의 자리지기로서] 존재의 진리를 기다릴 때에만, 그는 단순한 지옥에 빠지지 않고 존재의 역사적 운명의 도래를 고대할 수 있으며",[31] 이러한 도래 속에서 자신의 현존의 빛을 환히 밝혀주며 다가오는 신적인 신이 우리에게 선사해 주는 구원의 성스러운 손길을 참답게 맞이할 수 있다.

---

29) '초연한 내맡김'에 관해서는 다음의 글을 참조. 전동진, 「창조적 존재와 초연한 인간」, 『후기 하이데거와 자유현상학』, 한국해석학회 엮음, 지평문화사, 1997.

30) 하이데거, 『기술과 전향』, 47쪽 참조.

31) 하이데거, 『기술과 전향』, 41쪽 참조. 꺽쇠괄호 속의 어구는 필자가 임의적으로 삽입한 글이다. 물론 "무의 자리지기(Platzhalter des Nichts)"라는 말은 『형이상학이란 무엇인가(Was ist Metaphysik?)』(118쪽)에서 일찍이 하이데거 자신이 사용했던 표현이다. 「형이상학이란 무엇인가」, 『이정표 1』, 신상희 옮김, 169쪽 참조.

4. 자연환경의 회복과 인간본질의 회복

그렇다면 이러한 기다림의 태도, 다시 말해 존재의 진리의 참됨에 스스로를 초연히 내맡기는 인간존재의 시원적인 삶의 태도는 대지의 구원 및 황폐화된 자연환경의 회복과 어떤 관련이 있을까? 앞에서 간단히 서술하였듯이, 기다리는 자로서의 인간은 존재의 열린 장 한가운데에서 대지와 하늘 그리고 신적인 것과 죽을 자를 가깝게 모아들이는 사물들 곁에 친밀히 거주하면서 사방-세계를 소중히 아끼고 돌보며 이러한 "사방-세계를 사물들 속으로 참답게-간직하는(das Geviert in die Dinge verwahren)"32) 자다. 이러한 하이데거의 존재사유 및 세계사유는 순박한 인간의 자연친화적인 삶에 관한 이야기이며, 인간이 인간답게 '거주하기' 위한 시원적인 삶의 '자리'에 관한 '이야기'다. '…에 살다, 거주하다, 생활하다'라는 낱말은 그리스어로는 '오이케오(οἰκεω)'이며, 또한 '살림, 거주지, 집'을 뜻하는 그리스어는 '오이코스(οἶκος)'다. 따라서 그리스적으로 사유해 본다면, 인간이 인간답게 '거주하기' 위한 시원적인 삶의 '자리'에 관한 '이야기'는 오이케오 혹은 오이코스에 관한 로고스(λογος)인 셈이며, 이것은 곧 '생태학(Öko-logie)'의 감추어진 본질영역을 가리키고 있다.

'생태학'이라는 명칭은 에른스트 헥켈(Ernst Haeckel)이라는 동물학자에 의해서 1866년에 처음으로 생물학의 한 분야를 가리키는 학명으로 사용되었는데, 그의 정의에 따르면, 생태학이란 "자연의 살림에 관한 이론" 즉 "주변환경과 관계하는 유기체들

---

32) 하이데거, 「건축함 거주함 사유함」, 『강연과 논문』, 146쪽 참조.

의 제반관계에 관한 이론"이라는 것이다.33) 유기체의 주변환경은 매우 복잡하게 서로 얽혀 있기 때문에, 자연의 살림에 관한 연구는 자연에 대한 세부적인 탐구분야를 넘어서 자연 전체를 총체적으로 바라볼 수 있는 그런 방향으로 나아가고 있다. 오늘날 나날이 심각해져 가는 환경문제로 인해 생태학 연구의 필요성은 어느 때보다도 더욱 고조되어 가고 있는 형편이며, 이러한 시대적 요구에 맞추어 다양한 방면에서 상당히 활발한 연구가 실천적으로 진행되고 있다.

이러한 실천적인 연구의 진행과정 속에서 오늘날의 생태학은 자연적인 생태계를 보호함과 아울러 생태계의 순환구조가 깨짐으로써 생길 수 있는 심각한 환경문제를 해결하기 위한 '학문의 파수꾼'이라고 스스로 자처하기도 한다. 그러나 과연 생태학이 자연환경의 파수꾼적인 학문으로서 자연과 환경문제를 '전체적으로' 고찰하는 주도적인 학문이라고 평가될 수 있을까? 아니다. 아니라면, 왜 아닌가? '생물과 환경의 유기적-물리적 관계를 연구하는 학문'으로서의 오늘날의 생태학은 다양한 생물들 및 그것들의 서식조건에 매달린 채 그것들의 유기적-물리적 관계의 '존재론적인 의미영역'을 문제 삼지 못하기 때문이다. 다시 말해 오늘날의 생태학은, 자연의 생태계를 보호해야 할 주체로서의 인간과 이러한 주체에 의해 보호되어야 할 객체로서의 자연이라는 주객관계의 표상적인 근대적 사고방식에 빠져 있는 채, 연구의 시선은 유기체 전체로서의 존재자에 철저히 사로잡힘으로써 자연적인 사물들의 존재 및 이러한 사물들의 '개방적인 존재연관'

---

33) Hanspeter Padrutt, *Heideggers Denken und die Ökologie*(S.43-66), in *Heidegger Studies*, Vol.6, Berlin, 1990, 44쪽 이하 참조.

이 존재의 열린 장 속에서 어떻게 생기하는지를 전혀 사유하지 못하고 있기 때문이다. 생태학이 여타의 자연과학과 같이 이러한 "무사유(Gedankenlosigkeit)"34)에 빠져 있는 한, 생태학은 결코 생태계의 위험을 위험으로서 직시하고 있는 것도 아니며, 더욱이 이러한 위험을 알리는 진정한 파수꾼도 아니다. 생태학은 환경문제를 효과적으로 대처하기 위한 갖가지 응급처방 — 수질관리와 개선, 환경친화적인 대체에너지의 개발과 에너지 절약운동, 유기농의 재배와 보급, 환경단체의 결성과 환경오염의 감시, 분리수거와 쓰레기 재활용 등 — 을 우리에게 제시할 수 있을지는 몰라도, 환경문제를 근본적으로 극복하거나 치유하기 위한 전체적인 시야는 결코 제시할 수 없으며, 따라서 인간이 '땅 위에, 하늘 아래, 신적인 신 앞에, 죽을 자로서' '사물들 곁에' 친히-머물면서

---

34) 하이데거, 『초연한 내맡김』, 11쪽 이하 참조; 「초연한 내맡김」, 『동일성과 차이』, 신상희 옮김, 123쪽 참조. 여기서 하이데거는 사유의 종류를 크게 두 가지로, 즉 '계산적인 사유(das rechnende Denken)'와 '숙고적인 사유(das besinnliche Denken)'로 구분하고 있다. 계산적인 사유란, 세계를 장악하기 위해 현재 우리에게 주어진 주변상황들 및 앞으로 나타날 새로운 가능성들을 면밀히 탐구하고 연구하면서 총괄적으로 헤아리며 따지는(kalkulieren) 모든 생각을 가리킨다. 오늘날의 세계는 이러한 계산적인 사유에 의해 철저히 지배되고 안전하게 관리되어야 할 하나의 대상처럼 간주되고 있다. 그러나 계산적인 사유가 제아무리 최고로 날카로운 명민함을 자랑으로 삼는다고 할지라도, 이러한 계산적인 사유는 존재하고 있는 모든 것 속에 편재하고 있는 존재 자체의 의미(Sinn)를 깊이 숙고하면서 그것을 뒤따라-사유하는(nach-denken, 뒤쫓아-사유하는) 그런 사유를, 즉 숙고적인 사유를 '망각'하고 있다. 숙고적인 사유의 망각은 '무사유'로 이어진다. 현대인은 대부분 당장 코앞에 밀어닥친 생업의 문제에 쫓긴 채 이러한 숙고적인 사유 앞에서 부단히 달아나며 도피하고 있다. 그러므로 이러한 사유의 도피가 무사유를 낳는 '무사유의 근거'라고 말할 수 있다.

(verweilen) 거주할 수 있는 삶의 시원적인 자리를 결코 마련할 수도 없다. 이런 점에서 오늘날의 생태학은 자신의 본질주소를 망각하고 있는 또 하나의 학문인 셈이며, 존재의 몰아세움이라는 역사적 운명에 지배된 채 기술적인 힘의 위험에 여전히 구속되어 있을 뿐이다.

우리는 어떻게 하면 이러한 끈질긴 '무사유'로부터 벗어나 자연적인 사물들을 그것들 자신의 고유한 본질영역 속으로 풀어놓을(loslassen) 수 있을까? 자연적인 사물들이 자연적인 사물들로서 자연스럽게 존립할 수 있는 그것들 자신의 고유한 본질영역이란 어떤 곳일까? 그곳은 인간의 손길이 전혀 미치지 않는 어떤 미지의 장소일까? 아니다. 오히려 사물들이 사물들로서 자연스럽게 피어나며 번성할 수 있는 사물들 자신의 고유한 본질영역이란, "거기로부터 인간의 본질과 그의 모든 작업이 […] 새로운 방식으로 피어나 번성할 수 있는 그런 토양과 터전"을 — 다시 말해 "미래의 토속적인 향토애를 위한 터전과 토양"을 — 가리킨다.35) 다시 말해 그 안에서 사물이 사물로서 고유하게 머무를 수 있는 사물 자신의 고유한 본질영역이란, 그 안에서 인간이 인간으로서 고유하게 머무를 수 있는 인간 자신의 고유한 본질영역과 결코 다른 곳이 아니라, 오히려 '같은 곳'이다. 인간이 무사유에 빠져 숙고하는 본질존재로서의 자기 자신을 망각하고 살아가는 한, 자연세계를 철저히 지배하고 관리하려는 이러한 무사유의 고삐 풀린(schrankenlos) 의지에 의해 자연환경의 황폐화는 만연될 수밖에 없을 것이다. 자연환경의 황폐화는 물론 또 다른 방식

---

35) 하이데거, 『초연한 내맡김』, 21쪽 참조; 「초연한 내맡김」, 『동일성과 차이』, 신상희 옮김, 132쪽 참조.

으로 인간의 미래적 삶을 위협하게 될 것이고, 그리하여 인간은 이러한 삶의 위협으로부터 더욱 철저한 안전장치를 마련하느라 또다시 계산적인 사고의 사고를 거듭해 나가겠지만, 그러면 그럴수록 인간은 완전한 무사유 속에 빠질 것이고 자신도 모르는 사이에 인간 자신의 가장 고유한 본질을 상실하게 될 것이다. 그러므로 자연환경의 황폐화는 인간본질의 황폐화와 언제나 단짝을 이루고 있다는 사실을 우리는 명심해야 하며, 또한 이러한 단짝이 이루어지는 존재의 기반이 '탈-생기의 영역'이라는 점을 통찰하지 않으면 안 된다. 우리가 탈-생기의 영역 속에서 일어나는 자연세계(사물)의 황폐화와 인간본질의 황폐화의 그 자체 전회적인 상호공속성(die in sich kehrige Zusammengehörigkeit)을 "존재하는 그것으로의 일별(Einblick in das was ist, 존재에로의 일별)"36)을 통해 ─ 즉 존재의 섬광으로부터 존재의 환한-밝힘으로 나아가는 그런 통찰을 통해 ─ 근원적으로 경험하고 사유하게 된다면, 그때 비로소 인간에게는 인간의 미래적 삶을 위한 새로운 터전과 지반이 개시될 수 있는 가능성이 열릴 것이다. 이러한 가능성의 열림은 인간 자신의 주체적인 의지에 의해서 만들어지는 것이 아니라, 존재하는 그것에로의 통찰을 통해, 다시 말해 생기로부터 생기에 이르는 현상학적이며-해석학적인 길-사유를 통해 생-기의 생-기함으로부터 인간에게 선사되는 존재 자체의 은총이자 호의다. 인간이 주체적인 의지의 수행자로서가 아니라, 존재의 참됨의 자기개시를 '기다리며' 존재 자체가 선사하는 이러한 베풂에 '감사하는' 탈존적인 터-있음으로서 살아갈 때, 그에게는

---

36) 하이데거, *Bremer und Freiburger Vorträge*, GA Bd.79, 1994. 특히 「브레멘 강연」(3-77쪽)을 참조할 것.

이미 미래의 토속적인 향토애를 위한 새로운 터전과 토양이 어떤 곳인지 알려질 것이다.

그렇다면 이러한 새로운 터전과 토양은 어떤 곳일까? 이러한 물음에 대해 하이데거는 다음과 같이 말하고 있다. "우리가 이렇게 물음으로써 찾고자 하는 그것은 아마도 아주 가까이에 있을 것이다. 그것은 그렇게 가까이에 있어서, 우리는 너무도 쉽게 그것을 간과하곤 한다. 왜냐하면 가까이에 이르는 길은 우리들 인간에게는 언제나 가장 머나먼 길이고, 따라서 가장 힘든 길이기 때문이다."37) 미래의 토속적인 향토애를 위한 새로운 터전과 토양은 우리들 자신과 아주 가까이에 있는 곳, 다시 말해 미래적 인간의 시원적인 본질로서의 탈존적인 터-있음의 환히 밝혀진 "터(Da des Da-seins)" 이외에 다른 곳이 아니다.38) 그러나 이러한 '터'에 이르는 길은 언제나 머나먼 길이고 힘겨운 길이다. 왜 그런가? 터-있음의 터는 우리들 인간의 현사실적인 삶의 장소이자 세계이기에 우리들 자신에게 아주 가까이 놓여 있는 곳이지만, 이러한 터의 시원적인 존재의미는 일상적인 삶과 전승된 학문적인 삶 속에서는 언제나 감추어져 있기 마련이기 때문이다. 미래적 인간이 시원적으로 거주해야 할 '시적인 삶 혹은 집 짓는 삶의 본질장소'로서의 탈존적인 터-있음의 환히 밝혀진 터란, 존재의 시원적인 자기은닉으로부터 존재 자체가 자신의 참됨을 고유하게 드러내는 그런 시원적인 진리의 영역, 즉 '존재 자체의 열린

---

37) 하이데거, 『초연한 내맡김』, 21쪽; 「초연한 내맡김」, 『동일성과 차이』, 신상희 옮김, 132쪽 참조.
38) '터-있음'의 시원적인 의미에 관해서는 다음의 글을 참조. 신상희, 『시간과 존재의 빛』, 제3부 제3장("생기와 탈존").

장'을 뜻한다. 인간이 존재의 열린 장으로서의 "사역(Gegnet)"[39]에 이끌린 채 이 사역 속으로 들어가 사역과 관계 맺도록 자기 자신을 초연히 내맡길 경우에, 그는 이러한 사역에 탈자적으로 그리고 개방적으로 참여하게(teilnehmen) 되는 것이며, 이러한 사역의 한가운데에서 비로소 사물이 사방-세계를 모아들이며 사물로서 참답게 피어나고 번성하게 되는 것임을 그는 비로소 사태에 알맞게 경험하게 될 것이다.

바로 이러한 현상학적인 경험 속에는 하이데거가 말한 "사물들에 이르는 초연한 내맡김(Gelassenheit zu den Dingen)"[40]의 태도가 깊이 스며 있다. '사물들에 이르는 초연한 내맡김'의 태도란, 자연세계와 기술세계를 지배하여 관리하려는 무사유의 진보적인 발걸음으로부터 풀려나와 사물들의 단순소박한 개방적인 사태관계 속으로 가까이-다가가는 뒤로-물러섬(Schritt-zurück)의 태도를 가리킨다. 그러므로 '사물들에 이르는 초연한 내맡김'의 태도는 그때마다 언제나 이미 "사역에 이르는 초연한 내맡김(Gelassenheit zur Gegnet)"[41]의 태도 속에서만 고유하게 자라날 수 있다. 달리 말해서, '사역에 이르는 초연한 내맡김'의 태도는 '사물들에 이르는 초연한 내맡김'의 태도를 통해 구체적으로 우리의 현사실적인 삶의 장소 속에서 구현되는 것이다. 물론 사역에 이르고 사물에 이르고 자연에 이르는 이러한 초연한 내맡김의 태도 속에서도 우리는 자연세계와 기술세계의 불가결한 이용에 대해서 마찬가지로 긍정할 수도 있고, 또 기술적인 힘의 지배

---

39) 하이데거, 『초연한 내맡김』, 39쪽 참조.
40) 하이데거, 『초연한 내맡김』, 23쪽 참조.
41) 하이데거, 『초연한 내맡김』, 50쪽 참조.

와 기술의 남용에 따른 자연세계의 황폐화에 대해서 단호히 거절하면서 부정할 수도 있다. 그러나 자연세계에 대한 우리의 관계는 더 이상 종래의 지배적인 의지에 의해서 정립된 그런 '탈-생기된 관계'가 아니라, 초연한 내맡김의 태도를 통해서 기술적인 힘의 속박과 기술적인 대상들의 노예로부터 풀려나 새롭게 수립된 '생-기된(er-eignet) 관계'가 될 것이다. 자연에 이르는 초연한 내맡김(Gelassenheit zur Natur)의 태도가 탈존적인 터-있음으로서의 미래적 인간의 숙고적인 사유를 통해 우리들 마음속에서 피어나 자라나게 된다면, 그때 "우리는 기술세계에 의해 아무런 위협도 받지 않은 채 그 세계 안에 서 있고 존립할 수 있는 [미래적 삶의] 어떤 새로운 터전과 토양"을 발견하게 될 것이다.42) 이런 점에서 미래적 삶의 새로운 터전과 토양에 이르는 길은, 터-있음의 시원적인 터에 이르는 숙고적인 사유의 길이다. 이러한 사유의 길은, 앞에서 지적하였듯이, 존재의 진리의 부름에 귀 기울이며 이러한 부름에 이끌린 채 존재의 열린 장 속으로 인도되어 들어가는 현상학적이며-해석학적인 길-사유의 길이다. 이러한 길은 존재의 열린 장으로서의 사역이 사방으로 고유하게 펼쳐지면서 스스로 길을 놓아가며 사유가를 인도하는 그런 길인 동시에, 사유가로서의 인간이 그 안에서 사물이 사물화하는 그런 "사역의 사방-펼침(Vergegnis der Gegnet)"43)에 이르는 길이다.

이러한 사역의 사방-펼침 속에서 인간은 상실한 자기 자신의 본래성을 되찾게 될 뿐 아니라, 자연세계(사물)는 무사유한 인간

---

42) 하이데거, 『초연한 내맡김』, 24쪽 참조.
43) 하이데거, 『초연한 내맡김』, 51쪽 참조.

들의 무자비한 공격과 기술적인 힘에 따른 황폐화의 깊은 상처로부터 해방되어 오랫동안 망각되고 감추어진 그것 자신의 참됨을 치유받게 될 것이다. 그러므로 자연세계의 참다운 회복은 객체로서의 자연에 대한 주체로서의 인간의 '단순한 환경보호'에 의해서 이루어지는 것이 아니라, 그 근본에 있어서는 존재의 열린 장 한가운데에 시원적으로 거주하는 인간본질의 참다운 회복을 통해서 '존재의 참됨이 베푸는 존재 자체의 호의'에 의해 이루어지는 것임을 우리는 맑은 눈과 바른 마음가짐으로 통찰해야 할 것이다. 자연환경의 황폐화와 인간본질의 황폐화가 근본적으로 상호공속하듯이, 자연환경의 회복과 인간본질의 회복은 '존재의 진리가 생-기하는 생-기의 영역 속에서' 그 자체 전회적으로 맞물린 채 서로 함께-속해-있다는 사실을 우리는 통찰할 수 있어야 할 것이다. 오직 이러한 뿌리 깊은 통찰만이 우리들 인간에게 미래적 삶의 밝은 거주지와 열린 전망을 마련하며 열어놓을 수 있을 것이다.

하늘처럼
환히 열린 마음과
땅처럼
만물을 보살피는 마음으로 살면
진리는 어디에서나 빛을 발한다.
한 송이 들꽃에서
세계가 피어나고,
고요히 빈 마음에
모든 것이 넉넉하다.

제 8 장

초연한 내맡김

　1959년에 네스케 출판사에서 처음으로 출간된 하이데거의 사유작품『초연한 내맡김(*Gelassenheit*)』에는, 탐구자와 학자 그리고 스승 이 세 사람이 들길을 거닐면서 사유의 본질에 관해서 사색하는 주옥같이 맑은 대화록이 담겨 있다. 흔히「들길-대화(Feldweggespräche)」라고도 말해지는 이 대화록은 단행본으로 출간되기 훨씬 이전에(1944-45년) 그 초안이 일찍이 마련되었던 것으로서,1) 이 대화록에 대한 참다운 이해는 1936년에서 1938년

---

1) 하이데거,『초연한 내맡김(*Gelassenheit*)』, Pfullingen, 1985, 72쪽;「초연한 내맡김」,『동일성과 차이』, 신상희 옮김, 민음사, 2000, 138쪽 이하 참조. 네스케 출판사에서 출간된『초연한 내맡김』에 실린「들길-대화」는 대화록 전체를 담고 있는 것이 아니라, 대화록의 후반부만을 담고 있을 뿐이다. 대화록의 전반부 내용은 시원적인 사유의 본질을 다루기 위한

사이에 형성된 생기-사유(Ereignis-denken)의 본질구조 위에서2) 비로소 올바로 체득될 수 있다. 왜냐하면 "초연한 내맡김의 해명 (Zur Erörterung der Gelassenheit)"이라는 제목하에서 전개되는 「들길-대화」는 초연한 내맡김이 사유의 본질로서 경험될 수 있는 그 본질장소(Ort)를 열어 밝혀 나가고자 시도하고 있는데, 그 본질장소는 실은 생기가 생기하는 생기함(Ereignen)의 본질장소 이외에 다른 곳이 아니기 때문이다. 그러므로 우리는 현상학적이며 해석학적인 생기-사유의 시각궤도 위에서, 어떻게 초연한 내맡김이 미래적 사유의 시원적인 본질로서 경험되고 있는지, 또 초연한 내맡김의 본질구조는 어떤 방식으로 펼쳐질 수 있는지, 그리고 초연한 내맡김에 대한 하이데거의 사유경험은 그것에 대한 마이스터 에크하르트의 사유경험과 어떤 점에서 유사하며 또 다른 것인지 등등의 물음을 「들길-대화」의 진행과정을 추적하는 가운데 해명하고자 한다.

예비적인 논의과정으로서, 전승된 사유의 근본특성을 존재역사적으로 숙고하며 해명해 나가는 대화의 진행과정을 담고 있다. 대화록의 전반부를 포함한 대화록 전체는 「들길-대화(Feldweggespräche)」라는 제목으로 앞으로 하이데거 전집 제3부(III. Abteilung)에 속해 출간될 예정이다.

2) 생기-사유의 본질구조에 관해서는 다음의 글을 참조하라. 하이데거, 『철학에의 기여(*Beiträge zur Philosophie*)』, GA Bd.65, Vittorio Klostermann Verlag, 1989; F. W. von Herrmann, *Wege ins Ereignis*, Zu Heideggers "Beiträge zur Philosophie", 1994; 신상희, 『시간과 존재의 빛』, 한길사, 2000, 제3부 제2장 및 제3장.

1. 전승된 사유의 의지적 성격과 미래적 사유의 시원적인 본질

하이데거는 「들길-대화」의 후반부 논의를 열어가면서, 인간의 본질에 대한 물음은 인간에 대한 물음과는 다른 것이며, 이와 동시에 사유의 본질에 대한 물음은 사유에 대한 물음과는 다른 것이라고 말하고 있다.3) 더욱이 그는 인간을 고찰함이 없이 인간의 본질을 통찰해야 하며, 또 우리가 사유로부터 시선을 다른 곳으로 돌릴 경우에만 사유의 본질은 경험될 수 있다고 강조하고 있다.4) 우리가 습성화된 전통적인 생각에 그대로 머물러 있는 한, 그의 이러한 단언은 처음부터 전혀 해독할 수 없는 난해한 역설에 불과할 것이다.

서양의 사유가 펼쳐지기 시작한 이래로 '사유한다'는 것은 인간을 인간으로서 드러내는 인간의 주된 본질적 특성으로 여겨져 왔다는 점은 이미 누구에게나 잘 알려진 사실이다. 인간의 본질에 대한 물음은 사유의 본질에 대한 물음을 떠나서는 존립할 수 없으며, 또 사유의 본질에 대한 물음은 인간의 본질에 대한 물음을 떠나서는 존립할 수 없다. 그런데 이렇게도 자명하게 인간의 본질적 특성으로서 파악된 '사유'로부터 우리가 왜 시선을 다른 곳으로 돌려야 하는지도 석연치 않을 뿐만 아니라, 더욱이 '사유의 본질'이 '사유'를 외면할 경우에만 경험될 수 있다는 그의 주장은 더욱 더 의문스러울 것이다. 이러한 주장 속에 담긴 '사유'

---

3) 하이데거, 『초연한 내맡김』, 29쪽 참조; 「초연한 내맡김」, 『동일성과 차이』, 신상희 옮김, 139쪽 참조.
4) 하이데거, 『초연한 내맡김』, 29쪽 참조; 「초연한 내맡김」, 『동일성과 차이』, 신상희 옮김, 139쪽 참조.

란 무엇이며, 또 그것과는 구분되는 '사유의 본질'이란 무엇인가? '인간'을 도외시한 채 '인간의 본질'이 규정되어야 할 본질장소는 어디에 있는가? 또 이러한 본질장소는 우리가 시선을 돌려야 할 그 '다른 곳'과 어떤 연관이 있는가?

하이데거가 「들길-대화」의 후반부 논의과정에서 물음으로 제기하며 문제 삼고자 하는 '사유의 본질'은 전승된 철학적 사유의 일반적인 본질규정이 아니라 전통철학에서는 감추어져 있는 더욱 근원적인 본질이며, 따라서 그것은 아직은 경험되지 않고 있는 미래적 사유 혹은 다른-시원적 사유의 본질규정이다. 또한 거기에서 문제로 제기되고 있는 '인간의 본질'에 대한 규정도 서양의 전승된 사유에서 일반적으로 규정되듯 로고스(λογος)나 이성(ratio) 혹은 '사유하는 나'를 중심으로 한 인간의 자기이해에 의해서 규정되는 그런 본질규정이 아니라, 사유해야 할 사태 자체(die zu denkende Sache selbst)와의 긴밀한 연관으로부터 — 즉 사유하는 인간에 대한 존재의 진리의 생기하며-다가오는(ereignend-angehend) 혹은 던져오는(zuwerfend) 본질연관으로부터 — 존재역사적으로 규정되는 본질규정이다.[5]

「들길-대화」에서 하이데거가 인간에 대한 물음이 인간의 본질에 대한 물음과 다르다고 강조하였을 때,[6] 여기서 말해진 인간에 대한 물음은 특히 데카르트에 의해서 정초되기 시작한 주체 혹은 자기의식으로서의 인간의 본질에 대한 근대적 규정을 비판적

---

5) 신상희, 「생기와 탈존」, 『시간과 존재의 빛』 참조.

6) 하이데거가 『기술과 전향(Technik und Kehre)』(5쪽)에서 "기술의 본질은 기술적인 것(das Technische)이 아니라고" 강조하였듯이, 이와 마찬가지로 인간의 본질은 실은 인간적인 것(das Menschliche)이 아니다.

으로 암시하고 있는 것이다. 우리가 인간의 단순소박한 시원적인 본질을 더 이상 '인간' 속에서 — 다시 말해 사유하는 나의 표상활동 속에서 세계를 표상된 객체로 정립하는 그런 주체로서의 근대적 인간상 속에서 — 찾을 수 없다고 한다면, 인간의 더 근원적인 본질을 통찰하기 위한 우리의 현상학적인 시선은 '사유'와는 '다른 곳'으로 — 즉 스스로를 진리의 척도로서 설정하는 그런 주체성 속에서는 더 이상 근거지어지지 않는 어떤 다른 사유의 새로운 터전으로 — 나아가야 할 것이며, 이런 새로운 사유로부터 [종래의 전승된 사유 속에서는 사유되지 않은 채 어둡게 남겨져 있던] 인간의 숨겨진 본질을 경험하면서 이러한 사유의 시원적인 본질을 시원적인 존재의 진리의 열린 장으로부터 경험하고자 시도해야 할 것이다.7) 사유의 시원적인 본질이 사유하는 자에 대한 존재의 진리의 생기하며-다가오는 연관으로부터 경험된다면, 이러한 존재의 진리의 일어남을 그것의 고유한 본질영역 속에서 경험하며 사유하는 인간에게는 비로소 탈존하는 터-있음(das eksistierende Da-sein)으로서의 그의 고유한 미래적 본질이 개방될 것이다. 이러한 인간의 본질개방은 주체 혹은 자아로서의 인간의 자기규정에 의해서 이루어지는 것이 아니라 존재의 진리의 일어남 즉 생기의 생기함으로부터 주어지는 것이기에, 그것은 존재의 참다움으로부터 허용되는 것(das Zugelassene),8) 다시 말

---

7) 하이데거, 『초연한 내맡김』, 51쪽 참조; 「초연한 내맡김」, 『동일성과 차이』, 신상희 옮김, 158쪽 참조. 여기서 하이데거는, 사유의 본질은 '사유로부터' 규정되는 것이 아니라, '사유 자체와는 다른 것으로부터' – 즉 사역(Gegnet)으로부터 – 규정된다고 말한다.

8) 하이데거, 『초연한 내맡김』, 32쪽 참조; 「초연한 내맡김」, 『동일성과 차이』, 신상희 옮김, 143쪽 참조.

해 생기되는 것(das Ereignete)이라고 말할 수 있다. 우리가 이렇게 '자기의식에 의해 규정되는 사유'로부터 '생기에 의해 규정되는 사유'에게로 역사적으로 이행하는 과정에서, 우리는 비로소 새로운 사유 혹은 미래적 사유의 영역 속으로 진입해 들어갈 수 있다.

따라서 우리가 찾고자 하는 미래적 사유의 시원적인 본질은 단순히 전승된 사유의 본질규정을 외면함으로써가 아니라 그러한 본질규정을 존재역사적으로 숙고하면서 그 한계를 극복하며 해체하는 가운데 비로소 밝혀질 수 있다. 「들길-대화」에서 하이데거가 무엇보다 먼저 전승된 사유의 근본특성으로서 파악하고 있는 두 가지의 주된 요소는, 표상으로서의 사유(Denken als Vorstellen)이며, 의욕으로서의 사유(Denken als Wollen)다.9)

앞에서 간단히 지적하였듯이, 데카르트는 '사유하는 나'의 자기의식의 자기확실성 속에서 인간의 본질을 구하면서 '나'를 진리의 척도로서 정립한 최초의 사상가다. 그가 사유를 주체 속에서 근거지었을 때, 이렇게 근거지어진 사유는 객체를 표상하는 사유일 뿐만 아니라, 그것은 '사유하는 나'의 표상활동 속에서 주어지는 객체를 표상하고 있음을 스스로 반성적으로 의식하며 확신하는 사유다. 표상된 객체의 객체성 즉 존재자의 진리는 이러한 자기의식의 주체적인 자기확실성으로부터 정초된다. 존재자는, 그것이 나의 표상활동에 의해 표상된 것이라는 점을 내가 의식하고 있는 한에서만(ego cogito me cogitare cogitatum), 비로소 참된 것으로서 인식된다.10) 따라서 존재자의 본질존재(존재자

---

9) 하이데거, 『초연한 내맡김』, 29쪽 이하 참조; 「초연한 내맡김」, 『동일성과 차이』, 신상희 옮김, 139쪽 이하 참조.

성)는 사유하는 나의 명석 판명한 자기의식을 통해서 명석 판명하게 — 즉 확실하게 — 표상된-존재(Vorgestelltheit)로서 수용된다. 그러므로 표상하는 사유 속에서는 점점 더 자기확실성에 도달하려는 형이상학적인 의지(Wille)가 팽배해진다. 이런 점에서 표상하는 사유는 일종의 '의욕(Wollen)'이라고 말할 수 있다. 이렇듯 데카르트에 의해서 처음으로 나타나기 시작한 사유의 의지적 성향은 칸트에 이르러 좀더 뚜렷한 모습으로 등장하게 된다.

칸트는 그의 『순수이성비판』에서 사유의 본질을 '사유하는 나'의 "자발성(Spontaneität)"으로부터 — 즉 순수한 자기의식의 자발적인 행위(Selbsttätigkeit des Selbstbewußtseins)로부터 — 규정하는 가운데, 사유를 일종의 의욕하는 행위로서 파악하고 있다.11) 순수한 자기의식(통각)의 근원적이며-종합적인 통일의 기능 속에서 직관적으로 주어진 모든 사물들은 범주적으로 질서지어진 채 통일적인 모습으로 나타난다. 그러므로 칸트의 경우에 모든 존재자는 순수한 자기의식의 근원적이며-종합적인 통일 속에서 자신의 객체적인 대상구조를 수용한다. 다시 말해 객체의 순수한 객체성은 오직 순수하고도 근원적인 통각의 자발적인 주체성으로부터 발원하는 대상성 즉 범주적으로 표상된-존재이며, 이것이 곧 존재자의 존재자성이다.

그렇다면 우리가 종래의 사유 특히 앞에서 간단히 특징지은 근대적 사유와 결별함으로써 찾고자 하는 더 근원적인 사유는 더 이상 '사유하는 나'의 표상행위 속에 매여 있는 의욕하는 사

---

10) 데카르트, 『성찰(*Meditationes de prima philosophia*)』, 제2성찰 참조.
11) 칸트, 『순수이성비판』, §16 참조; Gel. 30쪽 참조.

유가 아닐 것이며, 따라서 그것은 의욕을 떠난 사유, 다시 말해 "의욕하지-않음(das Nicht-Wollen)"일 것이다.[12] 여기서 '의욕하지-않음'이란 인간적인 의지 전체 혹은 인간의 의욕적인 행위를 모두 포기하는 것이 아니라, 근대적 사유의 형이상학적 의지로부터 떠나거나(Ablassen) 혹은 이러한 의지를 거절하는(Absagen) 태도이며, 이러한 결별(Abschied) 혹은 무의욕의 태도를 철저히 관통해 나감으로써 우리가 찾고자 하는 사유의 시원적인 본질 속으로 들어가 그것과 관계 맺는(Sich-einlassen) 그런 태도를 가리킨다.[13] 그러나 우리가 찾고자 하는 사유의 시원적인 본질로서의 초연한 내맡김은 우리의 의지를 통해서 드러나는 것이 아니라, 참다운 물음의 과정 속에서 사유해야 할 사태 자체의 말 걸어옴(Zuspruch, 말 건넴)에 귀 기울이는 가운데 우리에게 알려지는 것이고, 따라서 그것은 자기 자신에게 있어서 자기 자신으로부터 스스로를 내보이는 것 즉 참다운 현상이다. 진정한 물음은 묻는 자 자신으로부터 발원하는 것이 아니라, 오히려 캐물어져야 할 사태 자체(die zu erfragende Sache selbst)의 말 걸어옴으로부터 발원한다.[14] 다시 말해 물어져야 할 그것은 묻는 자에게 캐물어져야 할 사태 자체로서 역행적으로-다가오는(wider-fahren)[15]

---

12) 하이데거, 『초연한 내맡김』, 30쪽 참조;「초연한 내맡김」,『동일성과 차이』, 신상희 옮김, 139쪽 이하 참조.

13) 하이데거, 『초연한 내맡김』, 31쪽 및 35쪽 참조;「초연한 내맡김」,『동일성과 차이』, 신상희 옮김, 140쪽 및 143쪽 참조.

14) 하이데거, 『언어로의 도상에서(*Unterwegs zur Sprache*)』, Pfullingen, 1986, 175쪽 참조. 여기서 하이데거는 다음과 같이 말하고 있다. "묻는다는 것은 사유의 본래적인 태도가 아니라, 물음 속으로 들어와야 할 그것의 말 건넴에 귀 기울이는 행위다."

것이며, 이렇게 역행적으로-다가오는 그것은 비로소 참다운 물음 속에서 수용됨으로써 밝혀지기에 이른다. 바로 이러한 사유의 경험이 곧 사유해야 할 사태 자체로부터 역행적으로 경험되는 사유해야 할 사태 자체에 대한 현상학적이며-해석학적인 경험이다. 우리가 이러한 경험의 영역 속에 머물면서 근대적 사유의 형이상학적 의지로부터 결별하여 미래적 사유의 시원적인 본질 속으로 들어가 그것과 관계 맺고자 할 때, 이러한 결별함과 관계 맺음의 한가운데 속에는 우리로 하여금 결별하게 하고 관계 맺게 하는 그런 모종의 '…하게 함(Lassen)' 혹은 '허용함(Zulassen)' 이 고요히 깃들어 있으며, 바로 이러한 '…하게 함'이 우리의 물음의 행위를 초연한 내맡김 속으로 즉 사유의 시원적인 본질영역 속으로 말없이(lautlos) 인도해 간다.16) 이런 맥락에서, 우리가 우리 자신의 입장에서 초연한 내맡김을 깨닫는 것이 아니라 오히려 그 이전에 초연한 내맡김의 본질이 이러한 본질을 사유하고자 물음을 제기하는 자에게 스스로를 내보이며 허용할 수 있도록 우리 자신이 "초연한 내맡김을 위해 깨어 있어야(Wachbleiben für die Gelassenheit)"17) 하거나 혹은 "기다려야(Warten)"18)

---

15) 하이데거, 『언어로의 도상에서』, 159쪽 참조.

16) 이러한 '…하게 함'은 존재와 인간을 긴밀한 연관관계(Bezugsverhältnis) 자체 속에 ─ 즉 진리의 고유한 본령 속에 ─ "함께-속하게-하는(zusammengehören-*lassen*)" 생기의 생기하는 던져옴(Zuwurf)의 구조 속에서 이해되어야 한다(『동일성과 차이』, 27쪽; 『시간과 존재』, 40쪽 참조). 따라서 이러한 '…하게 함'은 "인간적인 행위와 함(das menschliche Tun und Lassen, 인간적인 작위와 무위의 행위)"(『초연한 내맡김』, 23쪽)"을 비로소 처음으로 가능하게 하는 "더 고차원적인 행위(ein höheres Tun)" (『초연한 내맡김』, 33쪽)라고 말할 수 있다.

17) 하이데거, 『초연한 내맡김』, 32쪽 참조; 「초연한 내맡김」, 『동일성과 차

한다고 하이데거는 강조한다.

우리가 앞에서 지적한 두 가지의 이중적인 태도는─ 즉 결별
함과 관계 맺음은─ 사유의 시원적 본질인 '초연한 내맡김'을 경
험하기 위해서는 결정적으로 중요한 본질적인 구성요소들이다.
그런데 이 두 가지 구성요소는 일찍이 중세의 신비적인 사상가
마이스터 에크하르트(1260-1327)가 종교적인 삶의 수행방식으로
강조하였던 '초연한 내맡김' 혹은 '떠나감(Abgeschiedenheit)'의
이중적인 태도와 매우 흡사한 형식을 지니고 있다.19) 주지하듯

<hr>

이』, 신상희 옮김, 143쪽 참조.

18) 하이데거, 『초연한 내맡김』, 35쪽 참조;「초연한 내맡김」, 『동일성과 차
이』, 신상희 옮김, 146쪽 참조. 여기서의 '기다림'은, (1) 우리에게 허용
되는 초연한 내맡김을 위하여 밝게 깨어 있는 명정의 상태를 가리키며,
(2) 이와 동시에 이러한 깨어 있음 속에서 고요히 적막의 울림으로서 우
리에게 말 걸어오는 존재의 부름에 귀 기울이는 태도를 가리킨다. 바로
이러한 상태와 태도 속에서 사유해야 할 사태는 스스로를 내보이며 우
리에게 참답게 드러나게 된다. 따라서 이런 의미에서의 기다림은 맹목적
인 기다림이 아니라, 오히려 사태가 사태 자체로서 스스로를 내보이도록
하는(sich-zeigen-lassen) 적극적인 사유의 생기된 기투행위이며, '존재하
고 있는 그것(das, was ist)'을 조용히 통찰하기 위한 밝은 마음가짐이다.

19) *Meister Eckehart, Deutsche Predigten und Traktate*, Herausgegeben
und übersetzt von Josef Quint, Carl Hanser Verlag, München, 1979 참
조. "그대는 그릇된 방식으로 사물들과 관계하고 있기 때문에, 그대를
방해하는 것은 사물들 가운데 머물러 있는 그대 자신이다. 그러므로 출
발은 그대 자신에게서 시작되어야 하며 […] 그대가 먼저 그대 자신에게
서 떠나야 하고 그리하여 모든 사물들에게서 초연해져야 한다. 참으로
인간이 왕국을 버리고 세상 모두를 저버린다고 하더라도 그가 자기 자
신에게 묶여 있다면, 그는 결코 초연한 내맡김에 이르지 못할 것이다
(3.Reden)." "그대가 사물들에게서 빠져나오고 그대 자신을 포기하는 바
로 그만큼, 신은 모든 것을 베풀며 그대 안으로 들어오실 것이다. […]
그때 그대는 참다운 평화를 누리게 될 것이다(4.Reden)." "사람이 알고

이, 마이스터 에크하르트의 초연한 내맡김은 인간 영혼의 밑바탕에 잠들어 있는 신적인 의지의 탄생과 깊은 관련이 있다. 그의 종교적인 경험은 신으로부터 인간을 멀어지게 하는 죄로 물든 인간의 의지로부터 결별하여(ablassen) 신적인 의지를 향해 자신을 내맡김(überlassen)으로써 이러한 신적인 의지에 의해 새롭게 채워지는 순결한 생명으로서의 신성과 관계 맺는 가운데 이루어진다. 다시 말해 인간이 그저 세계로부터 도피하는 것이 아니라, 신을 등진 세상의 모든 잡다한 일들과 세속적인 사물들로부터 결별하고 또 그러한 현실을 향한 자기 자신의 죄로 물든 의지에서 풀려 나와(loslassen) 영혼의 순수한 내면에 도달하게 되면 — 즉 초연한 내맡김의 상태에 이르게 되면 —, 바로 거기에서 — 즉 순수한 무로서의 존재의 밑바탕에서 — 환히 밝아오는 생명의 불꽃으로서의 신을 만날 수 있다는 것이다.

하이데거가 초연한 내맡김에 대해서는 마이스터 에크하르트에게서 배울 점이 많이 있다고 말했을 때,[20] 그는 마이스터 에크하르트의 이러한 종교적 체험의 내용을 그대로 수용하기 위해 말한 것이 아니라, 단지 그러한 종교적 경험에 이르게 되는 초연한 내맡김의 형식적인 구조에 우리가 주의를 기울여 보자고 권유한

있든 모르고 있든 간에 모든 불화의 소용돌이는 오직 자기 자신의 의지로부터 비롯되어 나온다. 그러므로 사람들은 자기 자신을 [⋯] 지극히 선하고 사랑스러운 하나님의 의지 속에 내맡겨야 한다(21.Reden)." 마이스터 에크하르트의 초연한 내맡김 혹은 떠나감의 본질적인 의미에 대해서는 다음 책을 참조하라. Bernhard Welte, *Meister Eckhart*, Gedanken zu seinen Gedanken, Herder Verlag, Freiburg, 1979.

20) 하이데거, 『초연한 내맡김』, 34쪽 참조;「초연한 내맡김」,『동일성과 차이』, 신상희 옮김, 144쪽 이하 참조.

것이다. 마이스터 에크하르트와 하이데거 이 두 사상가에게 있어
서 '…하게 함'의 과거분사형인 '게라센(gelassen)'을 명사화한
낱말로서의 '초연한 내맡김'은 마음의 평정(Gleichmut) 혹은 의
연하거나 평온한 마음을 뜻하는 오늘날의 사전적인 의미와는 사
실상 거의 아무런 관련도 없으며, 그것은 스스로를 내맡기기 위
해서 결별하거나 떠나간다는 철학적 성찰의 구조적인 의미만을
지니고 있을 뿐이다.21) 그러나 마이스터 에크하르트의 초연한 내
맡김은 사유의 형이상학적인 의지의 성격을 어느 정도는 내포하
고 있지만, 이에 반해 하이데거의 초연한 내맡김은 결코 아무런
의지의 영역에도 속해 있지 않기 때문에, 하이데거가 말하려는
초연한 내맡김의 태도는 수동적인 행위도 아니고 능동적인 행위
도 아니며, 오히려 수동과 능동의 구분 바깥에 있다고 말할 수
있다.22)

2. 전승된 사유에서 미래적 사유로의 역사적 이행

앞으로 우리는 이러한 구조적 의미에 유념하면서 사유의 시원
적인 본질에 다가가고자 시도해야 할 것이다. 그런데 앞에서 이
미 지적하였듯이, 우리가 찾고자 하는 미래적 사유의 시원적인
본질은 단순히 전승된 사유의 본질규정을 외면하거나 '내버림
(fallenlassen)'으로써 드러나는 것이 아니라, 오히려 전승된 사유
의 본질규정으로부터 아직은 경험되지 않은 미래적 사유의 시원

---

21) F. W. von Herrmann, *Wege ins Ereignis*, 379쪽 참조.
22) 하이데거, 『초연한 내맡김』, 33쪽 참조; 「초연한 내맡김」, 『동일성과 차
이』, 신상희 옮김, 144쪽 참조.

적인 본질 속으로 이행해 들어가는 그런 '이행(Übergang)'이 일어날 수 있는 그 근원에 대해서 역사적으로 좀더 깊이 숙고하며 회상하는(Andenken) 가운데서만 드러날 수 있다.23) 물론 지금까지 우리가 걸어온 숙고의 과정도 전승된 사유와 역사적으로 대화하는 가운데 진행되었던 것이지만, 이러한 우리의 대화는 전승된 사유 속에 ― 특히 근대적 사유 및 마이스터 에크하르트의 신비적 사유 속에 ― 깃들어 있는 형이상학적인 의지의 성격을 간단히 지적하면서 그러한 의지의 영역 속에서는 초연한 내맡김의 본질이 언제나 어둡게 감추어져 있을 수밖에 없다는 점을 암시하였을 뿐이다. 초연한 내맡김의 감추어진 본질을 좀더 시원적으로 경험하길 바란다면, 우리는 이제 전승된 사유의 좀더 일반적인 본질규정에 관해서 역사적으로 회상하며 숙고해 보아야만 할 것이다. 하이데거에 따르면, 전승된 사유의 좀더 일반적인 본질규정은 플라톤과 아리스토텔레스에 의해서 마련되기 시작하여 근대적 사유의 다양한 형태로 전개되었던 "초월적-지평적인 표상행위(das transzendental-horizontale Vorstellen)"로서의 형이상학적 사유의 본질규정이라는 것이다.24)

하이데거에게서 '표상행위'라는 낱말은 좁은 의미에서는 단지 형이상학적인 의지의 성격을 지니고 있는 근대적인 표상행위를 가리킬 뿐이지만, 그 낱말이 넓은 의미로 사용될 경우에는 근대

---

23) 하이데거, 『초연한 내맡김』, 35쪽 참조; 「초연한 내맡김」, 『동일성과 차이』, 신상희 옮김, 147쪽 이하 참조. 이러한 이행의 상세한 의미에 관해서는, 『철학에의 기여』에서 생기-사유의 두 번째 짜임구조로서 말해진 '건네줌(Zuspiel)'을 참조하라.

24) 하이데거, 『초연한 내맡김』, 36쪽 참조; 「초연한 내맡김」, 『동일성과 차이』, 신상희 옮김, 148쪽 참조.

적 사유만이 아니라 중세의 사유 및 고대의 사유를 포함하는 형이상학적인 사유 일반을 가리킨다. 형이상학의 초월적-지평적인 사유 속에서 사유되어야 하고 표상되어야 할 사유의 참다운 사태는 존재자의 본질존재, 다시 말해 존재자를 존재자로서 존재하게 하는 그런 존재로서의 존재자성(Seiendheit)이다. 이러한 존재자의 존재자성으로서의 본질존재는 형이상학의 역사 속에서 다채로운 모습으로 탈은폐되었다. 즉 그것은 플라톤의 이데아로서, 아리스토텔레스의 에이도스 혹은 에네르게이아로서, 토마스 아퀴나스의 악투알리타스(actualitas, 현실태) 혹은 수브스탄티아(substantia, 실체)로서, 그리고 사유하는 자아의 표상활동 속에서 표상된 대상의 표상된-존재를 뜻하는 페르쎕티오(perceptio)로서, 나눌 수 없는 실체의 존재를 의미하는 모나드(Monade)로서, 대상 인식의 가능조건으로서의 대상성으로서, 또 스스로를 정립하는 이성·사랑·정신·힘에 의해 정립된 존재자의 정립된-존재로서, 동일한 것의 영원한 회귀 속에 나타나는 힘에의 의지 혹은 의지에의 의지로서, 그리고 오늘날에는 산업화되고 기술화되고 정보화되는 이 시대의 도발적인 요청에 따라 탈은폐되는 모든 것들의 본질존재를 가리키는 부품(Bestand)으로서 다양하게 펼쳐져 왔다.25)

이러한 존재자의 본질존재는 인간이 존재자를 존재자로서 지각하며 표상하기 위한 시야영역의 성격을 갖고 있으며, 따라서 이러한 본질존재는 '지평적인 성격'을 갖는다. 우리가 어떤 하나의 지각 가능한 사물을 그것의 구체적인 모습 속에서 지각하며

---

25) 하이데거, 『사유의 사태에로(Zur Sache des Denkens)』, 7쪽 참조.

파악하고자 한다면, 우리는 언제나 이미 경험적인 사물에 앞서 그 사물을 그 사물로서 드러내주는 열린 시야 혹은 지평(Horizont) 속으로 들어가 있지 않으면 안 된다. 존재자를 둘러싸고 있는 이러한 본질존재의 지평은, 다시 말해 거기에서 존재자가 존재자로서 자신의 본질존재 속에서 사유되는 그 지평은, 그때그때마다 각각의 존재자를 그것의 특정한 모습에 있어서 언제나 이미 "능가하고 있다(übertreffen)."26) 그리하여 이러한 본질지평 속에서 이루어지는 형이상학적 사유는 존재자의 경험적인 지각 행위를 그때마다 이미 "넘어서고 있다(überholen)."27) 다시 말해 형이상학적 사유의 본질적인 표상행위는 지각 가능한 대상들에 대한 경험적인 표상행위보다 선행하는 것이며, 후자는 오직 전자에 의해서만 올바로 정립될 뿐이다. 본질지평을 향해 각각의 지각 가능한 존재자를 넘어서는 이러한 넘어섬의 선행적인 표상행위를 일반적으로 "초월함(transcendere qua μετά)"이라고 부른다. 따라서 본질지평 속으로 선행적으로 초월해 들어가는 형이상학적 사유의 본질적인 표상행위는 지평적인 성격을 지니고 있을 뿐만 아니라, 그 자체 '초월적인 성격'을 함께 지니고 있다. 그러므로 존재를 존재자의 존재자성으로서 사유하고 있는 형이상학적인 사유는 본질적으로 '지평적이며-초월적인 표상행위'라는 사실이 뚜렷이 밝혀진다.28)

---

26) 하이데거, 『초연한 내맡김』, 36쪽 참조; 「초연한 내맡김」, 『동일성과 차이』, 신상희 옮김, 148쪽 참조.
27) 하이데거, 『초연한 내맡김』, 36쪽 참조; 「초연한 내맡김」, 『동일성과 차이』, 신상희 옮김, 148쪽 참조.
28) 존재자를 오직 존재자의 관점에서 표상하는 형이상학적 사유의 본질적 특성에 관한 상세한 논의는 하이데거의 『형이상학이란 무엇인가』의 「들

그러나 형이상학적 사유를 지탱해 주는 이러한 "지평과 초월
은 대상들로부터 그리고 우리의 표상행위로부터 경험되는 것이
기에, 그것은 오직 대상들과 우리의 표상행위에 입각해서 규정되
고 있을 뿐이다."29) 즉 본질존재의 지평은 지각 가능한 대상들과
관련된 채 경험되고 있으며, 초월은— 다시 말해 초월적인 표상
행위는— 우리들의 지각적인 표상행위와 관련된 채 경험되면서
규정되고 있을 뿐이다. 그리하여 지평은 대상들에 입각하여 그런
대상들의 본질지평으로 이해되며, 초월은 지각적인 표상행위에
입각하여 이러한 지각적인 표상행위를 가능하게 하는 본질적인
표상행위로 이해된다. 그러나 이러한 형이상학적인 사유의 지평
적-초월적인 수행방식 속에서는 "지평을 지평으로서 존재하게 하
는 그것은 결코 경험되고 있지 않을"30) 뿐만 아니라, 이러한 지
평의 유래 혹은 그 근원은 전혀 주제화되지 않은 채로 남아 있
다. 지평을 지평으로서 존재하게 하는 지평의 근원은 더 이상 지
평적으로 경험되거나 통찰될 수 있는 것이 아니기 때문에, 그것
은 지평적이며-초월적인 형이상학적 사유 속에서는 언제나 감추
어져 있을 뿐만 아니라, 그 근원 자체가 형이상학적인 사유에게
는 자기 자신을 내보여주기를 완강히 거부하고 있다(sich-verwei-
gern).

형이상학적 사유에게 존재자의 본질존재를 위한 열려진 시야

어가는 말」 부분을 참조하라.

29) 하이데거, 『초연한 내맡김』, 37쪽 참조; 「초연한 내맡김」, 『동일성과 차
이』, 신상희 옮김, 149쪽 참조.

30) 하이데거, 『초연한 내맡김』, 37쪽 참조; 「초연한 내맡김」, 『동일성과 차
이』, 신상희 옮김, 149쪽 참조.

영역으로서 경험되는 그 지평은 물론 "어떤 하나의 열린 장(ein Offenes)"이기는 하지만, 그것의 열려-있음(Offenheit)은 형이상학적 사유의 지평적-초월적인 통찰행위를 통해서는 전혀 알려지지 않는다.31) 형이상학적인 본질사유의 지평적-초월적인 통찰행위를 위해 그때마다 이미 열려 있는 그 지평은 실은 "열린 장 자체(das Offene selbst)"가 아니라 "우리를 둘러싸고 있는 어떤 열린 장이 우리에게 향해져 있는 하나의 측면(die uns zugekehrte Seite eines uns umgebenden Offenen"일 뿐이다.32) 이것은 무엇을 뜻하는가? 우리를 둘러싸고 있으면서도 형이상학적인 본질사유에게는 스스로 등을 돌리고 있는(sich-abkehren) — 다시 말해 자기 자신을 내보여주기를 완강히 거부하면서 스스로 물러나고 있는(sich-entziehen) — 그런 열린 장 자체가 사실은 형이상학적인 사유에 의해서는 전혀 경험될 수 없는 지평의 은닉된 근원이라는 점이며, 또한 바로 이러한 근원으로서의 열린 장 자체가 형이상학적인 본질사유에게는 그 근원이 은닉된 채 존재자의 본질존재를 표상하기 위한 단순히 하나의 열린 지평으로서 나타나고 있을 뿐이라는 뜻이다. 지평을 지평으로서 존재하게 하는 이러한 열린 장 자체는 지평과는 "다른 어떤 것"이지만, 그렇다고 해서 아주 완전히 다른 것은 아니다.33) 왜냐하면 본질존재를 위한 열린 지평은 열린 장 자체에 속해 있는, 열린 장의 개방된 하나의

---

31) 하이데거, 『초연한 내맡김』, 37쪽 참조; 「초연한 내맡김」, 『동일성과 차이』, 신상희 옮김, 149쪽 참조.
32) 하이데거, 『초연한 내맡김』, 37쪽 및 38쪽 참조; 「초연한 내맡김」, 『동일성과 차이』, 신상희 옮김, 150쪽 참조.
33) 하이데거, 『초연한 내맡김』, 38쪽 참조; 「초연한 내맡김」, 『동일성과 차이』, 신상희 옮김, 150쪽 참조.

측면이기 때문이다. 우리가 이렇게 형이상학적 사유에게 등을 돌리고 있으면서도 열린 지평으로서 스스로를 드러내고 있는 열린 장 자체가 무엇인지를 진지하게 캐물어 간다면, 그리하여 열린 지평의 열려-있음의 유래 혹은 은닉된 그 근원으로 다가가게 된다면, 이때 비로소 우리는 전승된 사유의 한계를 넘어 전승된 사유 속에서는 전혀 경험될 수 없었던 사유의 시원적인 본질영역 속으로 도약해 들어갈 수 있을 것이다.

3. 사역에 이르는 초연한 내맡김

그렇다면 존재자의 본질존재를 표상하기 위한 일종의 열린 지평으로서 나타나기도 한다고 말해지는 이 열린 장 자체란 도대체 무엇이며, 우리는 이 열린 장의 열려-있음에 어떻게 도달할 수 있는가? 열린 장 자체에 대해서 캐물어가는 하이데거의 미래적 사유 혹은 다른-시원적 사유는 단순히 형이상학적 사유를 물리침으로써 전개되는 것이 아니라 존재자의 존재에 대한 종래의 초월적-지평적인 본질규정의 '한계'를 통찰하여 그것을 역사적으로 숙고하는 가운데 전개된다. 전승된 사유의 본질규정의 한계는, 초월적인 표상행위를 위한 열린 장의 열려-있음이 사상가 자신의 주체적인 사유 혹은 자발적인 사유에 의해서 비로소 열린 장으로서 투시되어 밝혀지는 것이 아니라는 점에 있다. 왜냐하면 열린 장의 시원적인 열려-있음은 — 그것이 위대한 사상가의 전승된 사유이건 앞으로 도래할 어떤 사상가의 사유이건 상관없이 — 초월적-지평적인 사유와 주체적-자발적인 사유에게는 자기 자신을 시원적으로 개시하지 않고 언제나 스스로 물러나면서 숨기기 때문이다. 이렇게 사유가에게 스스로 물러나면서도 스스로를 본질지평으로서 내보여 주기도 하는 열린 장의 열려-있음에 대해서 캐물어가며 사유한다는 것은 전승된 사유와는 근본적으로 구분되는 다른 사유의 '시원적인(anfänglich)' 물음의 양식을 통해서 — 따라서 다른-시원적인 사유를 통해서 — 전개된다.

　여기서 시원적인 물음이란, 문자 그대로의 의미에서 'an-fangend' 즉 '다가오는(an-gehend) 것을 받아들이는(emp-*fangend*)' 그런 물음의 행위를 가리킨다. 진정한 사유가는 사유가 자신에게 사유해야 할 사태 자체로서 다가오는 것의 말 건넴에 귀 기울이면서 그 말에 응답하는 가운데 사태 자체의 드러남 혹은 자기-개시(Sich-öffnen)를 수용하며 받아들이는 그런 사람이다. 따라서 열린 장 자체에 대해서 시원적으로 묻는다는 것은, 스스로를 감추고 있던 열린 장 자체가 사유가에게 사유해야 할 사태 자체로서 다가오도록 먼저 사유가 자신이 종래의 전승된 사유의 한계로부터 풀려나와 있어야 하며, 이런 자유로운 마음가짐 속에서 자기에게 스스로를 개시하며 알려오는 열린 장의 열려-있음에 주목하고 그것의 말 건넴에 귀 기울이면서 그러한 열린 장의 열려-있음을 자신의 삶 가운데 고요히 받아들여 이러한 열린 장 속에 머물면서 "집 짓고 거주하며 사유하는(Bauen Wohnen Denken)" 그런 단순소박한 행위를 가리킨다. 바로 이러한 시원적인 물음행위의 태도 자체가 이미 미래적 사유 혹은 다른-시원적 사유의 본질을 꿰뚫고 있다. 하이데거는 이렇게 미래적 사유의 본질을 꿰뚫으면서 그것을 지탱해 나가는 시원적인 물음행위의 태도 자체를 "초연한 내맡김"의 "본래적인(eigentlich)"34) 태도라고 보고 있으며, 그리하여 그는 「들길-대화」에서 초연한 내맡김의 이러한 본래적인 태도를 좀더 생동적으로 드러내기 위해 대화와 물음으로 이어지는 사색의 형식을 빌려 글로 담아내고자 시도하고 있다.

우리는 이러한 선이해의 해석학적인 순환구조에 머무르면서 다시 묻고자 한다. 전승된 사유의 초월적-지평적-주체적인 표상 행위로부터 벗어난 다른-시원적 사유에서 사유해야 할 사태 자체로서 말해지는 열린 장 자체란 무엇인가? 그것은 거기에 속하는 모든 것들이 종래의 전승된 본질규정에서 풀려나와 자기 자신에게로 되돌아가는 "하나의 영역(eine Gegend)"이다.35) 하지만 이러한 영역은 공간적으로 표상될 수 있는 어떤 특정한 하나의 영역이 아니라, 결코 공간적으로는 표상될 수 없는 "모든 영역들 중의 그 영역(die Gegend aller Gegenden)"이며,36) 이러한 영역으로서의 열린 장 자체는 스스로를 환히-밝히면서도 스스로를 은닉하며 사유가에게 다가오는 존재의 진리 혹은 존재의 환한-밝힘(Lichtung) 이외에 다른 어떤 것이 아니다. 이러한 열린 장의 열려-있음을 하이데거는 「들길-대화」에서 영역의 본질의 "편재함(Walten, 주재함)" 혹은 "사방으로 펼침(Gegnen)"이라고 일컫고 있다.37) 이것은 곧 '영역의 본질이 사방으로 펼치면서 스스로를 열어놓는다'는 점에 있다는 뜻이며, 이렇듯 스스로를 탈은폐하며 던져오는 자기 자신의 고유한 본질에 의해 사방으로 펼쳐지는

---

34) 하이데거, 『초연한 내맡김』, 49쪽 및 61쪽 참조.
35) 하이데거, 『초연한 내맡김』, 38쪽 참조; 「초연한 내맡김」, 『동일성과 차이』, 신상희 옮김, 151쪽 참조.
36) 하이데거, 『초연한 내맡김』, 38쪽 참조; 「초연한 내맡김」, 『동일성과 차이』, 신상희 옮김, 151쪽 참조.
37) 하이데거, 『초연한 내맡김』, 39쪽 참조; 「초연한 내맡김」, 『동일성과 차이』, 신상희 옮김, 151쪽 참조.

열린 장이 존재자를 존재자로서 그것의 본질존재 속에 참답게 현존하게-하면서(anwesen-*lassen*) 이러한 현존자의 현존을 자기 자신 가운데에 고요히 머물게-하는(in sich selbst beruhen *lassen*) 그런 진기한(zauber) 영역이라는 뜻이다. 이런 점에서 「들길-대화」에서 말해진 "모든 것들에게 머무름(Unterkunft)을 비로소 보증해 주는"38) '영역으로서의 열린 장'은, 일찍이 『철학에의 기여』에서 말해진 "생기가 생기하는 생기의 고유한 본령(Eigentum des Ereignisses)" 혹은 그 이후에 『시간과 존재』에서 말해진 "본래적 시간의 최초적 차원으로서의 가깝게 하는 가까움(die nähernde Nähe)" 이외에 다른 것이 아니다.39)

아직도 주객분열의 이분법적인 사고방식에 빠져 있는 오늘날의 우리가 존재자의 존재를 객체성 혹은 대상성으로서 정립하려는 주체적 의지로부터 벗어날 때에만, 존재자는 비로소 자신이 머물러 있어야 할 본연적인 자리로 "되돌아갈(zurückkehren)"40) 수 있으며 거기에서 잊혀졌던 자신의 참모습을 되찾을 수 있다. 이러한 본연적인 자리로서의 존재의 열린 장 속에서만 인간은 인간 자신의 고유함을 회복할 수 있으며, 사물은 사물 자신의 본연적인 모습으로 회귀하여 다시 깨어날 수 있다. 이런 점에서 존재의 열린 장은 참다운 생명이 움터 오는 시원적인 장소다. 하이데거가 「사물」 강연에서 사색하였듯이,41) 그곳은 사물이 사방-세

---

38) 하이데거, 『초연한 내맡김』, 38쪽 참조; 「초연한 내맡김」, 『동일성과 차이』, 신상희 옮김, 151쪽 참조.

39) 이에 대한 상세한 논의는 필자의 저서 『시간과 존재의 빛』, 제2부를 참조하라.

40) 하이데거, 『초연한 내맡김』, 38쪽 및 42쪽 참조; 「초연한 내맡김」, 『동일성과 차이』, 신상희 옮김, 151쪽 및 156쪽 참조.

계(Ge-viert)를 모아들이는 장소이자 세계가 사물 속에서 세계화되며 참답게 간직되는 장소이기도 하다. 그래서 하이데거는 「들길-대화」에서 인간과 사물 그리고 세계가 서로 조화롭게 어우러져 편재하는 이러한 본질장소로서의 열린 장을 좀더 사태에 알맞게 표현하기 위해, 지금은 사어가 되어 버린 영역의 옛 낱말을 끌어들여 이러한 존재의 열린 장을 "사역(Gegnet)"이라고 부른다.42) 사역은 '사방으로 환히 트인 영역'을 뜻하는데, 이러한 영역으로서의 사역은 '모든 것을 자기 자신에게 참답게 머무르도록 모아들이면서 스스로를 열어놓는' 터전(Weite)이자 '이러한 참다운 머무름이 간직되며 지속되는' 때(Weile)다.43) 이런 점에서 사역이란 존재의 진리가 사방으로 펼쳐지며 일어나는 시간-놀이-공간(Zeit-Spiel-Raum)이며, 그 안에서 존재자의 진리가 참답게-간직되는(verwahren) 근본바탕(Grund)으로서의 터-있음의 터(Da)다. 이러한 터로서의 근본바탕은 사유하는 자 자신의 일방적인 사유능력에 의해서 정초되거나 설정되는 것이 아니라, 스스로를 이러한 터로서 열어놓으면서 터-있음에게 다가오는 존재의 진리의 생기하는 던져옴에 의해서 — 즉 사역의 "사방-펼침(Vergegnis)"44)에 의해서 — 펼쳐지며 터닦아지는 것이다. 이런 점에서 사역은

---

41) 하이데거, 「사물(Das Ding)」, 『강연과 논문(Vorträge und Aufsätze)』, Pfullingen, 1985, 163-181쪽 참조.

42) 하이데거, 『초연한 내맡김』, 39쪽 참조; 「초연한 내맡김」, 『동일성과 차이』, 신상희 옮김, 152쪽 참조.

43) 하이데거, 『초연한 내맡김』, 40쪽 참조; 「초연한 내맡김」, 『동일성과 차이』, 신상희 옮김, 152쪽 참조.

44) 하이데거, 『초연한 내맡김』, 50쪽 및 52쪽 참조; 「초연한 내맡김」, 『동일성과 차이』, 신상희 옮김, 167쪽 참조.

스스로 길을 놓아가는(weg-bahnen) "터닦는 터"이자 "근거짓는 근거(der gründende Grund)"이며, 인간은 오직 이러한 근거짓는 근거로서의 사역의 사방-펼침에 내맡겨져 고요히 머무르는 가운데 그것을 자신의 터-있음의 터에서 인수하여 터다지며 열어 나갈(ergründen) 경우에만 자기 자신의 본래적인 고유함에 도달할 수 있다.45)

그러므로 미래적 사유의 시원적인 본질이 드러나는 본질장소는 사역 이외에 다른 곳이 아니다. 다시 말해 초연한 내맡김이 초연한 내맡김으로서 순수하게 "생기하는(sich-ereignen)"46) 초연한 내맡김의 본래적인 본질장소는 사역인 셈이다. 그렇다면 이러한 미래적 사유에 참여하려는 사람은 사역과 어떻게 관계해야 하는가? 우리는 이미 지금까지의 논의과정을 통해서 사역과의 참다운 관계가 어떻게 전개되어야 하는지를 암묵적으로 도처에서 지적하였다. 사역과 관계하는 인간의 관계는, 인간이 (1) 사유해야 할 사태 자체로서의 존재의 진리의 생기하는 던져옴에 의해서 '허용되고(zugelassen)' 인도되어 이끌린 채 (2) 전승된 사유의 초월적-지평적-주체적인 표상행위로부터 풀려 나와(loslassen 혹은 ablassen) (3) 존재의 열린 장으로서의 사역 속으로 [이끌려] 들어가 그것과 관계 맺으면서(sich-einlassen) (4) 그 안에 초연히 내맡겨진 채 머물러 있을(gelassen-bleiben) 때에만, 비로소 "참다운 관계(das wahre Verhältnis)"라고 말해질 수 있다.47) '사유해

---

45) 하이데거, 『철학에의 기여』, 307쪽 참조. 이에 대한 상세한 설명은 필자의 저서 『시간과 존재의 빛』, 제3부 제2장 3절의 논의를 참조하라.

46) 하이데거, 『초연한 내맡김』, 49쪽 참조; 「초연한 내맡김」, 『동일성과 차이』, 신상희 옮김, 166쪽 참조.

야 할 사태 자체로서의 사역의 사방-펼침'과 '그것을 사유하는 인간의 초연한 내맡김' 사이에서 맺어지는 이러한 다중적이면서도 통일적인 사태관계(Sachverhältnis) 속에는, 일찍이 하이데거가 『철학에의 기여』에서 '존재의 생기하는 던져옴'과 '인간의 생기되어 기투하는 간직함' 사이에서 용솟음치며 진동하는 "생기에서의 전회(Kehre im Ereignis)"가 맴돌고 있다. 탈존하는 터-있음으로서의 인간존재가 "인간을 인간으로 인간답게 존재하게-하는(sein-lassen) 사역의 사방-펼침"과 "사물을 사물로 사물답게 존재하게-하는 사역의 사-물화(Bedingnis)"가[48] 일어나는 생기의 고유한 본령(Eigentum) 속에서 고유해지는(ge-eignet) 한에서, 즉 생-기되는(er-eignet) 한에서, 인간은 생기가 생기하는 생기의 생기함의 차원에 속하는 것이요, 바로 이러한 차원 속에서 초연한 내맡김의 본래적인 본질 및 사역의 열린 장은 경험되고 사유된다. 생기가 생기하는 생기함의 차원은 사역과 인간존재가 공속하는 차원이자 이 둘을 함께-속하게-하는(zusammengehören-lassen) 시원적인 차원이다. 이러한 생기의 차원 속에 맴도는 전회의 본질에 주목하면서,[49] 인간이 미래적 사유에서 사유해야 할 사태와 관계

---

47) 하이데거, 『초연한 내맡김』, 48-49쪽; 「초연한 내맡김」, 『동일성과 차이』, 신상희 옮김, 164-165쪽 참조.

48) 하이데거, 『초연한 내맡김』, 54쪽 참조; 「초연한 내맡김」, 『동일성과 차이』, 신상희 옮김, 172쪽 참조. "사역이 사물을 사물로 사-물화한다(bedingen)"고 할 때, 필자는 이러한 'bedingen' 혹은 'Bedingnis'를 우리말로 옮기면서 '사-물화한다' 혹은 '사-물화'라고 씀으로써 사잇줄(-)을 첨가하고 있다. 그것은 불필요한 첨가물이 아니라, 사역과 사물 사이의 긴밀한 관계 혹은 본질적인 연관을 나타내기 위한 표식이다.

49) 신상희, 『시간과 존재의 빛』, 제3부 제1장("전회의 본질의미")을 참조할 것.

하는 그의 참다운 관계란, 다시 말해 '사역과의 참다운 관계'란, "사역에 의해 이끌린 채 사역 속으로 들어가 사역과 관계하면서 그 관계 속에 머물러 있음"이며, 이런 의미에서의 머물러 있음이 "본래적인 초연한 내맡김"이다.50) 그러므로 "사역에 이르는 초연한 내맡김(Gelassenheit zur Gegnet)"51)은 "사역으로부터 사역에게로 나아가는" "사유의 길이자 운동"이다.52) 이러한 사유의 길은 오직 현상학적이며-해석학적인 방식으로만 경험되고 사유될 수 있다. 따라서 사역에 이르는 초연한 내맡김은 그 자체가 이미 사유해야 할 사태 자체의 부름에 따라 이에 응답하며 그 부름짓는 길을 따라가는 현상학적이며-해석학적인 길-사유인 셈이다.

---

50) 하이데거는 「들길-대화」를 마무리하면서(70쪽 참조), 헤라클레이토스의 단편 122에 나오는 '악씨바시에(Ἀγχιβασίη)'라는 낱말을 빌려 초연한 내맡김의 상술한 의미를 "가까움에로-다가감(In-die-Nähe-gehen)" 혹은 ─ 좀더 사태에 맞게 표현해서 ─ "가까움-속으로-[이끌려]-들어감(In-die-Nähe-hinein-sich-einlassen)"이라고 해명하고 있다(「초연한 내맡김」, 『동일성과 차이』, 신상희 옮김, 190-192쪽 참조). 여기서 '이끌려'라는 표현 속에는 가까움 속으로 들어가긴 들어가되, 이러한 들어감이 사유하는 자의 주체적인 의지에 의해서 들어가는 것이 아니라, 사물들과 인간들을 저마다 각각의 참모습 속으로 모아들이는 '가깝게 하는 그 가까움'에 의해서 들어간다는 사태적 의미가 암시되고 있다. 이런 맥락에서 헤르만은 초연한 내맡김의 본질적 의미구조를 간단히 "das eingelassene Sichein-lassen"이라고 파악하고 있다(F. W. von Herrmann, *Wege ins Ereignis*, 381쪽 참조). 또한 필자가 위에서 "[…] 사역과 관계하면서 그 관계 속에 머물러 있다"고 말했을 때, 여기서 말해진 '관계'란 '가깝게 하는 그 가까움'을 가리킨다.

51) 하이데거, 『초연한 내맡김』, 50쪽 참조; 「초연한 내맡김」, 『동일성과 차이』, 신상희 옮김, 167쪽 참조.

52) 하이데거, 『초연한 내맡김』, 45쪽 및 49쪽 참조; 「초연한 내맡김」, 『동일성과 차이』, 신상희 옮김, 160쪽 및 166쪽 참조.

진리가 어디에 있습니까?

없는 곳이 없지요.

그대 눈곱에도 있고,

그대 귀지 속에도 있어요.

무슨 말씀이신지요?

저기 풀잎에 맺힌 이슬을 보세요.

맑고 깨끗한 이슬이

하늘과 땅을 비추면서,

온 세상을 담고 있네요.

하이데거의 브레멘 강연

존재에로의 일별 *

들어가는 말

시간적으로나 공간적으로 모든 거리가 줄어들고 있다. 예전에는 몇 주일 또는 몇 개월에 걸쳐서 갈 수 있었던 곳을 이제는 비행기를 타면 밤사이에 도달할 수 있게 되었다. 옛날엔 몇 년이 지나야 겨우 알 수 있게 되었던, 아니 전혀 알 길조차 막막했던

---

* 이 글의 원제목은 "Einblick in das was ist" 즉 "존재하는 그것에로의 일별"이다. 그러나 여기에서는 짧게 "존재에로의 일별"이라고 옮긴다. 이 글은 하이데거가 1949년에 브레멘에서 행한 일련의 강연으로, 이 강연에는 여기에 실린 「사물(Das Ding)」 강연 이외에도 세 가지 강연이─「몰아-세움(Das Ge-Stell)」, 「위험(Die Gefahr)」, 「전회(Die Kehre)」─더 행해졌다. 하이데거의 브레멘 강연은 현재 그의 전집 79권(1994)에 수록되어 있다.

그런 일들을 오늘날 사람들은 라디오를 통해서 순식간에 알게 된다. 여러 계절에 걸쳐 은밀하게 진행되던 식물들의 싹이 트고 성장하는 과정을 이제는 영상이 1분 안에 보여준다. 영상은 멀리 떨어져 있는 아주 오래된 문화의 장소들을 마치 그것이 바로 지금 오늘날의 상황 속에 있는 것처럼 보여주고 있다. 게다가 영상을 담고 있는 카메라와 그것을 다루는 사람들의 작업모습을 동시에 보여줌으로써 자신이 보여주고 있는 그것을 한층 더 확고히 입증해 준다. 모든 거리를 온갖 방식으로 제거해 버리려는 첨예한 행위들은 이제 곧 인간 교류의 모든 구조망과 교통망을 꿰뚫어 통제하고 지배하게 될 텔레비전 수상기에 의해서 그 절정에 이르게 된다.

인간은 가장 짧은 시간 안에 가장 긴 거리를 주파한다. 인간은 가장 먼 거리를 정복하고 그렇게 함으로써 모든 것을 자기 앞 최단 거리로 가져온다.

그러나 성급하게 모든 거리를 제거한다고 해서 가까움이 생기는 것은 아니다. 왜냐하면 가까움이란 거리의 짧음에 존립하는 것이 아니기 때문이다. 텔레비전의 영상이나 라디오의 음향을 통해 거리상으로 우리와 최소의 거리에 놓여 있는 것이 우리에게 먼 것으로 남아 있을 수 있다. 거리상으로 아득히 아주 멀리 떨어져 있는 것이 우리에게는 가까운 것일 수 있다. 작은 간격이 곧 가까움은 아니다. 큰 간격이 곧 멂은 아니다.

가장 긴 거리를 최단 간격으로 축소시킨다고 해도 얻어지지 않는 그러한 가까움이란 무엇인가? 간격의 부단한 제거를 통해서는 오히려 막혀버리고 마는 그러한 가까움이란 무엇인가? 그것이 부재할 경우에 멂마저도 부재하게 되는 그러한 가까움이란 무엇인가?

　큰 간격들을 제거함으로써 모든 것이 똑같이 멀어지고 똑같이 가까워진다면 도대체 거기에서 무슨 일이 벌어지고 있다는 말인가? 모든 것이 멀지도 가깝지도 않게 되는, 마치 간격이 없어져 버리는 이러한 획일적인 똑같음은 무엇을 말하는가?

　모든 것이 획일적인 똑같은 형태의 간격 없음 안으로 휩쓸려 들어간다. 어떻게? 모든 것이 간격 없음 안으로 서로 밀착되는 것이 모든 것이 갈가리 찢겨져 나가는 것보다 더 섬뜩하지 아니한가?

　사람들은 원자폭탄의 폭발로 닥치게 될지도 모를 상황에 대해 겁을 먹고 있다. 사람들은 이미 오래 전에 도래하여 **존재하고 있는 것**을 보지 못하고 있다. 그것도 단지 원자폭탄의 최종적인 투하와 그 폭발이 — 지상에 있는 모든 생명을 소멸시켜 버리기에 충분하고도 남는 수소폭탄의 폭발은 잠시 논외로 친다고 하더라도 — 몰고 올 그러한 재앙보다 앞서서 이미 오래 전에 도래하여 **존재하고 있는 것**을 보지 못하고 있다. 경악스러운 것이 이미 일어나 **존재하고 있다고** 한다면, 이 어찌할 바 모르는 불안은 도대체 무엇을 더 기다리고 있다는 말인가?

　경악스러운 것은 존재하고 있는 모든 것을 그것들의 예전의 본질에서부터 떼어놓고 있는 것이다. 이 경악스러운 것은 무엇인가? 그것은 모든 것이 현존하는 방식에서, 즉 모든 간격을 모조리 극복함에도 불구하고 존재하고 있는 것의 가까움이 부재하다는 데에서 자신을 드러내며 숨기고 있다.

사 물

가까움(Nähe)은 어떤 상태로 있는가? 가까움의 본질을 우리는 어떻게 경험할 수 있는가? 가까움은 직접적으로 발견될 수는 없는 것처럼 보인다. 이는 오히려 가까이에 존재하고 있는 것을 살펴봄으로써 성취될 수 있다. 우리에게 가까이 있는 것은 우리가 흔히 사물이라고 부르곤 하는 그런 것들이다. 그렇지만 사물이란 무엇인가? 사람들이 다양한 방식으로 사물들을 사용하고 또 남용해 왔듯이, 그렇게 오랫동안 사람들은 사물들을 고찰하고 그것들에 대해 물어 왔다. 그들은 그러한 의도에 따라 얼마나 철저히 파고들어가 사물들을 설명해 왔던가, 즉 그것들의 원인으로 소급해 들어가 파헤쳐 왔던가? 사람들은 오래 전부터 그런 식으로 사물들을 다루어 왔으며 아직도 여전히 그렇게 다루고 있다. 하지만 그런 와중에서도 일찍이 단 한번도 사물을 **사물로서** 사색한 적이 없다.

지금까지 사람들은 가까움과 마찬가지로 사물도 역시 사물로서 거의 사유하지 않았다. 이를테면 단지는 하나의 사물이다. 단지란 무엇인가? 우리는 일종의 그릇, 즉 다른 것을 자기 안에 담고 있는 것이라고 말한다. 단지에서 담아 잡고 있는 것은 바닥과 옆면이다. 이렇게 담아 잡고 있는 그것(das Fassende)을 우리는 다시 손잡이로 잡을 수 있다. [담아 잡고 있는] 그릇(Gefäß)으로서 단지는 그 자체로 서 있는 어떤 것이다. 이러한 그·자체로-서-있음(das Insichstehen)이 단지를 자립적인 어떤 것으로서 특징짓고 있다. 단지는 자립적인 것(das Selbstständige)의 자립(Selbststand)으로서 대상(Gegenstand)과는 구별된다. 자립적인 것은 대상이 될 수 있으며, 그것은 우리가 [자립적인 것을] 직접적인 지각을 통해서건 상기하는 현전화를 통해서건 우리 앞에 세울 때 [즉 표상할 때] 일어난다. 그렇지만 사물의 사물다움(das Ding-hafte)은 그것이 표상의 대상이 된다는 사실에서 성립하는 것이 아니다. 그것은 도대체 대상의 대상성으로부터는 규정될 수 없다. 우리가 대상의 마주 서 있음(das Gegenstehen)을 단순히 우리의 표상행위로 헤아리는 것이 아니라, 오히려 대상의 사태로서의 마주 서 있음을 대상 자체에게 [전적으로] 위임한다고 하더라도, 대상의 대상성으로부터는 사물의 사물다움은 규정될 수 없다.

단지는 우리가 그것을 표상하든 표상하지 않든 간에 그릇으로서 남아 있다. 그릇으로서 단지는 그 자체로 서 있다. 그렇지만 담아 잡고 있는 것이 그 자체로 서 있다고 함은 무슨 말인가? 그릇의 그-자체로-서-있음이 단지를 이미 사물로서 규정하는가? 하지만 단지는 그것이 서 있음으로 데려와진 한에서만, 그릇으로서 서 있을 뿐이다. 그런데 이러한 데려와짐은 이미 일어난 셈인데, 그것은 세움, 즉 제작활동(Herstellen, 이끌어 세움)에 의해서 일어난다. 도공은 흙으로 된 단지를 특별히 그것을 위해 선택되고 준비된 흙을 빗어 만들어낸다. 그러한 흙에서 단지가 만들어져 나온다. [단지가] 거기에서 만들어져 나온 그 재료 때문에 단지는 — 직접적으로건 아니면 책상과 걸상을 통해 간접적으로건 — 땅 위에서도 서 있을 수 있다. 그러한 제작활동에 의해 존립하게 된 것이 곧 그-자체로-서-있는-것이다. 단지를 제작된 그릇으로 간주할 경우에, 우리는 이때 단지를 일종의 사물로서 파악하는 것이지 결코 단순한 대상으로서 파악하는 것은 아닌 듯 보인다.

혹시 우리는 지금도 여전히 단지를 일종의 대상으로서 간주하고 있는 것은 아닐까? 물론 그렇다. 비록 단지가 더 이상 단순한 표상의 대상으로서 간주되지는 않는다고 하더라도, 그것은 제작 활동이 [흙에서] 이끌어내어 우리 맞은편에 그리고 우리와 마주 하여 세워놓은 그런 대상이다. 그-자체로-서-있음이 단지를 사물 로서 특징짓는 것처럼 보인다. 그러나 사실은 우리가 그-자체로- 서-있음을 제작활동에서부터 사유하고 있는 것이다. 그-자체로-서 -있음은 제작활동이 목표로 하고 있는 것이다. 그러나 그-자체로- 서-있음은 여전히 모든 정황에도 불구하고 대상성에서부터 사유 되고 있는 것이다. 그것은 비록 제작된 것의 마주 서 있음이 더 이상 단순한 표상행위에 근거하고 있지는 아니하더라도 그런 것 이다. 어쨌든 대상 및 자립의 대상성으로부터는 사물의 사물다움 에로 나아갈 수 있는 길은 없다.

사물에서 사물적인 것(das Dingliche)은 무엇인가? 사물 자체 는 무엇인가? 우리의 사유가 먼저 사물을 사물로서 성취한 다음 에서야 비로소 우리는 사물 그 자체에 도달할 수 있다.

단지는 그릇으로서 일종의 사물이다. 이러한 담아 잡는 것은 분명 제작을 필요로 한다. 그렇지만 도공에 의해 제작되었음이 단지가 단지로서 존재하는 한에서 단지에게 고유한 그런 것을 만들어주는 것이 결코 아니다. 단지는 그것이 제작되었기 때문에 그릇인 것이 아니라, 오히려 단지가 그러한 그릇이기 때문에 그 것은 제작되어야 했다.

물론 제작은 단지로 하여금 그것의 고유함에 이르게 하고 있 다. 그러나 이러한 단지존재의 고유함은 결코 제작에 의하여 만 들어지는 것이 아니다. 만듦에서부터 풀려나와 단지는 담는 데에 자신을 모으고 있다. 그렇지만 제작의 과정에서 단지는 자신의 보임새를 제작자에게 앞서 미리 보여주어야 한다. 그러나 이렇게 자신을 내보임은, 즉 보임새(에이도스, 이데아)는 단지를 다만, 제작되어야 할 것으로서의 그릇이 제작자에게 마주하여 서 있다는 관점하에서만 특징짓고 있다.

하지만 그렇게 보이는 그릇이 이러한 단지로서 무엇이지, 단지가 이러한 단지-사물로서 무엇이며 또 어떻게 존재하는지는 보임새, 즉 이데아에 입각해서는 결코 경험될 수 없으며, 더욱이 사태에 알맞게 사유될 수는 더더욱 없다. 그렇기에 현존하는 것의 현존성을 보임새에서부터 표상한 플라톤은 아리스토텔레스와 모든 그 이후의 사상가들과 마찬가지로 사물의 본질을 제대로 합당하게 사유하지 못한 것이다. 오히려 플라톤은 현존하는 모든 것을 제작자의 대상으로 경험하였는데, 이것이 사실상 후대에 결정적인 척도가 되었던 것이다. 좀더 정확히 말해 우리는 대상 대신에 제작물(Herstand, 이끌어 내세운 것)이라고 부른다. [이끌어 내세운] 제작물의 온전한 본질에는 이중적인 이끌어-내세움(Her-Stehen)이 전개되고 있다. 한편으로 그것이 스스로 산출하는 것이든 제작되는 것이든, '…에서 유래한다'는 의미에서의 이끌어-내세움이고, 다른 한편으로는 산출된 것이 이미 현존하고 있는 것의 비은폐성 안으로 들어선다는 의미에서의 이끌어-내세움이다.

하지만 이끌어-내세워진-것(제작물)과 마주-서-있는-것(대상물)이라는 의미에서 현존하는 것의 모든 표상은 결코 사물로서의 사물에는 이르지 못한다. 단지의 사물다움은 그것이 그릇으로서 존재한다는 사실에 놓여 있다. 우리가 단지를 채울 때, 우리는 그릇에서 담아 잡는 것이 무엇인지 알아차리게 된다. 단지의 바닥과 옆면은 분명히 담아 잡는 일을 떠맡는다. 하지만 너무 서두르진 말자. 우리가 포도주로 단지를 채울 때, 우리는 포도주를 바닥과 옆면에 붓는 것일까? 우리는 포도주를 아주 잘해야 바닥 위 옆면 사이로 붓는다. 바닥과 옆면은 분명 그릇에서 새지 않는 부분이다. 그렇지만 새지 않는 것이 곧 담아 잡는 것은 아니다. 우리가 단지를 가득 채워 부을 때, 이러한 부음이 빈 단지 안으로 흘러들면서 채워지는 것이다. 텅 빔이 그릇에서 담아 잡는 것이다. 텅 빔이, 단지에서의 이러한 무가 단지가 담아 잡는 그릇으로서 존재하고 있는 바로 그것이다.

그렇지만 단지는 어쨌든 바닥과 옆면으로 만들어져 있는 것이 사실이다. 그리고 단지가 그렇게 만들어져 있는 바로 그것에 의해서 단지는 서 있게 된다. 단지가 만일 서 있지 못한다면 그게 무슨 단지란 말인가? 적어도 잘못 만들어진 단지일 것이다. 따라서 여전히 단지이기는 하지만, 그래서 분명 무언가를 담고는 있지만 계속해서 쓰러지는 단지로서 담은 것을 새어나가게 할 것이다. 그럼에도 오직 그릇만이 새어나가게 할 수도 있는 것이다.

그것으로서 단지가 만들어져 있고 그것에 의해서 단지가 서 있게 되는 바닥과 옆면은 본래적인 의미에서 담아 잡고 있는 것이 아니다. 그러나 이러한 것이 단지의 텅 빔에 놓여 있다고 한다면, 돌림판 위에서 바닥과 옆면을 만들고 있는 도공은 본래적 의미에서 단지를 만들어내고 있는 것이 아니다. 그 텅 빔을 위해서, 그것 안에서 그리고 그것에서부터 그는 점토를 형상으로 만들어내는 것이다. 도공은 우선 그리고 언제나 텅 빔의 잡을 수 없는 것을 잡아서 그 텅 빔을 담아 잡는 것으로서 그릇의 형태 안으로 제작해 낸다. 단지의 텅 빔이 제작의 모든 공정을 규정하고 있다. 그릇의 사물다움은 결코 그것이 만들어지는 재료에 있는 것이 아니라 그것이 담아 잡는 텅 빔 안에 깃들어 있다.

그런데 단지는 정말로 텅 비어 있는가?

물리학은 단지가 공기 내지는 공기의 혼합물을 이루고 있는 그 모든 것으로 채워져 있다고 우리를 확인시키고 있다. 우리가 단지의 텅 빔을 끌어들이고 있을 때, 우리는 어느 정도는 시적인 고찰방식으로 우리 자신이 속도록 내버려두고 있는 셈이다.

하지만 우리가 실제의 단지를 과학적으로 그것의 실제성에 입각해 탐구하고자 시도하자마자, 우리에게는 다른 사태가 나타나게 된다. 우리가 단지에 포도주를 부을 때, 단지를 이미 채우고 있는 공기가 그저 단순히 밀려나가고 그것이 액체에 의해서 대치될 뿐이다. 단지를 채운다는 것은, 과학적으로 보았을 때, 하나의 채움을 다른 채움으로 교체함을 뜻한다.

이러한 물리학의 제시는 옳다. 과학은 그것을 통해 어떤 실제적인 것을 표상하며, 객관적으로 거기에 자신을 맞춘다. 그러나 이렇게 실제적인 것이 단지란 말인가? 아니다. 과학은 언제나 단지 자신의 표상의 양식이 처음부터 과학을 위해 가능한 대상으로 허용한 것만을 만날 뿐이다.

사람들은 과학적 앎이 강제적이라고 말한다. 물론 그렇다. 그러나 과학의 그런 강제력은 어디에 성립하는가? 우리의 경우를 예로 들면, 포도주로 가득 찬 단지를 포기하고 그 자리에 액체가 흘러 퍼지는 빈 공간으로 대체하라는 강요에 성립할 것이다. 과학은 그것이 사물들을 [각각 저 나름의 고유성을 지니고 있는] 결정적인 것으로 허용하지 않는 한, 단지-사물을 아무것도 아닌 어떤 것으로 만드는 것이다.

자신의 구역, 즉 대상의 구역 안으로 강제하고 있는 과학적 지식은 원자폭탄이 폭발하기 훨씬 이전에 이미 사물로서의 사물을 절멸시켜 버렸다. 원자폭탄의 폭발은 단지 이미 오래 전부터 일어나고 있었던 사물의 절멸 — 즉 사물이 사물로서는 아무것도 아닌 것으로 남아 있게 된다는 그런 사실 — 에 대한 모든 조잡한 확증 중에서도 가장 조잡한 확증일 뿐이다. (사물의 사물성은 은닉된 채로, 망각된 채로 남아 있다. 사물의 본질은 결코 뚜렷이 나타나지 않는다. 다시 말해 언어에 이르지 못한다. 이것은 사물로서의 사물의 절멸에 대한 이야기를 의미한다.)1) 절멸이 섬뜩한 까닭은, 그것이 이중의 맹목성을 그 스스로 퍼트리기 때문이다. 그 하나는 과학이 모든 여타의 경험에 앞서 현실적인 것을 그 현실성에서 적중시키고 있다는 견해이고, 다른 하나는 현실적인 것에 대한 과학적인 탐구에 상관없이 사물이 사물로서 존재할 수 있으리라는 가상인데, 이러한 가상은 사물들이 전적으로 그때마다 이미 본질적인 사물들로서 존재해 왔다는 것을 전제하고 있다. 그러나 사물들이 그때마다 이미 사물들로서 (자신의 사물성에서) 스스로를 드러내 보였다면, 사물의 사물성은 명백해졌을 것이다. 그것[사물의 사물성]은 사유를 요구하였을 것이다. 그러나 실제로는 사물로서의 사물이 거부된 채로, 아무것도 아닌 것으로, 그런 의미에서 절멸된 채로 남아 있다. 이러한 일은 아주 본질적으로 일어났고 또 일어나고 있어서, 사물들이 더 이상 사물들로서 허용되고 있지 않을 뿐 아니라, 또한 사물들이 전적으로 아직도 여전히 결코 사물들로서 (사유에게) 나타날 수 없었

---

1) 괄호 안의 문장은 『강연과 논문』에 이 글이 실리면서 추가된 부분이다.

던 것이다.

사물이 사물로서 나타나지 못한다는 것은 어디에 기인하는가? 단지 인간이 사물을 사물로서 표상하는 것을 소홀히 하였을 따름인가? 인간은 오직 그에게 이미 지시되어 있는 것만을 소홀히 할 수 있을 뿐이다. 어떤 방식으로든 마찬가지겠지만, 인간은 무엇보다 먼저 그 자신으로부터 스스로를 환히 밝혀오고 있는 그런 것과 그리고 이때 함께 동반된 빛 속에서 그에게 스스로를 나타내 보이는 그런 것만을 단지 표상할 수 있을 뿐이다.

그렇다면 이제, 자신의 본질을 아직까지 결코 나타내 보일 수 없었던 바로 그 사물로서의 사물이란 무엇인가?

사물이 아직도 결코 충분히 가까이에 올 수가 없어서, 인간이 아직도 사물을 사물로서 유념하는 것을 충분히 배우지 못했다는 말인가? 가까움이란 무엇인가? 우리는 이미 이 물음을 제기했다. 우리는 단지를 가까이에서 경험하기 위해서 그 물음을 던졌던 것이다.

단지의 단지다움은 어디에 존립하는가? 우리는 그것을 갑자기 시야에서 놓치고 말았는데, 그것도 과학이 우리에게 현실적인 단지의 현실성에 대해 해명해 줄 수 있을 것 같은 그런 가상이 밀어닥쳤던 바로 그 순간에 그랬다.

우리는 그릇에서의 실제적인 것, 즉 담아 잡는 것, 그 텅 빔을 공기로 채워진 빈 공간으로 표상하였다. 그것[빈 공간]은 물리학적으로 생각할 때 실제로 텅 빔이긴 하다. 그러나 단지의 텅 빔은 아니다. 우리는 단지의 텅 빔을 그것의 텅 빔으로 존재하도록 내버려두지 않았다.[2] 우리는 그릇에서 담아 잡고 있는 것이 무엇인지를 유념하지 않았다. 우리는 담아 잡음 그 자체가 어떻게 현성하고 있는지를 숙고하지 않았다. 그렇기 때문에 단지가 담아 잡고 있는 그것은 또한 우리에게서 달아날 수밖에 없었다. 포도주는 과학적 표상에게는 순전한 액체가 되어 버렸으며, 이 액체는 일반적으로 어디에서나 가능한 질료의 응집상태가 되었다. 우리는 단지가 무엇을 담아 잡으며 어떻게 담아 잡고 있는지를 뒤따라-사유하는 것을 중단하였다.

단지의 텅 빔이 어떻게 담아 잡는가? 그 텅 빔은 들여 부어지는 것을 받아들임으로써 담아 잡는다. 그것은 받아들여진 것을 간직함으로써 담아 잡는다. 텅 빔은 이중의 방식으로, 즉 받아들이면서 간직하는 방식으로 담아 잡는다. 따라서 '담아 잡다'라는 말은 이중적 의미를 갖는다. 그렇지만 들어부음을 받아들임과 부어진 것을 간직함은 함께 속한다. 그러나 이 둘의 통일성은 단지가 단지로서 규정되어 있는 바로 그 부어줌에 의해서 규정되고 있다. 텅 빔의 이중적인 담아 잡음은 부어줌에 존립한다. 담아 잡음은 이러한 부어줌으로서 그것이 존재하는 방식 그대로 본래적으로 존재하게 된다. 단지에서의 부어줌은 선사함이다. 부어진 것의 선사함 속에 그릇의 담아 잡음이 현성한다. 담아 잡음은 담아 잡는 것으로서의 텅 빔을 필요로 한다. 담아 잡는 텅 빔의 본질은 선사함 안으로 집결된다. 그러나 선사함은 순전히 선사해 버림보다 더욱더 풍부하다. 그 안에서 단지가 단지로서 존재하는 바로 그 선사함은 자기 안에 이중적인 담아 잡음을 모아들이는데, 그것도 부어줌으로 향해 감으로써 그렇게 모아들인다. 우리는 산들이 모인 것을 산맥이라고 부른다. 우리는 이중적인 담아

---

2) 즉 단지의 텅 빔을 단지에게 고유한 텅 빔으로 존재하도록 하지 못하고, 오히려 물리적으로 파악된 빈 공간으로 표상하였기 때문이다.

잡음이 부어짐 안으로 모이고, 이러한 모임이 이제 비로소 선사함의 온전한 본질을 함께 이루고 있는 그런 모임을 선사(Geschenk)라고 부른다. 단지의 단지다움은 부어진 것의 선사 안에서 현성한다. 비록 비어 있는 단지가 선사해 버림을 허용하지는 못한다고 하더라도, 비어 있는 단지도 또한 자신의 본질을 선사에서부터 간직하고 있는 것이다. 그러나 이러한 허용하지 못함이 단지에게 고유한 것이며, 그것도 오직 단지에게만 고유한 것이다. 이에 반해 낫이나 망치는 그러한 선사를 허용하지 않을 능력조차도 갖고 있지 않다.3)

부어질 것의 선사는 음료일 수 있다. 그것은 마실 물을 주고, 마실 포도주를 준다.4)

---

3) 단지의 단지다움과 낫의 낫다움 그리고 망치의 망치다움은 서로 단순히 비교의 우위를 말할 수 없을 만큼 유일무이한 고유성을 저마다 스스로 내보이고 있다. 단지의 단지다움과는 달리 낫의 낫다움은 풀을 날렵하게 베는 낫의 예리함에 모여 있을 것이고, 망치의 망치다움은 못을 박거나 쇠를 내리치기에 알맞은 망치 자신에게 고유한 그 육중함에 모여 있을 것이다.

4) [원주] 원문의 9쪽에는 다음의 구절이 추가되어 있다. "단지의 텅 빔은 어떻게 담아 잡는가? 그것은 따르기 위해 들어부어지는 것을 참답게 보존하고자 이렇게 들어부어진 것을 수용한다. 텅 빔은 부음을 받아들이기도 하고 주기도 한다. 단지의 텅 빔은 부음과 그것의 양식에 의해 각인된다. 이러한 부음이 단지의 단지다움을 규정한다. 그렇지만 부음에서의 본래적인 것은 부어줌이다. 이것(부어줌)이 부어진 것을 다른 것으로 즉 물그릇으로 가져오기도 하고, 또는 부어질 것이 단지를 비우는 과정에 직접 마셔질 수도 있다. 단지에서의 부어질 것은 음료다. 단지에서 나오는 모든 음료는 부어질 것이다. 그러나 단지에서 부어질 것이 모두 다 음료는 아니다. 이것은 곧 부어주는 과정에서 모조리 허비는 되더라도 마셔지지는 않는 그런 본래적인 부음에 해당한다. 비어 있는 단지도 부음(부어질 것)으로부터 그리고 이러한 부음에 입각해 규정된 채로 머무

선사된 물 속에는 샘이 머물고 있다. 샘에는 암석이 머물고 있고, (암석에는) 하늘의 비와 이슬을 받은 땅의 어두운 선잠이 머물고 있다. 샘의 물에는 하늘과 땅의 결혼식이 머물고 있다. 하늘과 땅의 결혼식은 땅의 자양분과 하늘의 태양이 서로 신뢰하는 가운데 열린 포도나무의 열매를 주고 있는 포도주에도 머물고 있다. 물의 선사에는, 포도주의 선사에는 그때마다 하늘과 땅이 머물고 있다. 그런데 부음(부어질 것)의 선사가 단지의 단지 다움이다. 단지의 본질에는 하늘과 땅이 머물고 있다.

부음의 선사는 죽을 자들을 위한 음료다. 그 음료는 그들의 갈증을 상쾌하게 풀어준다. 그 음료는 그들의 여가를 흥겹게 돋우어 준다. 그 음료는 그들의 교제를 유쾌하게 만든다. 그러나 단지의 선사는 때로는 축성을 위해서도 부어진다. 부음이 축성을 위한 것일 때, 그것은 갈증을 풀어주기 위한 것이 아니다. 그 부음은 축제의 향연을 한껏 고조시킨다. 이제 부음의 선사는 술집에서 선사되는 것도 아니고, 또 그 선사가 죽을 자들을 위한 음료도 아니다. 그 부음은 이제 불멸의 신들에게 바쳐진 헌주다. 헌주로서 부어진 선사가 본래적인 선사다. 축성된 헌주가 '부음'이란 낱말이 본래 의미하고 있는 그것, 즉 바침과 희생이다. '부음(Guß)'과 '붓기(gießen)'는 그리스어로는 '크세인(χέειν)'이고, 인도게르만어로는 '구(ghu)'다. 그것은 희생한다는 것을 뜻한다. 부음은, 그것이 본질적으로 이행되고 충분히 사유되고 진정으로 말해지는 곳에서는, '바치고 희생하고 그렇기 때문에 선사하다'를 뜻한다. 오직 그렇기 때문에만 부음은 그 본질이 왜곡되자마

른다. 부어질 것은 그것이 물이나 포도주로 존재하는 한에서 일종의 음료일 수 있다."

302

자 한갓 붓고 따르는 행위가 되며, 마침내는 흔해빠진 선술집에서 [그 의미가] 퇴화되어 버리기에 이른 것이다. 부음은 단순히 [잔을] 채우거나 비워버리는 그런 행위가 아니다.

음료로서 부음(부어진 것)의 선사 안에는 죽을 자들이 그 나름의 방식으로 머물고 있다. 헌주로서 부음의 선사 안에는 선사함의 선사를 바침의 선사로서 되돌려 받는 신적인 것들이 그 나름의 방식으로 머물고 있다. 부음의 선사 안에는 그때마다 다르게 죽을 자들과 신적인 것들이 머물고 있다. 부음의 선사 안에는 땅과 하늘이 머물고 있다. 부음의 선사 안에는 땅과 하늘, 신적인 것들과 죽을 자들이 동시에 머물고 있다. 이 넷은 그 자체로부터 하나로 어우러져 함께 속해 있다. 이 넷은 모든 현존하는 것들에 앞서 도래하면서 하나의 유일한 사방(das Gevierte) 안으로 하나로 포개진다.

부음의 선사 안에는 넷의 하나로 포개짐(Einfalt)이 머물고 있다. 부음의 선사는 그것이 땅과 하늘, 신적인 것들과 죽을 자들을 머무르게 하는 한에서 선사다. 그렇지만 머무르게 함(Verwei-len)은 이제 더 이상 눈앞에 있는 것의 단순한 지속을 뜻하지 않는다. 머무르게 함이 생기한다(ereignen, 고유하게 일어난다). 머무르게 함이 그 넷을 그들의 고유함의 빛 안으로 데려온다. 그 넷의 하나로 포개짐으로부터 넷은 서로 신뢰하고 있다. 서로 친밀하게 하나로 어우러지면서(In diesem Zueinander einig, 서로 친밀하게 어우러진 상생적 관계 안에서) 그 넷은 비은폐되어 드러나 있다. 부음의 선사는 넷의 사방의 하나로 포개짐을 머물게 한다. 그런데 선사에는 단지로서의 단지가 현성하고 있다(wesen, 본원적으로 존재한다). 선사는 선사함에 속하는 것, 즉 이중적인 담아 잡음을, 담아 잡는 것을, 텅 빔과 바침으로서의 부어줌을 모아들인다(versammeln). 이러한 다중적이고도 단순소박한 모아들임이 단지[에서]의 현성하는 것이다. 독일어는 모아들임이 무엇인지를 고어에서 말하고 있다. 그것은 사물(thing)이라고 불린다. 단지의 본질은 하나로 포개진 사방을 하나의 머무름(Weile)에로 순수하게 선사하면서 모아들이는 그런 모음이다. 단지는 사물로서 현성한다. 단지는 하나의 사물로서의 단지다. 그러나 사물은 어떻게 현성하는가? 사물은 사물화한다(dingen).[5] 사물화함은 모아들인다. 사물화함은 사방을 고유하게 생기하면서, 사방의 머무름을 그때그때마다 머무르는 것 안으로, 즉 이러 저러한 사물 안으로 모은다(sammeln).

우리는 이렇게 경험되고 사유된 단지의 본질에게 사물이라는 이름을 부여한다. 우리는 (이제) 이 이름을 사물의 사태에서부터,[6] 즉 사방을 모아들이며-생기하면서 머무르게 함으로서의 사물화에서부터 사유한다. 하지만 이때 우리는 동시에 고대 고지독일어인 'thing'을 상기한다. 이런 식의 언어사적인 암시는 자칫 우리가 지금 여기서 사물의 본질을 사유하는 그 방식을 오해하도록 잘못 이끌기 쉽다. 지금 여기서 사유된 사물의 본질은 우리가 우연히 붙잡은 고대 고지독일어의 명사인 'thing'이라는 낱말의 뜻으로부터 마치 억지로 짜낸 듯이 보일 수도 있다. 그리하여 사물의 본질에 대해 지금 여기서 시도한 경험이 자의적인 어원

---

5) 사물이 사물화한다는 것은 곧 사물이 사방세계를 모아들이는 그런 사물로서, 따라서 그 안에 사방세계가 머무르고 있는 그런 사물로서 현성하는 것을 뜻한다.

6) 『강연과 논문』에서는 '사유된 사물의 본질에서부터'라고 수정되어 있다.

학적 말놀이에 근거하고 있다는 혐의가 솔솔 피어오른다. 여기에서는 사태를7) 숙고하는 대신에 그저 사전만이 사용되고 있을 뿐이라는 견해가 확고해지고 이미 널리 유포되어 있다.

그러나 사실은 그러한 우려와는 정반대다. 분명히 고대 고지독일어인 'thing'은 소집(Versammlung)을, 그것도 논란이 되고 있는 사건, 즉 논쟁거리를 처리하기 위한 소집을 의미한다. 그 결과 고대 독일어인 'thing', 'dinc'는 소송사건을 지칭하는 명칭이 된다. 그것은 어떤 식으로든 사람들의 관심거리가 되는 것, 그래서 논란거리가 되는 그런 것을 지칭한다. 로마인들은 논란거리가 되는 것을 'res'라고 부른다. 그리스어 '레인(ρέειν)'과 '레마(ρῆμα)'는8) '어떤 것에 대해서 말하다', '어떤 것에 대해서 토론하다'를 뜻한다. 'res publica'는 국가를 의미하는 것이 아니라, 명백히 국민 모두의 관심거리가 되는 것(즉 그들의 관심을 '사로잡고' 있는 것), 그래서 공적으로 논의되는 것을 의미한다.

'res'가 관련되는 것을 의미하기 때문에, 오직 이 때문에 그것이 'res adversae(거스르는 것)', 'res secundae(유리한 것)'와 같은 결합어가 될 수 있다. 전자는 사람들에게 해로운 방식으로 관련되는 것이고, 후자는 사람들에게 유리하게 인도되는 것을 의미한다. 사전은 올바르게도 'res adversae'를 불행이라고, 그리고 'res secundae'를 행운이라고 번역하고 있지만, 단어들이 사유된 단어들로서 말해질 경우 무엇을 말하고 있는지에 대해서 사전은 아무것도 말해 주는 게 없다.9) 따라서 여기에서와 여타의 다른

---

7) 『강연과 논문』에서는 '본질사태'라고 수정되어 있다.
8) 『강연과 논문』에서는 '그리스어 εἴρω (ρητός, ρήτρα, ρῆμα)'라고 되어 있다.

경우에서 사실상 우리의 사유가 어원학에 의존하여 살고 있는 것이 아니라, 오히려 어원학은 사전과 함께 거의 아무것도 사유하지 않고 있는 것이다.10)

로마어 'res'는 인간에게 다가와 관련되는 것, 즉 용건, 논쟁거리, 경우 등을 지칭한다. 로마인들은 이 낱말 대신에 'causa'라는 낱말도 사용한다. 이것은 본래 우선적으로 결코 '원인'을 뜻하지 않는다. 오히려 'causa'는 경우를 의미하며, 그렇기 때문에 경우가 되는 그런 것을, 즉 어떤 것이 발생하여 이제 곧 닥치게 되는 그런 것을 또한 의미한다. 'res'와 거의 같은 뜻을 지니고 있는 'causa'가 경우를 의미하기 때문에, 오직 그런 이유에서 이후로 'causa'라는 낱말은 작용의 인과성이라는 의미에서의 원인이라는 뜻을 가지게 되었던 것이다. 고대 독일어 'thing'과 'dinc'는 관심사를 논의하기 위한 소집이라는 뜻을 지니고 있기에, 로마어 'res'를 사태에 알맞게 [다가와] 관련되는 것이라고 옮겨놓은 것은 그 어떤 다른 낱말보다도 적합한 것이다. 그런데 로마어 내에서 'res'라는 낱말에11) 상응하는 그러한 낱말에서부터, 즉 경우와 관심사라는 뜻을 지닌 'causa'라는 낱말에서부터, 로만어 'la cosa'와 프랑스어 'la chose'가 생겨 나온다. 우리 독일인은 사물 'Ding'이라고 말한다. 영어에서는 'thing'이 로마어인 'res'가 지니고 있는 명령력을 아직도 충분히 보유하고 있다. 즉 'he knows

---

9) 『강연과 논문』에서는 '사전은 거의 아무것도 보고해 주는 게 없다'라고 수정되어 있다.

10) 『강연과 논문』에서는 '오히려 어원학은 우선 먼저 단어들이 말로서 암암리에 명명하고 있는 그것의 본질사태를 숙고하도록 촉구되고 있는 것이다'라고 되어 있다.

11) [원주] 이 낱말 다음에 '가장 일찍이'라는 말이 삽입되어 있다.

306

his things'는 그는 자신의 '문제(일)들'을, 즉 그에게 관련된 것을 잘 이해하고 있음을 뜻한다. 'that's a great thing'은 그것은 거창한(멋진, 대단한, 신나는) 일, 다시 말해 어떤 것이 그 자체로 다가와서 인간에게 관련되기 시작하는 그러한 일임을 말한다.

그러나 결정적으로 중요한 것은, res, Ding, causa, cosa, chose, thing이란 낱말들에 대해 여기에서 간략하게 언급한 어의의 역사가 아니라, 전혀 다른 어떤 것이며 지금까지 도대체 여전히 사유되지 않은 어떤 것이다. 로마어 'res'는 인간에게 어떤 식으로든 다가와 관련되기 시작하는 그런 것을 지칭한다. 다가와 관련되기 시작하는 것은 'res'의 실제적인 것이다. 'res'의 실제성(realitas)을 로마인들은 '관련되기 시작함(Angang)'으로 경험한다. 그러나 로마인들은 그들이 그렇게 경험한 것을 결코 그 본질에 있어 제대로 사유하지 못했다. 오히려 로마적인 'res'의 'realitas'는 후기 그리스 철학을 수용하여 그리스적인 '온(ὄν, 존재자)'이라는 의미에서 표상된다. 'ὄν'은 라틴어로는 '엔스(ens, 존재자)'로 이끌려 내세워진 것이라는 의미에서의 현존하는 것을 의미한다. 'res'는 'ens'가 된다. 즉 제작된 것, 표상된 것이라는 의미의 현존하는 것이 된다. 근원적으로 로마인들이 경험한 'res'의 고유한 'realitas'가, 즉 '관련되기 시작함'이 현존하는 것의 본질로서 파묻힌 채로 남아 있다. 거꾸로 후대에서는, 특히 중세에서는 'res'라는 이름이 존재자로서의 존재자 모두를 지칭하기 위해서, 다시 말해 어떻게든 ― 그것이 단지 표상함 속으로 들어와서 이성적인 것(ens rationis)으로 현존한다고 하더라도 ― 현존하는 것 모두를 지칭하기 위해서 사용된다. 'res'라는 낱말에서와 같이 똑같은 일이 'res'에 상응하는 이름인 'dinc(사물, 것)'와 관련해서도 일어난다. 왜냐하면 'dinc'는 어떤 식으로든 존재하고 있는 모든 것을 뜻하기 때문이다. 이에 따라 마이스터 에크하르트는 'dinc'를 신에 대해서 사용할 뿐 아니라 영혼에 대해서도 사용한다. 그에게서 신은 "최고의 그리고 최상의 dinc(것)"[12]이다. 영혼은 "위대한 dinc(것)"[13]이다. 그러나 이로써 이 사유의 거장이 말하고자 하는 것은 물론, 신과 영혼이 암석 즉 질료적 대상과 동일한 것이라는 것은 결코 아니다. 여기에서 'dinc'는 여하튼 존재하고 있는 어떤 것을 지칭하기 위해 조심스럽고도 신중하게 선택한 이름이다. 그래서 마이스터 에크하르트는 디오니시우스 아레오파기타[14]의 말을 빌려 이렇게 말하고 있다. "그대의 사랑은 인간을 그가 사랑하는 이(dinc)로 변화시키는 그런 자연본성이다."[15]

사물이라는 낱말이 서양 형이상학의 언어 사용에서는 일반적으로 어떤 방식으로든 존재하고 있는 어떤 것을 명명하기 때문에, '사물'이라는 이름의 뜻도 존재하고 있는 것, 다시 말해 존재자에 대한 해석에 따라 변화한다. 칸트는 마이스터 에크하르트와 똑같은 방식으로 사물에 대해 말하며 그 이름으로 존재하고 있는 어떤 것을 의미한다. 그러나 칸트에게서 존재하고 있는 그것은, 인간적 자아의 자기의식 안에서 진행되고 있는 표상함의 대상이 된다. 사물 그 자체는 칸트에게 대상 그 자체를 의미한다.

---

12) [원주] 마이스터 에크하르트, 『설교집(Predigt) LI』, 『14세기의 독일 신비주의자』, 프란츠 파이퍼 편, 마이스터 에크하르트 Bd.II, Leipzig, 1857, 169쪽 참조.

13) [원주] 마이스터 에크하르트, 『설교집 XLII』, 141쪽 참조.

14) 아마도 아우구스티누스를 가리킬 수도 있겠다.

15) [원주] 마이스터 에크하르트, 『설교집 LXIII』, 199쪽 및 『설교집 XX』, 86쪽 참조.

칸트의 경우에 '그 자체'의 성격이 의미하고 있는 것은, 대상 그 자체란 인간의 표상과는 아무런 연관이 없는 그런 대상임을, 다시 말해 대상이 이러한 표상함에 대해 이제 처음으로 마주 서 있게 되는 그러한 '마주함(Gegen)'이 없는 대상임을 말한다. '사물 그 자체'는 — 엄밀히 칸트적으로 사유할 때 — (우리에 대해) 결코 대상이 아닌 그런 대상을 의미한다. 왜냐하면 그러한 대상은 그 대상을 맞아들이는 인간적 표상함에 대해 [우리와의] 어떤 가능적인 '마주함'도 없이 서 있어야 하기 때문이다.

그러나 철학에서 사용되어 온 '사물'이라는 이름이 지니고 있는 아주 오랫동안 닳도록 써 왔던 일반적인 어의도, 'thing'이라는 고대 고지독일어의 어의도, 지금 단지의 본질에서부터 말해지는 그것(사물)의 사태적 본질을16) 경험하면서 충분히 사유하려고 애쓰는 이러한 곤경에 처한 우리에게 아무런 도움도 주지 못한다. 그러나 이에 반해 'thing'이라는 낱말의 옛 언어사용에서 드러나는 하나의 의미계기가, 즉 '모아들이다'라는 의미계기가 앞에서 사유된 단지의 본질에 대해 [무언가] 말을 걸어오고 있다는 사실은 맞는다.

단지는 로마적으로 의미된 'res'라는 의미에서의 사물도 아니고, 중세적으로 표상된 'ens'라는 의미에서의 사물도 아니며, 더욱이 근세적으로 표상된 대상이라는 의미에서의 사물도 아니다. (단지는 하나의 사물이되, 그것이 제작함의 대상이든 단순한 표상함의 대상이든 이러한 대상으로서의 사물은 아니다.) 단지는 그것이 사물화하는 한에서 사물이다. 사물의 사물화에서부터 또

---

16) 『강연과 논문』에서는 '그것의 본질유래를'이라고 되어 있다.

한 비로소 단지와 같은 양식으로 현존하는 것의 현존이 스스로 생기하며 규정된다.

오늘날 현존하고 있는 것은 모두 똑같이 가까우며 또한 똑같이 멀다. 간격-없음이 지배하고 있다. 그렇지만 멂을 아무리 축소하고 제거한다고 하더라도 가까움을 데려올 수는 없다. 가까움이란 무엇인가? 가까움의 본질을 발견하기 위해서 우리는 가까이에 있는 단지에 대해서 숙고해 보았다. 우리는 가까움의 본질을 찾아 나섰고 단지의 본질을 사물로서 발견했다. 그런데 우리는 이러한 발견 속에서 동시에 가까움의 본질을 감지하고 있다. 사물은 사물화한다. 사물화하면서 사물은 땅과 하늘, 신적인 것들과 죽을 자들을 머물게 한다. 머물게 하면서 사물은 그 넷을 그것들의 멂 안에서 서로에게 가까이 데려온다. 이러한 가까이 데려옴이 곧 가깝게 함(Nähern)이다. 가깝게 함은 가까움의 본질이다. 가까움은 먼 것을 가깝게 하는데, 그것도 먼 것으로서 가깝게 한다. 가까움은 멂을 참답게 보존한다. 가까움은 멂을 참답게 보존하면서 그것을 가깝게 하는 가운데 현성한다. 가까움은 이러한 방식으로 가깝게 하면서 자기 자신을 숨기며 그 나름의 방식으로 가장 가까이에 머무른다.

사물은, 마치 가까움이 일종의 담는 용기이나 되는 듯, 그렇게 가까움 '안에' 들어 있는 것이 아니다. 가까움은 가깝게 함에서 사물의 사물화로서 주재하고 있다.

사물은 사물화하면서 하나로 어우러지는 넷을, 즉 땅과 하늘, 신적인 것들과 죽을 자들을, 그것들이 그 자체에서부터 서로 어우러지는 그러한 사방의 하나로 포개짐(Einfalt) 안에 머물게 한다.

땅은 하천과 암석, 식물과 동물을 보살피면서, 건립하고 떠받치고 있는 것, 길러주며 결실을 맺어주는 것이다. 땅을 말할 때, 우리는 넷의 하나로 포개짐에 입각하여 이미 다른 셋을 함께 사유한다.

하늘은 태양의 운행, 달의 진행, 별들의 광채, 한 해의 계절들, 낮의 빛과 여명이며 밤의 어둠과 밝음이며 날씨의 은혜와 궂음이며 흘러가는 구름과 에테르의 푸른 깊이다. 하늘을 말할 때, 우리는 넷의 하나로 포개짐에 입각하여 이미 다른 셋을 함께 사유한다.

신적인 것들은 신성을 눈짓하는 사자(使者)들이다. 이 신성의 은닉된 주재함으로부터 신은 현존하는 것과의 모든 비교에서 스스로 물러서는 그런 자신의 본질 속으로 나타난다. 신적인 것들을 말할 때, 우리는 넷의 하나로 포개짐에 입각하여 이미 다른 셋을 함께 사유한다.

죽을 자들은 인간이다. 인간이 죽을 자들이라고 불리는 까닭은 그가 죽을 수 있기 때문이다. 죽는다는 것은, 죽음을 죽음으로서 흔쾌히 맞이할 능력이 있다(Tod als Tod vermögen, 죽음을 죽음으로서 흔쾌히 받아들일 수 있다)는 것을 뜻한다. 오직 인간만이 죽는다(sterben). 동물은 그저 끝날(verenden) 뿐이다. 동물은 죽음을 죽음으로서 대면하지도 못하고 받아들이지도 못한다. 죽음은 무의 관이다. 즉 어떤 관점에서도 결코 단순히 존재하는 것이 아니지만, 그럼에도 불구하고 현성하고 있는, 그것도 더욱이 존재 자체로서17) 현성하고 있는 무의 관이다. 죽음은 무의 관으로

---

17) 『강연과 논문』에서는 '존재 자체의 비밀로서'라고 되어 있다.

서 존재의 현성하는 것을 자기 안에 감싸 간직하고 있다. 죽음은 무의 관으로서 존재의 산맥이다.18) 죽을 자들을 우리가 이제 죽을 자들이라고 부르는 까닭은, 그들의 지상에서의 삶이 끝나기 때문이 아니라, 오히려 죽음을 죽음으로서 흔쾌히 받아들일 수 있기 때문이다. 죽을 자들은 죽을 자들로서 존재의 산맥 안에서 현성하면서 그들 자신으로 존재한다. 죽을 자들은 존재로서의 존재에 대해 [본원적으로 관계하며] 현성하는 그런 관계(das we-sende Verhältnis zum Sein als Sein)다.

이에 반해 형이상학은 인간을 동물로서, 생명체로서 표상한다. 비록 이성이 동물성(animalitas)을 철저히 관장하고 있다고 하더라도, 인간존재는 삶과 체험에서부터 규정된 채로 남아 있다. 이성적 동물로부터 이제 죽을 자들이 되지 않으면 안 된다.19)

죽을 자들을 말할 때, 우리가 사유할 경우20) 우리는 넷의 하나로 포개짐에 입각하여 이미 다른 셋을 함께 사유한다.

땅과 하늘, 신적인 것들과 죽을 자들은, 그 자체에서부터 서로서로 합일되어, 합일된 사방의 하나로 포개짐에서부터 함께 속한다. 그 넷의 각각은 각자 나름의 방식으로 다른 셋의 본질을 다시 비춘다. 각각은 이때 각자 나름의 방식으로 넷의 하나로 포개짐 내에서 자신의 고유함에로 되비추어진다. 이러한 비춤은 모사물의 제시가 아니다. 비춤은 넷의 각각을 환히 밝히면서 생기한

---

18) 여기서 존재의 산맥(Gebirg)이란 존재를 자기 안에 감싸 간직하면서 존재자 전체의 존재를 모아들이고 있는 그런 것을 뜻한다.

19) 『강연과 논문』에서는 '이성적 동물은 이제 비로소 죽을 자들이 되지 않으면 안 된다'라고 되어 있다.

20) 『강연과 논문』에서는 '우리가 사유할 경우'라는 말은 빠져 있다.

다. 이때 그들의 고유한 본질은 하나로 포개진 고유화(Vereig-nung) 속으로 서로서로 합일된다. 이렇게 생기하며 환히 밝히는 방식에 따라 비추면서 넷의 각각은 다른 셋의 각각에게 자신을 건네면서 놀이한다. 생기하는 비춤은 넷의 각각을 그것의 고유함에로 자유롭게 내어주지만, 자유로운 것들을 그것들의 본질적인 상호관계(Zueinander, 서로 어우러짐)의 하나로 포개짐 속으로 결속한다.

　자유로움에로 결속하는 비춤은, 넷의 각각이 고유화의 포개는 발판에 입각해서 각각에게 신뢰를 주는 놀이다. 넷의 어느 것도 자신의 구별된 특수성을 강력하게 주장하지 않는다. 오히려 넷의 각각은 그들의 고유화 안에서 하나의 고유함에로 탈생기된다 (enteignet). 이렇게 탈생기하는 고유화(das enteignende Vereig-nen)가 사방의 거울-놀이다. 이 거울놀이에서부터 넷의 하나로 포개짐이 신뢰되고 있는 것이다.

　우리는 땅과 하늘, 신적인 것들과 죽을 자들의 하나로 포개짐이 생기하는 거울-놀이를 세계라고 부른다. 세계는 세계화하면서 현성한다. 이는 세계의 세계화가 어떤 다른 것을 통해서 설명될 수도 없고 어떤 다른 것에 의해서 근거지어질 수도 없음을 의미한다. 이러한 불가능성은, 우리의 인간적인 사유가 그러한 설명과 근거제시에 능력이 없다는 사실에 놓여 있지 않다. 오히려 세계의 세계화를 설명할 수 없고 근거지을 수 없음은, 원인과 근거와 같은 그런 것이 세계의 세계화에 적합하지 않다는 사실에 기인한다. 여기서 인간의 인식이 설명을 요구하자마자, 그것은 세계의 본질을 넘어서는 것이 아니라 오히려 세계의 본질 아래로 굴러 떨어지게 된다. 인간적인 설명욕구는 도대체 세계화의 하나로 포개짐의 단순소박함에는 결코 미치지 못한다. 사람들이 합일하는[einig, 서로 하나로 어우러지는] 넷을 단지 개별화된 현실적인 것 — 이것은 서로가 서로에 의해 근거지어지고 서로 분리되어 설명되어야 한다 — 으로서 표상할 경우 그 합일하는 넷을 질식해 버릴 것이다.

사방의 통일은 넷의 합일(Vierung)[21]이다. 그렇지만 넷의 합일은 그것이 넷을 포괄하고 이렇게 포괄하는 것으로서 나중에 그 넷에 끼어드는 식으로는 결코 일어나지 않는다. 넷의 합일은 또한 그 넷이, 지금 일단 눈앞에 있듯이 그저 나란히 놓여 있을 뿐이라는 그런 식으로도 다 설명되지 않는다.

넷의 합일은 하나로 포개져 서로가 서로를 신뢰하는 가운데 생기하는 거울-놀이로서 현성한다. 넷의 합일은 세계의 세계화로서 현성한다. 세계의 거울-놀이는 생기함(Ereignen)의 윤무다. 그렇기 때문에 윤무는 또한 그 넷을 커다란 고리(Reif)처럼 감싸지도 않는다. 윤무는 비춤으로서 놀이하는 가운데 화합하는(ringen, 和合하다)[22] 둥근 원(der Ring, 둥근 광장)이다. 윤무는 생기하면서 그 넷을 그것들의 하나로 포개짐의 광채 안으로 환히 밝힌다. 둥근 원은 빛을 발하면서 넷을 어디에서건 그 본질의 수수께끼

---

21) 'Vierung'이란 사방형의 통일적 공간, 즉 넷이 합일되어 모인 통일적 공간을 가리킨다.

22) 'ringen'의 사전적 어의는 '어떤 것을 얻고자 서로 싸우거나 씨름하다', '애쓰다' 등을 의미한다. 옮긴이가 보기에 이 낱말은 사방의 네 방역들이 존재의 조화로움을 드러내고자 진력하는 가운데 서로를 환히 비추는 그런 현상을 담아내고자 선택된 것으로 보인다. 이러한 사태적 의미를 주시하면서도 '화합하다'라고 옮기는 까닭은, 사방세계의 어우러짐을 강조하기 위해서다.

에로 개방한 채 고유화한다. 따라서 세계의 화합하는 거울-놀이의 모여진 본질이 어우러짐(das Gering)23)이다. 비추면서 놀이하는 둥근 원의 어우러짐 안에서 그 넷은 그것들의 합일하는, 그렇지만 그때마다 각자의 고유한 본질 속으로 휘감겨든다. 따라서 그 넷은 포근하게 휘감기듯 유연하게 세계화하면서 세계를 이어 엮는다(fügen).24)

유연한, 구부릴 수 있는, 나긋한, 유순한, 가벼운 등은 고대 독일어에서는 'ring(수수한)', 'gering(가벼운, 미미한, 맑은)'을 뜻한다. 세계화하는 세계의 거울-놀이는 둥근 원의 어우러짐으로서 합일하는 넷을 고유한 유순함에로, 그들 본질의 수수함(das Ringe, 부드러움, 미미함)에로 풀어놓는다. 수수한 것의 어우러짐의 거울-놀이에서부터 사물의 사물화가 생기한다.

사물은 사방을 머물게 한다. 사물은 세계를 사물화한다. 개개의 사물은 세계의 하나로 포개짐에 입각하여 각자 그때마다 머무는 것 속으로 사방을 머물게 한다.

우리가 사물을 세계화하는 세계에서부터 그것의 사물화에서

―――――――――

23) 'das Gering'을 '어우러짐'이라고 옮긴다. 이 낱말이 가리키는 사태는, 사방세계의 네 방역들이 서로 화합하여(ringen) 둥글게 하나로 포개져 모여지는(Ge-) 그런 거울-놀이의 조화로움을 가리킨다. 이러한 존재의 조화로움 혹은 세계의 어우러짐은 마치 맑은 햇살이나 부드러운 미풍처럼 유연하고 가벼워서, 아무리 잡으려고 해도 결코 잡히지 않는다. 그렇다면 이렇게 잡을 수도 없을 만큼 수수하고도 미미한 것을 인간은 어떻게 경험할 수 있는가? 이러한 것에 대한 근원적 경험은 존재의 역행적-경험(Wider-fahrnis)으로 죽을 자들로서의 우리들 자신에게 적막한 가운데 고요히 다가올 따름이다.

24) 이렇게 이어 엮어진 개방적 관계의 그물망이 곧 세계이며, 인간은 이러한 세계 안에 존재하며 거주한다.

현성하게 할 때, 우리는 사물로서의 사물을 [회상하며] 사유하는 것이다. 그런 식으로 회상하면서 우리는 우리 자신이 사물의 세계화하는 본질에 의해 관련되도록 한다. 그렇게 사유하면서 우리는 사물로서의 사물에 의해 마주치게 되는 것[25]이다. 우리는 — 낱말의 엄밀한 의미에서 — 사물에 의해 제약된 자들(die Be-Dingten)[26]이다. 우리는 모든 무제약자의 오만함을 뒤로 하였다.

사물을 사물로서 사유할 때, 우리는 사물의 본질을 그것이 현성하는 그 영역 안에서 소중히 보살피며 존재하는 것이다. 사물화는 세계를 가깝게 함이다. 가깝게 함은 가까움의 본질이다. 우리가 사물을 사물로서 소중히 보살피고 있는 한, 우리는 가까움 안에 거주하는 것이다. 가까움의 가깝게 함은 세계의 거울-놀이의 본래적이고도 유일한 차원이다.

온갖 멂을 제거하는 데에도 가까움이 부재하기 때문에 무간격(간격-없음)이 지배하게 되었다. 가까움의 부재 속에 사물은 앞에서 언급한 의미에서 사물로서는 절멸된 채로 남아 있다. 그렇다면 언제 그리고 어떻게 사물들이 사물들로서 존재하는가? 이렇게 우리는 무간격의 지배 한가운데에서 물음을 던지고 있다.

언제 그리고 어떻게 사물들이 사물들로서 도래하는가? 사물들은 인간의 작위에 의해 도달하지는 않는다. 그러나 사물들은 또한 죽을 자들의 깨어 있음(Wachsamkeit)이 없이는 도래하지 못한다. 그러한 깨어 있음에 이르는 첫 발걸음은 그저 표상하기만 하는, 다시 말해 설명하기만 하는 사유에서부터 회상하는 사유에

---

25) 『강연과 논문』에서는 '부름받는 것'이라고 했다.
26) 여기서 제약된 자들이란, 사방세계를 모아들이는 사물의 부름에 의해 구속된 자들이라는 뜻이다.

로 뒤로 물러서는 것이다.

　한 사유에서 다른 사유에로 뒤로 물러섬(Schritt zurück)은 물론 단순한 태도의 변경이 아니다. 뒤로 물러섬이 그런 식의 태도 변경이 될 수 없는 까닭은, 모든 태도들이 그 변경 방식들과 함께 표상하는 사유의 영역에 붙잡힌 채로 남아 있기 때문이다. 이에 반해 뒤로 물러섬은 여하튼 순전한 태도 표명의 영역을 떠난다. 뒤로 물러섬은 세계본질 속에서 이 세계본질에 의해 말 건네진 채 자신 안에서 그 세계본질에 대답하는 그런 응답함 안에 자신의 체류지를 취한다. 사물로서의 사물의 도래를 위해 단순한 태도의 변경은 아무것도 할 수 없다. 이제 대상으로서 무간격 속에 놓여 있는 그 모든 것들이 어떻게 단순히 사물로 전환되어 버릴 수 있다는 말인가. 또한 우리가 대상들 앞에서 그저 피하고 그리고 사물이 되기 위해, 더욱이 사물로서 현존하기 위해 아마도 한때 도상에 있었던 그러한 이전의 옛 대상들을 회상함으로써도 결코 사물들이 사물들로서 도래하지는 않는다.

　사물이 되는 것은 세계의 거울-놀이의 어우러짐(das Gering)에서부터 생기한다. 아마도 갑자기 세계가 세계화될 때 비로소, 땅과 하늘, 신적인 것들과 죽을 자들의 어우러짐이 그것의 하나로 포개짐의 수수함(das Ringe) 안으로 풀어 놓아지는 그러한 둥근 원(der Ring)이 번쩍 빛난다.

　이렇게 어우러진 것에 알맞게 사물화 자체도 맑고 유연하며(gering), 각기 그때마다의 사물도 수수하고, 눈에 띄지 않게 자신의 본질에 순응한다(fügsam). 사물은 수수하다(ring, 유연하고 미미하다). 즉 단지와 통나무 의자, 오솔길과 쟁기가 그렇다.[27] 그러나 사물은 또한 나름의 방식에 따라 나무와 연못, 실개천과

산이기도 하다.28) 사물들은, 각기 그때마다 나름의 방식으로 사물화하면서, 수오리와 산노루, 말과 황소이기도 하다.29) 사물들은 각기 그때마다 나름의 방식에 따라 사물화하면서, 거울과 죔쇠, 책과 그림, 화환과 십자가이기도 하다.30)

그러나 어디에서나 똑같이 통용되는 대상들의 부지기수에 비해 볼 때, 또 생명체로서의 인간이라는 무리들의 무수함에 비해 볼 때, 사물들은 숫자상 미미하고 근소하다(ring und gering).31)

죽을 자들로서의 인간들만이 비로소 세계로서의 세계를 열어 밝히며 거주한다(erwohnen). 오직 세계에서부터 맑고 유연하게 어우러진(gering) 것만이 언젠가 사물이 된다.

---

27) 슈바르츠발트의 산장 근처에서 하이데거가 친숙하게 접하던 소박한 생활세계적 사물들을 열거하고 있다.

28) 사방세계를 열어 밝히는 퓌시스의 존재경험 속에서 친숙하게 경험되는 식물과 무생물 등을 열거하고 있다.

29) 슈바르츠발트의 산장 근처에서 쉽게 접할 수 있는 동물들을 열거하고 있다.

30) 아마도 그의 산장 연구실 안에 놓여 있던, 그에게 친숙한 생활세계적 사물들을 열거하고 있다고 생각된다.

31) 사물화하는 사물들은 세계를 열어 밝히며 거주하는 각각의 탈존적 인간들에게 그때그때마다 저 나름의 방식으로 단순하고도 소박하게 경험되는 것이지, 순전히 양적인 척도에 의해 평균화되거나 균일화되는 방식으로는 결코 헤아려질 수 없다는 것을 강조하고 있다.

글을 나오며

인생이 별것입니까?
허망한 것이지요.
그 허망한 것을 여의고 나면,
있는 그대로가 다 진리입니다.

다시 풀어 말하면,
인생이란 이렇습니다.

우리가 무지의 어둠에 가려 있을 때
세상은 현란한 것으로 가득 차 보입니다.
그것을 소유함으로써
행복해질 것이라는 희망 때문에
모두들 쏜살같이 앞 다투어 달려갑니다.
그 중에 더러는 손에 무언가를 움켜쥐고 기뻐하지만
대부분은 상대적 박탈감에 빠져 불행해합니다.

그러는 사이에
보이지 않는 세상의 거미줄이 치렁치렁 쳐지면서
모두들 서서히 거미의 먹이로 전락하고 말지요.
기뻐하던 자나 슬퍼하던 자나
결국엔 너나 할 것 없이
허망하게 죽어갑니다.
그래서 삶이란 허망한 것이라고 다들 탄식합니다.

그러나 자기를 먹어 삼키는 괴물 같은 거미가
실은 허망한 자기의 투영이라는 것을
아무도 모르고 죽어갑니다.
자기가 만들어 놓은 거미줄에 스스로 걸려들어
자기가 자기를 먹어 삼키는 형국이지요.
그러니 얼마나 허망합니까?

어차피 죽음이 피할 수 없는 엄연한 현실이라면
우리는 허망한 자기에 휘둘리면서 허망하게 죽어가지 말고,
철저히 죽어야 하겠습니다.

철저히 죽는다는 것은
고통과 무지의 뿌리를 통찰하여
덧없는 자기를 깨끗이 비워버리는 것입니다.
그리하여
애욕과 집착에 사로잡힌 허망한 자기와
이 자기가 지어내는 허망한 그물을 걷어내고 나면,
있는 그대로가 다 진리입니다.

진리는 있는 것을 있는 그대로 받아들일 때
텅 빈 고요 속에서 찬란히 드러납니다.
이 진리가 참나의 세계입니다.
이 세계 안에서 나는 빛 자체이신 하느님과 하나가 되어,
세상의 빛으로 다시 태어납니다.

그러므로 죽어야 산다는 말처럼
인생의 진리를 일깨우는 참말이 또 있겠습니까?

참고문헌

1. 하이데거의 일차 문헌

(1) 하이데거 전집

GA Bd.2 : *Sein und Zeit*, Frankfurt a. M., 1977.

GA Bd.4 : *Erläuterungen zu Hölderlins Dichtung*, Frankfurt a. M., 1981.

GA Bd.5 : *Holzwege*, Frankfurt a. M., 1978.

GA Bd.9 : *Wegmarken*, Frankfurt a. M., 1976.

GA Bd.12 : *Unterwegs zur Sprache*, Frankfurt a. M., 1985.

GA Bd.13 : *Aus der Erfahrung des Denkens*, Frankfurt a. M., 1983.

GA Bd.22 : *Grundbegriffe der antiken Philosophie*, Frankfurt a. M., 1993.

GA Bd.24 : *Die Grundprobleme der Phänomenologie*, Frankfurt a. M., 1975.

GA Bd.29/30 : *Die Grundbegriffe der Metaphysik*, Frankfurt a. M., 1983.

GA Bd.31 : *Vom Wesen der menschlichen Freiheit*, Frankfurt a. M., 1982.

GA Bd.34 : *Vom Wesen der Wahrheit*, Frankfurt a. M., 1988.

GA Bd.39 : *Hölderlins Hymnen 'Germanien' und 'Der Rhein'*, 1980.

GA Bd.40 : *Einführung in die Metaphysik*, Frankfurt a. M., 1983.

GA Bd.43 : *Nietzsche. Der Wille zur Macht als Kunst*, 1985.

GA Bd.44 : *Nietzsches metaphysische Grundstellung*, Frankfurt a. M., 1986.

GA Bd.45 : *Grundfragen der Philosophie*, Frankfurt a. M., 1984.

GA Bd.48 : *Nietzsche. Der europäische Nihilismus*, Frankfurt a. M., 1986.

GA Bd.52 : *Hölderlins Hymne 'Andenken'*, Frankfurt a. M., 1982.

GA Bd.53 : *Hölderlins Hymne 'Ister'*, Frankfurt a. M., 1984.

GA Bd.55 : *Heraklit*, Franfurt a. M., 1979.

GA Bd.58 : *Grundprobleme der Phänomenologie*, Frankfurt a. M., 1992.

GA Bd.60 : *Phänomenologie des religiösen Lebens*, Frankfurt a. M., 1995.

GA Bd.61 : *Phänomenologische Interpretationen zu Aristoteles*, 1985.

GA Bd.63 : *Ontologie. Hermeneutik der Faktizität*, Frankfurt a. M., 1988.

GA Bd.65 : *Beiträge zur Philosophie*, Frankfurt a. M., 1989.

GA Bd.66 : *Besinnung*, Frankfurt a. M., 1997.

GA Bd.77 : *Feldweggespräche*, Frankfurt a. M., 1995.

GA Bd.79 : *Bremer und Freiburger Vorträge*, Frankfurt a. M., 1994.

(2) 하이데거의 단행본

Brief über den Humanismus, 1판, Frankfurt a. M., 1949.

Gelassenheit, 8판, Pfullingen, 1985.

Identität und Differenz, 8판, Pfullingen, 1986.

Der Satz vom Grund, 6판, Pfullingen, 1986.

Der Europäische Nihilismus, Pfullingen, Neske Verlag, 1967.

Die Technik und Kehre, 6판, Pfullingen, 1985.

Holzwege, 초판, Frankfurt a. M., 1950.

Unterwegs zur Sprache, 8판, Pfullingen, 1986.

Vier Seminare, Frankfurt a. M., 1977.

Vorträge und Aufsätze, 5판, Pfullingen, 1985.

Was heißt Denken?, 1판, Tübingen, 1954.

Was ist Metaphysik?, 12판, Frankfurt a. M., 1981.

Zur Sache des Denkens, 2판, Tübingen, 1976.

2. 이차 문헌

Bohrmann, Katharina, *Welt als Verhältnis*, Frankfurt a. M., 1982.

Bultmann, Rudolf, *Zur Frage einer "philosophischen Theologie"*, in : Glaube und Verstehen, Bd.4, Tübingen, 1967.

Casper, Bernhard, *Martin Heidegger und die theologische Fakultät Freiburg 1919-1923*, in : Kirche am Oberrheim, Freiburger Diözesanarchiv 100, 1980.

Danner, Helmut, *Das Göttliche und der Gott bei Heidegger*, Meisenheim am Glan, 1971.

Demske, James Michael, *Sein, Mensch und Tod*, München, 1963.

Eckehart, Meister, *Deutsche Predigten und Traktate*, Herausgegeben und übersetzt von Josef Quint, Carl Hanser Verlag, München, 1979.

Erinnerung an Martin Heidegger, Hrsg v. G. Neske, Pfullingen, 1977.

Franz, Helmut, *Das Denken Heideggers und die Theologie*, in :

Heidegger, Perspektiven zur Deutung seines Werkes, Königstein, 1984.

Gadamer, Hans-Georg, *Heideggers Wege*, Tübingen, 1983.

Gawoll, Hans-Jürgen, *Nihilismus und Metaphysik*, Stuttgart, 1989.

Gethmann-Siefert, Annemarie, *Das Verhältnis von Philosophie und Theologie im Denken Martin Heideggers*, Freiburg, 1974.

Haeffner, Gerd, *Heideggers Begriff der Metaphysik*, München, 1974.

Herrmann, F. W. von, *Wege ins Ereignis*, Frankfurt a. M., 1994.

_____, *Subjekt und Dasein*, Frankfurt a. M., 1985.

Jäger, Alfred, *Gott. Nochmals Martin Heidegger*, Tübingen, 1978.

Jonas, Hans, *Heidegger und die Theologie*, in : Heidegger und die Theologie, Hrsg. v. G. Noller, München, 1967.

Jung, Matthias, *Das Denken des Seins und der Glaube an Gott*, Würzburg, 1990.

Kettering, Emil, *Nähe, Das Denken Martin Heideggers*, Pfullingen, 1987.

Langenegger, Detlev, *Gesammtdeutungen moderner Technik*, Würzburg, 1990.

Lotz, Johannes B., *Martin Heidegger und Thomas von Aquin*, Pfullingen, 1975.

Löwith, Karl, *Weltgeschichte und Heilsgeschehen*, Stuttgart, 1979.

_____, *Heidegger — Denker in dürftiger Zeit*, Stuttgart, 1984.

Luther, Martin, *Kritische Gesamtausgabe* (Weimarer Ausgabe), 1883, Bd.1

Moritz, Karl Philipp, *Götterlehre*, Frankfurt a. M., 1979.

Nietsche, *Nietzsches Werke, Kritische Gesamtausgabe*, Berlin, V-2.

Ott, Heinrich, *Denken und Sein*, Der Weg Martin Heideggers und der Weg der Theologie, Zollikon, 1959.

Otto, Rudolf, *Das Heilige*, München, 1987.

Padrutt, Hanspeter, *Heideggers Denken und die Ökologie*, in : Heidegger Studies, Vol.6, Berlin, 1990,

Pöggeler, Otto, *Der Denkweg Martin Heideggers*, Pfullingen, 1983.

____, *Neue Wege mit Heidegger*, Freiburg, 1992.

____, *Heidegger und die hermeneutische Theologie*, in : Verifikationen, Hrsg. v. Jüngel/Wallmann, Tübingen, 1982.

Pöltner, Günther, *Auf der Spur des Heiligen*, Heideggers Beitrag zur Gottesfrage, Köln, 1991.

Robinson, J. M. u. Cobb, J. B., *Der späte Heidegger und die Theologie*, Zürich/Stuttgart, 1964.

Rombach, Heinlich, *Welt und Gegenwelt*, Freiburg i.Br., 1983.

Schaeffler, Richard, *Frömmlichkeit des Denkens?*, Martin Heidegger und die katholische Theologie, Darmstadt, 1978.

____, *Heidegger und die Theologie*, in : Heidegger und die praktische Philosophie, Hrsg. v. O. Pöggeler, Frankfurt a. M., 1988.

Schirmacher, Wolfgang, *Technik und Gelassenheit*, Zeitkritik nach Heidegger, Freiburg, 1983.

Sanghie, Shin, *Wahrheitsfrage und Kehre*, K&N Verlag, Würzburg, 1993.

Seubold, Günter, *Heideggers Analyse der neuzeitlichen Technik*, Freiburg, 1986.

Siewerth, Gustav, *Das Schicksal der Metaphysik von Thomas zu Heidegger*, Einsiedeln, 1959.

Troeltsch, Ernst, *Psychologie und Erkenntnistheorie in der Relionswissenschaft*, Tübingen, 1905

Vetsch, Florian, *Martin Heideggers Angang der interkulturellen Auseinandersetzung*, Würzburg, 1992.

Weischedel, Wilhelm, *Der Gott der Philosophen*, Darmstadt, 1971/72.

Welte, Bernhard, *Das Licht des Nichts*, Düsseldorf, 1980.

____, *Zeit und Geheimnis*, Philosophische Abhandlungen zur Sache Gottes in der Zeit der Welt, Freiburg, 1975.

____, *Meister Eckhart*, Gedanken zu seinen Gedanken, Herder Verlag, Freiburg, 1979.

Ziegler, Susanne, *Heidegger Hölderlin und die Aletheia*, Berlin, 1991.

하이데거, 『존재와 시간』, 이기상 옮김, 까치, 1998.

하이데거, 『현상학의 근본문제들』, 이기상 옮김, 문예출판사, 1994.

하이데거, 『동일성과 차이』, 신상희 옮김, 민음사, 2000.

하이데거, 『이정표 1』, 신상희 옮김, 한길사, 2005.

하이데거, 「초연한 내맡김」, 『동일성과 차이』, 신상희 옮김, 민음사, 2000.

하이데거, 『니체와 니힐리즘』, 박찬국 옮김, 철학과현실사, 2000.

김재철, 「하이데거의 종교현상학」, 『인간의 실존과 초월』, 2002.

김종욱, 『하이데거와 형이상학 그리고 불교』, 철학과현실사, 2003.

노자, 『도덕경』

니체, 『니체전집 22』, 백승영 옮김, 책세상, 2000.

니체, 『니체전집 12』, 안성찬 옮김, 책세상, 2005.

마커스 보그, 『새로 만난 하느님』, 한국기독교연구소, 2001.

마커스 보그, 『예수의 의미』, 한국기독교연구소, 2001.

박찬국, 「현대에 있어서 고향상실의 극복과 하이데거의 존재물음」, 『하이데거의 존재사유』, 1995.

박찬국, 「하이데거에 있어서 니힐리즘의 극복과 존재물음」, 『철학사상』 3호.

백승영, 「하이데거의 니체 읽기: 이해와 오해」, 『하이데거와 근대성』, 철학과현실사, 1999.

신상희, 『시간과 존재의 빛』, 한길사, 2000.

신상희, 「마르틴 하이데거의 사이-나눔」, 『철학』 제43집, 1995.

심광섭, 「하이데거와 신의 현현」, 『하이데거의 존재사유』, 1995.

심광섭, 「하이데거와 신의 문제」, 『하이데거 철학의 근본문제』, 철학
   과현실사, 1996.

윤병렬, 「도와 존재」, 『하이데거 철학과 동양사상』, 2001.

오토 페겔러, 『하이데거 사유의 길』, 이기상 옮김, 문예출판사, 1993.

이기상, 「하이데거에서의 존재와 성스러움」, 『철학』 제65집, 2000.

이기상, 「존재역운으로서의 기술」, 『하이데거 철학과 동양사상』, 2001.

이기상, 『하이데거의 존재사건학』, 서광사, 2003.

이기상, 『철학노트』, 까치, 2002.

이선일, 「기술의 본질과 극복」, 『하이데거의 존재사유』, 1995.

전동진, 「하이데거와 노장 사상」, 『하이데거 철학과 동양사상』, 2001.

전동진, 『창조적 존재와 초연한 인간』, 서광사, 2002.

존 맥쿼리, 『하이데거와 기독교』, 강학순 옮김, 한들출판사, 2006.

폴 틸리히, 『흔들리는 터전』, 김천배 옮김, 1999.

폴 틸리히, 『존재의 용기』, 차성구 옮김, 예영커뮤니케이션, 2004.

신 상 희

1960년 제주도에서 태어났다. 건국대학교 철학과를 졸업하고 독일 프라이부르크 대학에서 철학박사학위(1992)를 받았으며 현재 건국대학교 인문과학연구소 연구교수로 재직 중이다. 주요 저서로는 『하이데거의 진리물음과 전회(Wahrheitsfrage und Kehre bei Martin Heidegger)』(Würzburg, K&N Verlag, 1993), 『시간과 존재의 빛: 하이데거의 시간이해와 생기사유』(한길사, 2000), 『현상학과 실천철학』(공저, 1993), 『하이데거의 존재사유』(공저, 1995), 『하이데거의 언어사상』(공저, 1998), 『문화와 생활세계』(공저, 1999), 『몸의 현상학』(공저, 2000) 등이 있으며, 역서로는 『하이데거』(발터 비멜, 1997), 『하이데거의 존재와 시간을 찾아서』(F. W. 폰 헤르만, 1997), 『야스퍼스』(한스 자너, 1998), 『동일성과 차이, 초연한 내맡김』(하이데거, 2000), 『이정표』(하이데거, 2005), 『숲길』(하이데거, 2007), 『강연과 논문』(하이데거, 2007) 등이 있다.

하이데거와 신

·

2007년 8월 15일 1판 1쇄 인쇄
2007년 8월 20일 1판 1쇄 발행

지은이 / 신 상 희
발행인 / 전 춘 호
발행처 / 철학과현실사
서울시 서초구 양재동 338-10
전화 579-5908 · 5909
등록 / 1987.12.15. 제1-583호

ISBN 978-89-7775-639-7   03160
값 15,000원